東欧の20世紀

Hidetoshi Takahashi | Masahiko Nishi
高橋秀寿｜西成彦＝編

人文書院

東欧の20世紀＊目次

東欧の20世紀

カヴァー写真　高橋秀寿
装幀　間村俊一

序文　東欧――ヨーロッパの「東」

高橋秀寿

1

世界史は東から西へと向かいます。ヨーロッパは文句なく世界史のおわりであり、アジアははじまりなのですから。(1)

ヘーゲルのこの言葉から東欧の二〇世紀を考えてみたい。

彼の『歴史哲学講義』が古典的とみなされているのは、この著作が「世界史」を創りだす上で重要な役割を果たしたからである。それまで、「世界」のさまざまな歴史的な事象は複数の時間軸の中で内的関連をもたずに並存していた。ヘーゲルはこの著作の中で、この雑多な集合体であった「諸歴史」を単一の体系的な「世界史」に書き換えたのである。この「世界史」は「諸歴史」の単なる総計ではない。「世界史」はその時間軸に沿って動く「発展の原理」の統一体となり、その枠組みの中で「諸歴史」は体系的に構成され、固有の意味を与えられているからである。こうして「諸歴史」は単一の「歴史」=「世界史」に包摂された。この「歴史」は、時にはその歩みを速め、時にはその歩みを止め、あるいは後退することもありえるようになった。誰かの歴史ではない。何かの歴史ではない。「歴史」自身があたかも自らの意志をもっているかのように歩み始めたのである。

さて、ヘーゲルの「世界史」はアジア世界に始まり、ギリシア世界、ローマ世界、ゲルマン世界へと「東」から「西」へと歩んでいく。「はじまり」に位置づけられた「東」の「アジア」はもはや発展の歩みを止めたのだから、「歴史」をもたない世界である。たしかに「すべての宗教原理や国家原理はオリエントから生じているが、それを発展させるのはヨーロッパ[2]」なのである。こうして、たとえばペルシア戦争は、「民族の歴史にのこる不滅の記念碑であるばかりでなく、学問と芸術の歴史や共同体精神の歴史にのこる不滅の記念碑」として評価される。この戦争は「文化と精神をすくい、アジアの原理を無力化した世界史的な勝利」だからである。[3]「世界史のおわり」に向かう「西」のヨーロッパ世界はいまや、このアジアに介入をはじめる。「歴史」なき「東」のアジアには「歴史」を教えなければならないのだ。

ヨーロッパ人に服従するというのがアジア諸国ののがれられぬ運命であり、中国もいずれはそうした運命にしたがうことになるはずです。[4]

「世界史」の「発展の原理」を認識するヘーゲルは、当時まだ途上にあった「西」による世界の植民地化を正当化し、その達成を予言することで、コロニアルな視線を共有したのである。「世界史」は歴史的に自分がいまどこにいて、どこに歩もうとしているのか、あるいはどこに向かって邁進すべきなのかをを教えてくれる。その歩みを推し進める「世界史的個人」は、たとえ自覚していなかったとしても、その行為の結果によって賞賛され、その進行を妨げる者は「歴史」への反逆者とみなされる。だから、「世界史的個人」が「自分に関係のない事柄は、偉大な、いや、神聖な事柄でさえ、軽々にあつかう」ことで道徳的に非難されることはあっても、「この偉大な人物が多くの無垢な花々を踏みにじり、行く手に横たわる多くのものを踏みつぶすのは、しかたのないこと(5)」なのである。

さて、ヘーゲルの「世界史」と東欧との間にいったいどのような接点があるのだろうか？　ヘーゲル自身の東欧観や東欧におけるヘーゲル論がここで問題なのではない。東欧が地理的にヨーロッパの東に位置しているだけではなく、「世界史」においても「東」に位置づけられていることの意味を考えてみたいのである。

2

ヘーゲルと同様に、マルクス＝エンゲルスもアジア世界の植民地化をなかば肯定的に捉えている。彼らによれば、「ヒンドゥー文明よりもすぐれた文明をもち、したがってヒンドゥー文明にうごかされない最初の征服者」であるイギリス人によるインド支配はたしかに「罪」ではあるが、「アジアの社会状態の根本的な革命」をもたらす上で、「無意識に歴史の道具の役割を果たした」のだという。(6) そして彼らはその同じまなざしを、ヘーゲルの言葉を用いて、ヨーロッパの「東」にも向けている。

ヘーゲルのことばによれば、歴史の歩みによって無残にも踏みつぶされた一民族のこれらの名残り、これらの衰亡した民族の残片は、つねに反革命の狂信的な担い手であり、そして、まったく根絶されるか、民族性を奪い取られてしまうまではいつまでもそうなのである。じっさい、およそ彼らの全存在そのものが偉大な歴史的革命にたいする一つの抗議なのだ。〔……〕オーストリアでは、汎スラブ主義の南スラブ人がそうである。彼らは、一千年にわたってきわめて混乱した発展をとげてきた衰亡民族の残片にほかならない。この同様に混乱をきわめた衰亡民族の残片が、自己の救いを全ヨーロッパの運動の逆転のうちに、つまり、彼らの立場からすれば西から東へ進むべきではなく、東から西へ進むべき運動のうちにのみ見るということ、彼らにとって解放の武器、統一の紐帯はロシアの鞭であること——これはこのうえなく自然なことである。(7)

近代的な産業の発展と社会主義革命を必然的な歴史の進歩とみなしたマルクス＝エンゲルスにとって、「東」のスラヴ民族は「世界史」の「発展原理」にそむく「未開」の民族にほかならない。この民族は、「かつて固有の歴史をもったことがなく、最初の、もっとも粗野な文明段階に達したその時からすでに外国の支配を受けている民族、あるいは外国のくびきによってはじめて最初の文明段階にひきずりこまれる民族」なのであり、「いつでもまさに反革命の主要な道具」となる「あらゆる革命的民族の抑圧者」であった。(8) マルクス＝エンゲルスは、その民族の独立を否認するにとどまらない。ドイツ人とマジャール人によって行われたスラヴ民族の征服と「ゲルマン化」は、「より発展した民族が未開の民族におよぼす影響とを通じて」平和的に行われ、「つねに西ヨーロッパの文明をその大陸の東部に伝播してきた有力な手段の一つ」であった。このような「犯罪」はむしろ、「わが民族とマジャール民族が歴史上誇りうる、もっともすぐれた、もっとも称賛すべき行為」なのだという。(9) さらに彼らの歴史観はその民族の絶滅を予言する。

次の世界戦争は、反動階級と諸王朝はもちろん、あらゆる反動的な諸民族をも地上から滅ぼ

しさることであろう。そして、それもまた一つの進歩である。(10)

歴史的脈絡をまったく無視した引用でマルクス゠エンゲルスの歴史観をこのように語ることが歴史研究者にあるまじき行為であることは、重々承知している。しかし私たちは次のことを確認しなければならない。マルクス゠エンゲルスは、経済的社会構成の歴史を「アジア的、古代的、封建的、および近代ブルジョア的生産様式(11)」への「発展」と把握し、当時の現代社会の分析をイギリスに集中させた。「産業の発達のより高い国は、その発展のより低い国に、ただこの国自身の未来の姿を示しているだけ(12)」だからである。それゆえに「ローマ的およびゲルマン的私有の種々の原型が、インド的共有の種々の形態からみちびきだされる(13)」と考えることができた。つまり彼らは当時もっとも「進歩」的な思想家であり、彼らの東欧観はまさにそのことに基づき、西欧中心史観と結びついていたのである。そして、ヘーゲルにおいて西欧の中心にたどり着いた「世界史」は、マルクス゠エンゲルスによって文明化という名の「西欧化」として「東」に向けられることになった。「歴史」の名の下に「東」の征服さえもが正当化され、この「世界史」にはむかう民族の滅亡が「進歩」とみなされたのである。

ここで言いたいことは、マルクス゠エンゲルスがヒトラーの先駆者であるといった短絡な誹謗ではない。「東」のヨーロッパ対する「西」のコロニアルな歴史的視線が、「進歩」的なコスモポリタンから「反動」的なナショナリストにいたるまで広く共有されているということである。

「ボルシェヴィズムの世界ペスト」に対する「ヨーロッパ文化・文明の前衛」を自任したナチスの世界観も、このような東欧観の一変種を構成要素としていたということである。戦後日本の政治・社会的な民主化を課題としていた戦後歴史学もまた、西欧型の近代化を模範とすることによって、そのような東欧観を内包する歴史観に基づいていたといわなければならない。

ナチスにとって東欧は「ペスト」のイデオロギー的な病根であるだけではなかった。一九三九年に出版された『危機の中の民族――出生率低下とそれがドイツの将来にもたらす結果』に載せられた挿画（図1）を見ていただきたい。ヨーロッパは「ゲルマン」と「ロマン」と「スラヴ」の三つの「顔」に区分され、二〇年後の一九六〇年にはヨーロッパが「東」の「劣等人種」によって数的に圧倒されていく姿を図解している[14]。この未来像はナチスの「世界史」にとって悪夢にほかならなかった。ナチスはボルシェヴィズムの壊滅をめざしただけでなく、大量殺戮を通して「東」の人口の減少を実現しようとしたのである。それはナチスにとって「世界史」の使命だったのであり、この人々は「世界史」のために踏みにじられても「しかたのない」「無垢の花々」にほかならなかった。この点でヒトラーは、自分が「世界史的個人」であることを自殺する最期の瞬間まで疑うことはなかった。ナチス・ドイツは「東」に対して「反動」的ではなく、「進歩」的に振舞っていたのである。

こうして「西」ではなく、「東」においてナチズムの凶暴性はあらわとなり、そこはホロコーストの舞台となった。しかし、ナチズムの否定の上に成立したはずの西ドイツおいても、東部戦

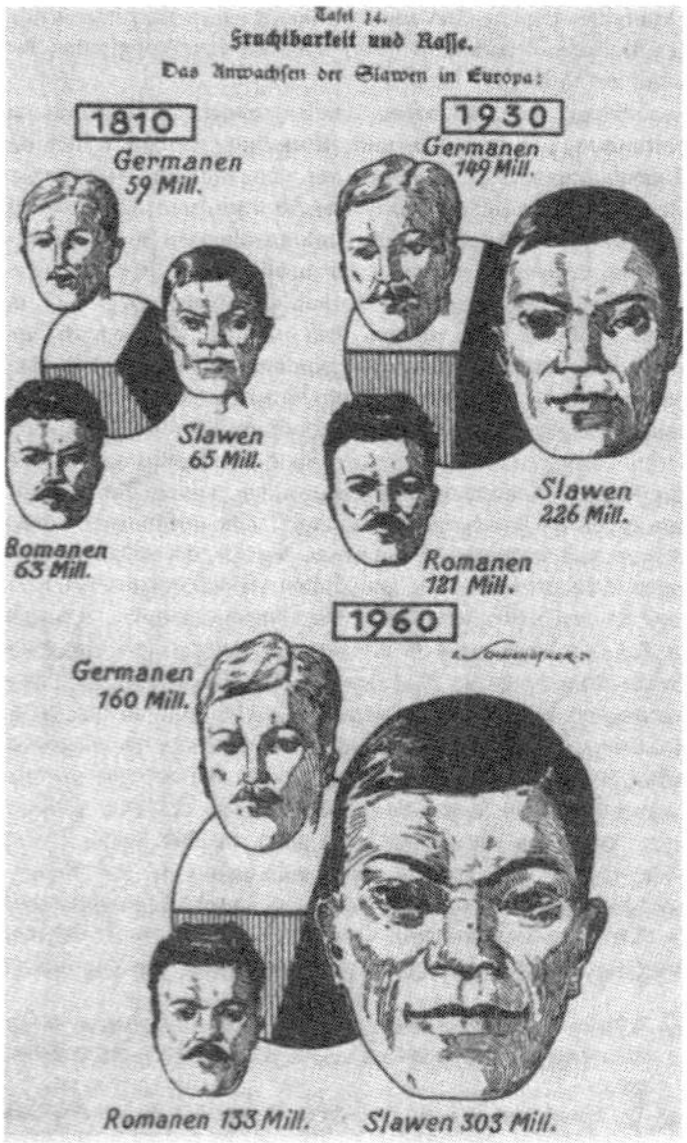
Fruchtbarkeit und Rasse.
Das Anwachsen der Slawen in Europa:
1810
Germanen 59 Mill.
Slawen 65 Mill.
Romanen 63 Mill.
1930
Germanen 149 Mill.
Slawen 226 Mill.
Romanen 121 Mill.
1960
Germanen 160 Mill.
Romanen 133 Mill.
Slawen 303 Mill.

図 1

Die Rettung:
CDU

図 2

線と赤軍進攻の体験が生々しく記憶され、その国家が冷戦の中で「東」に対する牙城として位置づけられることにより、旧来の東欧観は存続したのである。

文化もなければ、パラダイスもない。よい街路を私たちは見かけたし、風景も悪くないが、その他といえば、どん底、汚物、そしてここを植民地化することが私たち課題になることを示しているような人間たちだ。[15]

一九四一年にドイツ軍兵士がロシア戦線から送った書簡に描かれている東欧のイメージは、およびで貧しい「未開人」を虐げる共産主義専制支配のイメージとともに、戦後社会にも引き継がれていく。そのイメージは一九五八年のヒット映画『犬どもよ、永遠に生きたいか』や『スターリングラードの医師』の中でヴィジュアル化され、当時の選挙ポスター（図2）では、ヨーロッパの地図をにらみつけ、その手をヨーロッパ征服のために伸ばそうとしている赤軍兵士の姿が描き出された。[16] 兵士の容貌が示唆しているように、その世界は「アジア」であった。東欧諸国および東ドイツとの関係を改善するためにブラント政権によって推し進められた「東方政策」以降、そのような露骨な表現は影を潜めたが、「西」の東欧観が消え去ったわけではない。「歴史家論争」でノルテは、「収容所群島」と「アウシュヴィッツ」を「アジア的」蛮行と呼び、前者が後者よりも「始原的」であるとみなしたが、彼が両者に「アジア」のレトリックを用いたこと自体は、「論争」の主要な争点にならなかった。[17]「西」の勝利を意味した社会主義経済の破綻とベルリンの壁の崩壊は伝統的な東欧観を裏打ちし、ＥＵはその標準を押し付けながら「東」へと拡大している。

3

ヘーゲルの「世界史」はけっして国境なきグローバル・ヒストリーではない。彼にとって「国家こそが、絶対の究極目的たる自由を実現した自主独立の存在であり、人間のもつすべての価値と精神の実現性は、国家をとおしてしかあたえられない」のだから、「世界史においては、国家を形成した民族しか問題とならない[18]」のである。そして彼の「世界史」では、国家と国民が「歴史」の舞台の登場人物となり、「世界史的個人」に率いられながら、「歴史」の物語を演じている。そのクライマックスに当時の西欧諸国とその国民という主役が登場するのである。言い換えれば、「世界史」は国民国家の歴史によって「諸歴史」に分割されることはなく、「東」から「西」への「世界史」の枠組みの中で国民国家の歴史は語られている。そして、「世界史のおわり」に向かう「西」の国民国家の歴史と現在は「世界史」によって正統性を与えられているのである。「東」の歴史が「西」の知識人によって表象＝代弁され、その表象＝代弁によって「西」とその国民国家が形成されるという意味で、ヘーゲルの「世界史」はまさにオリエンタリズム的であるといわざるをえない。

さて、水野論文が詳しく論じているように、第一次世界大戦後に四つの多民族帝国が解体することによって東欧に多くの国民国家が誕生したが、ヴェルサイユ体制という「西」の勝者によって規定された戦後の国際・欧州体制のもとで、その国家の形成は実現された。一つの国民が一定の領域をもつ国家の政治的主権のもとで居住するという「国民＝国家」の原則はフランス革命以後に「西」において確立していったが、いまやこの原則は歴史が到達すべき「世界史」のモデルとなり、「民族自決」の原則の下に東欧世界においても「普遍的」に適用されることになったのである。しかし国民国家の原則は東欧において——そして、世界の大半の国民国家においても——そもそも実現不可能であっただけでなく、その国民国家の枠組みは勝者と敗者、あるいは「西」と「東」の間の国際政治上の力関係によって設定されたのである。そのため、ポーランドの三〇パーセントを筆頭に、大半の新生国民国家が一〇パーセント以上の少数民族＝マイノリティを抱え、同時にマジョリティ国家は主権の及ばない国家に多数の「在外民族」をもつことになった。たとえば、ほぼ半数が「チェコ民族」によって占められたチェコスロヴァキアの民族構成において、「ドイツ民族」の割合は「スロヴァキア民族」を大きく上回っていたのである。しかし問題は、このような民族構成自体にあるのではなく、むしろ、そのようなマイノリティの存在が国民国家の原則からの歪曲として感じられ、マイノリティの同化や排除がその原則の下に遂行されたことにある。野村論文が第二次世界大戦期のウクライナを題材に生々しく伝えているように、

「ホロコースト」はナチスの狂信的な世界観が犯した「アジア」的蛮行としてのみ理解されるべきではない。国民国家の原則に内在する実現不可能性と恣意性、そして暴力性によって、たしかにガス殺による絶滅といった方法はとらなかったにしても、マイノリティの大量殺戮という〈国民化の暴力〉はいたるところで起こりえたし、実行もされたのである。

第二次世界大戦の結果、東欧の国民国家は一部を除いて均質な国民空間となった——これに関しては後述——が、同時に東欧世界は「鉄のカーテン」で仕切られたイデオロギー的な空間となった。まさにこの東欧で、西欧中心主義的な東欧観をもつマルクス＝エンゲルスの社会主義思想がイデオロギーとして受け入れられることになったのである。

社会主義が「西」よりも「東」において魅力をもちえたのは、「東」の「後進性」を「西」の「先進性」へと克服していく「世界史」観として理解されたからだといえる。フルシチョフをはじめ、「東」の社会主義者は「西」の豊かな世界を前にしても、社会主義体制が「西」の世界をやがて凌駕するであろうと豪語し、人工衛星打ち上げの成果を誇示した。その意味で、社会主義はヘーゲル的な「世界史」の後継者であるといえよう。それゆえに、国民史の枠組みを作り、それに正統性を与える「世界史」がオリエンタリズムのまなざしを内包するとき、社会主義体制においても「世界史」と「国民史」は共犯関係を結び、〈国民化の暴力〉を発動してしまうことになった。ブルガリア社会主義国家における「脱アジア」主義とトルコ系マイノリティの同化政策を扱う佐原論文はこのことを明らかにしている。この共犯関係によってマイノリティの中に

「東」が見出され、その排除と同化を通して「民族再生」が図られたのである。「西」が「東」によって形成されたとすれば、その「東」は「さらに東」によって「西」の立場を得ることができた。福澤諭吉の「脱亜入欧」論と朝鮮人への「創氏改名」政策は、「アジア」系のマイノリティを対象に新たな形で社会主義国家によって唱えられ、実施されていたのである。また、佐藤論文が描いたチェコにおけるロマと「ジプシー問題」の二〇世紀は、社会主義政権時代も含めて、このマイノリティの存在が「東」の中の「東」であり続けた歴史であることを伝えている。

4

「東」であれ、「西」であれ、第二次世界大戦後のヨーロッパ秩序を創り出し、維持しようとするものが忘却しようとした歴史がある。戦争末期から戦後にかけて東欧内でおこなわれた大規模な人口移動である。ポーランドは国境を西に二五〇キロ移動させられ、ソ連に一八万平方キロ割譲したが、一〇・三万平方キロの領土を旧ドイツ帝国から獲得した。その過程でポーランド領のウクライナ人やベラルーシ人などの人口がソ連の領土内に編入・移住されると同時に、強制移住させられた約七〇〇万人のドイツ人に代わって、ソ連領の約二〇〇万人のポーランド人が西の獲得領土に入植した。追放されたのはこの旧帝国内に居住していた「ドイツ帝国国民」だけではない。「在外ドイツ人」としてかつて居住していたチェコスロヴァキアから約三〇〇万人、ポーランドからは約一四〇万人のドイツ系住民も追放され、総数一二〇〇万人のドイツ人がその故郷を失ったのである(19)。その結果、ポーランド国民国家のマイノリティ人口は二パーセントに、チェコスロヴァキアでは六パーセントに激減した。赤軍の進攻とともにすでに多くのドイツ人が「避難民」として西への移動を開始していたが、その後もポツダム協定によってこの強制移住は組織的に履行され、その過程で約三〇〇万人のドイツ人が死亡したといわれる。このような〈国民化の暴力〉を通して、東欧国家は――冷戦後に民族紛争を引き起こすことになる一部の国家を除き――以前と比較して非常に均質化された国民国家に再生されたのである。

たしかに戦後すぐ、冷戦によってヨーロッパは分断されることになるが、ともかくも東欧の国民国家はその原則を実現することができ、それに基づいて新しいヨーロッパ秩序が構築された。この新たな秩序は、かつてヴェルサイユ体制の根幹を揺るがし、二度目の世界大戦を引き起こした深刻な民族問題によって悩まされることはなくなったのである。この「ハッピー・エンド」を謳歌する者は、それが膨大な血の見返りに達成された成果であることをあえて思い起こそうとはしなかった。もっとも、この成果は国民国家の原則にとっての「ハッピー・エンド」であって、この強制移住の被害者には忘却できない「惨劇」以外の何ものでもなかった。州によっては三人に一人がこの「故郷被追放者」であった西ドイツでは、この被害者は政党を形成し、失われた故郷の回復を要求した。しかし、新しいヨーロッパ秩序の一翼を担うことになった西ドイツ国家にとって、この勢力が報復主義を掲げ、その秩序を脅かすことは悪夢であった。そのため、「故郷被追放者」が移住先に新しい故郷を見いだすための統合政策が推し進められたが、「被追放者」自身もその怨念のエネルギーを報復ではなく、戦後復興と「奇跡の経済」のために注ぎ、その成果の享受を実感することができた。こうして、その「惨劇」の記憶は西ドイツ国家・社会の「サクセス・ストーリー」へと次第に塗りかえられていったのである。東ドイツは人口比では西ドイツ以上の「被追放者」を抱えていたが、「追放」の実行者と受益者であるソ連とポーランド[20]と固い同盟関係と結んでいたため、体制基盤を危うくしかねないその記憶は、国家によって体系的に消し去られた。他の東欧諸国でも、この「被追放者」の属していた国家から受けた暴力と、この暴力を打ち返した戦いと勝利が記憶の大部分を占め、「追放」過程で「被追放者」に自らが行使した暴力は正当な報復とみなされるか、あるいはまったく忘却された。領土を「取り戻した」ポーランドからドイツ人は「追放」されたのではなく、「退去」したとされたのである。

均質化された国民国家が忘却しようとしたのはこの記憶だけではない。「世界史」によって枠組みと正統性を与えられ、ようやくその原則を達成した国民の歴史は、一つの国家、一つの文化、一つの言語、一つの記憶をそれぞれの国民に割り当てていく均質化された物語に収斂されていく。多民族国家はその「世界史」のモデルからの逸脱とみなされ、多文化・多言語の世界は「民族紛争の火種」としてのみ理解される。そして、その世界の喪失が身の毛立つ〈国民化の暴力〉によってもたらされたことが忘却される。このことは東欧だけでなく、国民国家一般にいえることであろう。

このように近代化は国民の空間を創出していくが、同時にそれを越境しようとする欲望も生み出す。しかし私たちは「越境」という言葉をもっと慎重に用いなければならないだろう。「越境」は「境界」を前提とするからである。越境した限りで、その者は他者とみなされるが、それこそがまさに〈国民化の暴力〉のメカニズムである。国民の歴史＝物語ではこの越境する者は登場人物から外され、その存在は忘却される。あるいは越境した国民の歴史＝物語にふたたび現れる「幸運」が得られるかもしれない。この「幸運」を享受できなかった者は歴史の舞台から消えていく。

大津留論文が東欧の歴史の舞台に選んだのはアメリカであり、ボヘミアからミネソタにたどり着いた移民たちがその主人公である。ある移民の歴史はアメリカ史と結びつき、「新世界」のアメリカを生み出したが、ある移民は国民国家の変遷によってその運命を翻弄され、「物言わぬ」移民となっていく。「幸運」を得た者と得られなかった者がミネソタの町の歴史に刻み込まれている。西論文が取り上げた文学に登場する東欧人は、交通網が発展する中で多民族と多言語がせめぎあう旧帝国とその崩壊後の世界を生きる人々である。彼らは複数の言語と文化によって自己の帰属意識をもちながら、〈国民化の暴力〉にさらされ、かつての世界をノスタルジックに回顧する。このように「境界」を溶かしながら「世界史」を眺めてみるとき、その枠組みを外れた複数の歴史＝「諸歴史」がふたたび現れてくる可能性がある。このときに「世界史」は、単一の焦点に収斂していく遠近法の構図によって描かれた絵画の壮大な物語ではなく、中心を欠き、「諸歴史」の幾何学面によって複数の視点から構成されながらも、一つの全体像を見せるキュービズム絵画の様相を呈するのかもしれない。

5

国民を単位にして敵と味方を区分し、その人的・物的・精神的エネルギーを勝利のために総動員する二〇世紀の総力戦は、その凄惨さにもかかわらず、あるいは凄惨であるがゆえに、国民の歴史＝物語を凝縮させていく。第二次大戦後に新生した東欧の国民国家は、この総力戦の結末を「ハッピー・エンド」として、あるいは少なくとも新たな国民国家の建設に向かう「零時」として感じえる歴史＝物語を不可欠の構成要素とした。しかもそれは社会主義陣営にいたった「ハッピー・エンド」や、社会主義国家を建設するための「零時」の歴史＝物語でなければならなかった。こうして、高橋論文が東ドイツを事例に示したように、新生された「東」の国民国家は「建国神話」をとくに戦時期の歴史を題材とすることで創り上げ、その歴史を社会主義の色に染め上げていった。社会主義的な「世界史」が国民史の枠組みをつくり、この国民国家に正統性を与えたのである。

それゆえに冷戦によるヨーロッパの分断は「世界史」をめぐる抗争を引き起こしたが、それは東西陣営とその国民国家の間だけで引き起こされたわけではない。総動員体制の中で生み出された「非国民」は戦後も多くは「裏切り者」とみなされ、その「世界史」に与しない陣営内と国内の勢力は「反体制」分子となった。さらに、「世界史」と矛盾する「国民史」は抑圧され、忘却を求められた。

東部戦線がワルシャワに近づきつつあった一九四四年にロンドンの亡命ポーランド政権がソ連軍の侵攻を見込んで指導したワルシャワ蜂起の歴史は、忘却を求められた「国民史」の典型的な事例といえるだろう。自らのイニシアティヴでワルシャワ解放をもくろんでいたソ連は意図的にワルシャワへの進軍を停止したため、この蜂起はドイツ軍によって制圧され、五人に一人のワルシャワ市民が犠牲者となり、この都市の中心部は壊滅的に破壊されたのである。その後、ソ連軍とともにワルシャワに入城した臨時政府が後の共産主義政権の母体となったため、この蜂起は「ハッピー・エンド」にいたる「国民史」の一幕にはなりえなかった。当時の多くのポーランド人にとって忘れがたい、生々しく、痛々しい出来事であったとしても、ワルシャワ蜂起は「世界史」によって忘却を求められたのである。一九四三年のワルシャワ・ゲットー蜂起を想起する記念碑が終戦まもない一九四八年にワルシャワに建立されたが、この都市に「ワルシャワ蜂起記念碑」が除幕されたのは体制転換期の一九八九年である。ワルシャワ・ゲットー蜂起は世界に流布した一枚の写真（図3）によって――蜂起の実像であるのかは確かめられることもなく――表象＝代表されることになったが、ワルシャワ蜂起はこのような記念碑的な写像をもちえなかった。「西」にとっても、成功を収めることができなかったこの蜂起は、結果としてポーランドをソ

図3

連に引き渡すことになったため、その記憶的価値は低かった。当事者でもあったドイツ人の西の国家にとっても同様である。ポーランド人に与えたその被害の大きさは、ポーランドが獲得したドイツ領土の広さと「追放」の苦悩の重さによって相殺されうるものだったのである。「東方外交」を評価されてノーベル平和賞を受賞することになる西ドイツ首相のブラントは、一九七〇年にワルシャワを訪問して、「和解」のために記念碑の前に跪いたが、彼はワルシャワ・ゲットー蜂起の英雄像を前にしていた。一九九四年にドイツのヘルツォーク大統領は五〇周年を記念して「ワルシャワ蜂起記念碑」の前で演説を行ったが、ドイツの国家代表者はようやくその罪の「赦し」をポーランド人に乞う記念碑を前にすることができたのである。しかしその後のいまも、ドイツで二つの蜂起はしばしば混同されており、前掲のようなワルシャワ・ゲットー蜂起の写真や映像がワルシャワ蜂起のドキュメント番組に用いられることもあった。ドイツに限らず、ポーランドにおけるナチス・ドイツの歴史的犯罪は「アウシュヴィッツ」と「ワルシャワ・ゲットー」によって象徴され、それによって「ワルシャワ」の記憶は塗りつぶされている。

　体制の転換はこのような「世界史」によって支えられた国民史の転換ももたらした。「ワルシャワ蜂起記念碑」の建立が可能になっただけでなく、ポーランド人によるユダヤ人虐殺事件（たとえば「イェドヴァブネ」）のような封印されていた過去も呼び起こされたのである。近藤論文が明らかにしているように、これまでの国民の歴史＝物語は揺らぎ、かつては「西」に向かって叫んでいた「過去の克服」は自らの課題となり、冷戦の対立によって守られてきた国民史は隣国や隣人との対話を求められるようになった。木戸論文によれば、東ドイツでは歴史そのものが「西」によって「没収」されているという。高橋論文はこのような状況を社会主義国家の「建国神話」の崩壊と統一ドイツの「建国神話」の成立・受容の観点から論じている。しかし、私たちはこのような転換を「西」の「世界史」の勝利としてのみ理解すべきなのだろうか。

　この問題を考えるために、体制の転換がもたらされたもう一つの現象を強調したい。「オスタルギー」現象を論じた木戸論文を含め、本書の多くの寄稿論文がまさにそうであるが、「歴史」が「記憶」の問題として立てられ、「歴史」の言説が「記憶」の概念で語られるようになったということである。もちろん、主観的要素の濃い「記憶」が客観性に基づく「歴史」に取って代わろうとしていると、ここで言いたいのではない。取って代わるべきだと主張するつもりもない。「記憶」が「世界史」に対してもつポテンシャルな破壊力を問題にしたいのである。

「記憶」はけっして個人にのみ属しているのではなく、集団によっても共有されている。共同体が個人の単なる集合体ではないのと同様に、この「集合的記憶」は「個人的記憶」の寄せ集めではない。そして、記憶喪失者が自分は誰なのかを理解できないように、共同体は独立した存在として確立するために「集合的記憶」を必要とし、それに基づいて国民史のような共同体の「歴史」が構成される。つまり「歴史」は、「記憶」のもつ主観的な恣意性に基づいているのである。このように、「記憶」の言説は「歴史」の虚構性を暗黙のうちに暴露しているといえよう。このとき、「歴史」が基づいている「集合的記憶」に対して、「個人的記憶」や他の「集合的記憶」が自らを主張することも可能になる。「歴史」はつねにこのような「個人・集合的記憶」を回収しようとするが、回収しきれない部分は「歴史」にゲリラ戦を挑むことになる。

以上のことは「転換」——「西」＝勝者／「東」＝敗者の図式を避けるために、ここではこの概念を現代世界への「転換」として東欧に限らず普遍的に用いることにする——とどのような関係があるのだろうか。ここでは三つのことに注目したい。第一に、転換は「世界史」に「世界史」が対峙していた体制からの転換だということである。ここに、「世界史」に回収されない「記憶」がその鬼子として生まれ、ゲリラ戦を展開する余地が生じた。第二に、九〇年代における東欧の激しい民族紛争を振り返ると、転換は「世界史」と「国民史」との長く続いた蜜月時代の終わりも告げているように思えるということである。つまり、「国民史」が「記憶」によって「世界史」の虚構性を暴露し、そこから親離れを始め、その枠組みから外れた「諸歴史」になろうとしている。第三に、この「国民史」もまた「個人的記憶」や他の「集合的記憶」によるゲリラ戦の挑戦を受けているということである。その意味で転換後はまさに「証言の時代」である。もちろん、「証言」がこれまで歴史的価値をもっていなかったわけではない。むしろ逆である。「証言」は国民的な「集合的記憶」に豊富な栄養分を今日でも補給しつづけている。しかし『ショア』や「従軍慰安婦」の告発にみられるように、いまや「証言」は「個人的記憶」や他の「集団的記憶」、さらには「越境した記憶」の滋養源ともなり、国民的な「集合的記憶」に裂け目を作り、そこに浸蝕しはじめている。「国民史」はもはや「諸歴史」の自明の枠組みではなくなりつつある。篠原論文が取り上げた「異論派サークル」の歴史観は、旧来の「世界史」と「国民史」に対してまさにゲリラ戦を展開することで転換を知的に準備した実例である。たしかに転換後の歴史は「ヨーロッパ史」という新たな物語に統合されつつあるが、このサークルの歴史観はこの物語に対しても知的起爆力を行使する可能性を秘めているといえよう。

つまり、転換後の世界は「世界史」の解体を目撃しつつあるといえよう。この解体は、高橋論文が示唆しているように、転換自身をもたらした「歴史なきグローバリゼーション」の産物であるともいえる。イラク戦争の正当化に「世界史」はもはや登場せず、登場したとしても、その言葉は私たちの耳にむなしく響いているだけである。見えてくるのはむき出しの国益だけであり、それだけが戦争と戦後復興に参加する国家を結びつけている。その意味でイラク戦争はグローバリゼーション時代の戦争である。そうであるとするならば、「諸歴史」の間にあるべき関係を構築していくという「課題」が私たちに提起されているといえよう。「文明の衝突」論は「テロリスト」と「反テロリスト」の本質をでっち上げ、その対立を再生産していくことしかできない。フクヤマの「歴史の終焉」論はヘーゲルの「世界史」の焼き直しであり、「テロ撲滅」を正当化するだけである。どのような立場で書かれるにせよ、歴史教科書は「国民の物語」に基づいている限り、「諸歴史」の間の対立をくり返し生み出していくであろう。その意味で、柴論文が分析したバルカン諸国共通の歴史副教材の作成は、この「課題」への一つの取り組みであると解釈することができる。このように、二〇世紀の東欧を振り返り、体制転換、民族紛争、グローバリゼーション、EUの拡大を体験しているその現在を見つめるならば、その「課題」の解決を捜し求めている私たちにとって、東欧の二一世紀は「ポスト世界史」の熱い舞台であるにちがいない。

6

二〇〇二年一一月八日から一二月六日にかけて立命館大学国際言語文化研究所が開催した連続講座「国民国家と多文化社会」の第一三シリーズ〈東欧世界は二〇世紀をどう生きたか?〉が、本書の編集のきっかけとなった。五回の講座と総数一六人の報告者・コメンテーターを迎え、多くの聴衆をえたこの連続講座の記録は、国際言語文化研究所の紀要『立命館言語文化研究』第一五巻二号（二〇〇三年一〇月）に公表されている。その後、新たに本書を企画してから二年以上の時間がかかったが、そのために執筆者ならびに出版社の方々に多大なご迷惑をかけてしまったことを深くお詫び申し上げたい。

本書は、二〇世紀における東欧の歴史を知ることだけを目的にしているのではない。ここで描かれた二〇世紀の東欧の姿を通して、二一世紀を生きる私たちの「世界史」を再考することこそがほんらいの意図であり、そのような契機を読者に提供することができたならば、編者の一人としてうれしいかぎりである。

注

（1）ヘーゲル『歴史哲学講義』上、長谷川宏訳、岩波文庫、一九九四年、一七六頁。
（2）同・上、一七三頁。
（3）同・下、六一頁。
（4）同・上、二三五頁。
（5）同・上、六三頁。
（6）『イギリスのインド支配』（『マルクス＝エンゲルス全集』大内兵衛・細川嘉六監訳、大月書店、第九巻、一九六四年、一二七頁)。

(7)『マジャール人の闘争』(『マルクス＝エンゲルス全集』第六巻、一九六五年、一六八―一六九頁)。

(8)『民主的汎スラブ主義』(同、二七一、二七七頁)。

(9)同(同、二七五―二七六頁)。

(10)『マジャール人の闘争』(同、一七二頁)。

(11)『経済学批判』(『マルクス＝エンゲルス全集』第一三巻、一九六六年、七頁)。

(12)『資本論』(『マルクス＝エンゲルス全集』第二三a巻、一九六五―六七年、九頁)。

(13)『経済学批判』(『マルクス＝エンゲルス全集』第一三巻、一九六六年、一九頁)。

(14)Peter Weingart, Jurgen Kroll, Kurt Bayertz, Rasse, *Blut und Gene: Geschichte der Eugenik und Rassenhygiene in Deutschland*, Frankfurt am Main, 1992, S. 504 より。

(15)Thrilo Steinzel, *Das Rußlandbild des 'kleinen Mannes'*, München, 1998, S. 75.

(16)Hans Bohrmann, (Hg.), *Politische Plakate*, Dortmund, 1984, S. 450.

(17)J・ハーバーマス／E・ノルテ他『過ぎ去ろうとしない過去』徳永恂他訳、人文書院、一九九五年。

(18)ヘーゲル『歴史哲学講義』上、七三頁。

(19)このような「民族浄化」はナチスによって自らの民族にすでに実践されていた。部分的には相互協定に基づいて、ポーランド、バルト三国、ソ連、ルーマニア、ユーゴスラヴィアから約九〇万人の在外ドイツ人がドイツ帝国やオーストリア、あるいは併合した東部地区に移住したのである。

(20)もっとも、ポーランドは国境の移動によって国土をドイツとほぼ同じ割合で縮小されたので、その意味ではドイツと同じように「損失者」である。

Ⅰ

国民化の暴力——マイノリティの創出と排除

「マイノリティ」を「保護」するということ

——国際連盟によるシステム化と支配の構図

水野博子

1　はじめに

しかし結局のところ、多少の犠牲を払ってもそれぞれの国家でマイノリティ問題を解消してもらうほうが、不必要な干渉によって問題が生じるよりもましであろう。知っての通り、こうした人々が自分たちの不平不満を連盟に提訴できると信じている限り、彼らは和解を拒否し、現在の熱狂は永遠に続くことになる。（アレキサンダー・カドガン; Finney 1995: 536-537 より引用）

一九二二年八月、イギリス外務省のカドガンはこのように述べている。ここで彼が言及している「こうした人々」とは、第一次世界大戦後の中東欧世界において戦後の国際秩序がハプスブルク、ロシア、オスマンの三帝国の崩壊に伴って「国民国家」を中心に再編成される過程で必然的に生みだされた「（ナショナル）マイノリティ」（「少数民族」）——より正確には「人種的、宗教的、民族的マイノリティ」——のことをさしている。ここでいう「国民国家」とは、ひとつの「民族」=「国民」が自分たちの「国家」を支配するという「一国民体一国家原理」に基づいており、一九一九年初頭にウィルソンが提起した「民族(国民)自決の原則」の論理的基盤をなしていた(小沢一九九五:三七五)。しかし、この原則をどこまでも貫いたならば、複数の民族集団が混住する中東欧においては、「自決」(分離独立)はほとんど際限なく進行することになっただろう。だが実際には、ヴェルサイユ体制の基礎となる新興諸国間の国境線はしばしば連合国や特定の民族集団の戦略的理由から恣意的に決定され、一二〇数年ぶりに独立を「回復」したポーランドはもとより、「西スラヴ人」の国家として成立したチェコスロヴァキアや「南スラヴ人の国」として生まれたセルビア人・クロアチア人・スロヴェニア人王国(のちのユーゴスラヴィア)も、「多民族国民国家」であった(小沢一九九五:三八七)。このことは、新興諸国がその境界内に「国民」以外の、(多くの場合、複数の)他の民族集団を内包する一方で、しばしば他の「国民国家」の支配下に「自民族」の一部を残すことをも意味していた。

こうしてつくりだされた「マイノリティ」は、その後の歴史が示すとおり、支配民族中心の「国民化」——(強制的)同化、政治・社会・経済・文化的排除、あるいは文字通り追放や虐殺などを含む——によって「周辺化」や「排除」を経験することになる。「国民」のための「国家」を「マイノリティ」が占有することは、政治的、経済的、文化的な意味での「国民化」を妨げる障害にほかならず、したがってその障害は何らかの方法で取り除かれなければならなかったからである。こうした状況を改善し、「マイノリティ」が国際紛争の火種とならないように、連合国は「マイノリティ」を「保護」する国際システムの構築に取り組んだ。すなわち一九一九年から一九二〇年にかけて国際連盟の「保証」の下につくられた「マイノリティ保護システム」（以下、括弧を外して記す）[1]であり、冒頭に引用したカドガンが（「マイノリティ」の側に）「多少の犠牲を払っても」内政問題として解決してもらいたいと願った「マイノリティ問題」を国際問題化したシステムである。

マイノリティ保護システムは、成立して以降、「マイノリティ」を国民国家に対峙するものとして制度化・構造化した。その構造は、第二次世界大戦を経て以後も今日に至るまで、さまざまな国際紛争をめぐる議論を規定しているように思われる。実際、多文化主義であれ文化相対主義であれ、「マイノリティ」をめぐる議論は、しばしば国民国家の枠組みを前提としている。そのため「マイノリティ」自体を所与のものとし、その統合か排除か、あるいは自治権などの権利の付与かその否定かという、ややもすると本質論的なジレンマに陥ることも少なくない。そこで本稿では、「マイノリティ」の制度化のきっかけとなったマイノリティ保護システムに着目し、いかにして「マイノリティ問題」が扱われたかを検討する。そして「マイノリティ」を「保護」するという思想に内在する問題性に接近したい。

2 主権国家であるための条件——パリ講和会議にみる「マイノリティ条約」構想

「マイノリティ」を「保護」するという構想は、ポーランドと連合国との間で締結された「ポーランド条約」(一九一九年六月二八日調印)に盛り込まれる形で初めて制度化された。一般に「マイノリティ(保護)条約」と呼ばれた規定はポーランド条約の第一部にあたり、その後締結された他の中東欧諸国に対する講和条約群のマイノリティ条項のモデルとなった。そしてそれらの中東欧諸国は「マイノリティ(諸)国(minority states)」と呼ばれることになる。(2) ポーランドに対するマイノリティ条約によれば、ポーランドは、市民権の平等、初等教育におけるマイノリティ言語(イディッシュ語やドイツ語)の使用の許可、ユダヤ教の休日にあたるシャバトなどの宗教的慣習の容認などを義務づけられ、これに違反するか違反の疑いがある場合には、国際連盟理事国が提訴する権限を持つとされた(Supplement: 423-436)。もっともこうした条約規定が制定されるまでには様々な議論が展開されたが、ここでは特に三つの論点にしぼってみていこう。

第一番目の論点として、「マイノリティ保護」の義務を普遍的に適用するかどうかという問題があった。パリ講和会議が開催された当初、ウィルソン大統領は、「マイノリティ保護」の構想を国際連盟規約の補足条項に盛り込むことを提案していた。そのさい、ウィルソンは特にポーランドやルーマニアにおけるユダヤ人迫害を憂慮し、新興諸国には主権独立を承認する前提条件として、すべての人種的または国民的マイノリティの平等と、新興諸国を含む国際連盟加盟国すべてに信教の自由の保証を義務づけることを提案していた（Macartney 1968: 218-219; Frentz 1999: 50-51）。ただし、ユダヤ人共同体に「集団的自治権」を認めることはウィルソンも拒否しており、ロイド＝ジョージの「国家の中にもうひとつの国家をつくることほど危険なことはない」という警告に異論はなかった（Mantoux I 1992: 440）。また連盟規約に「マイノリティ保護」の規定を採用すれば、連合国自身もその義務を負う可能性を否定できない。この点を強く危惧したイギリスは、普遍的な適用を避けるために、「マイノリティ保護」に関する規定を連盟規約に盛り込むことに反対した（Frentz 1999: 50-52）。その結果、一九一九年四月二八日のパリ講和会議の総会において採択された連盟規約には、「マイノリティ保護」を扱う条項はまったく含まれないこととなった。かわってポーランドに対する条約の中に「マイノリティ保護」の規定を盛り込む方向で調整されたのである。

第二番目の論点として、「宗教的・人種的マイノリティ」に対する「保護」が問題となった。これは、「マイノリティ保護」に関する法案作成の準備を行う目的で一九一九年五月初めにつくられた「新興諸国とマイノリティに関する委員会」（以下、「新興諸国委員会」と略記）の場で議論された。この委員会は、結成からポーランド条約調印までの二カ月足らずの間にマイノリティ条項の骨子の審議およびその法案作成にあたっており[3]、米、英、仏からそれぞれミラー、ヘッドラム＝モーリーと、数日遅れで指名されたベルトゥウロによって構成されていた。また、五月半ばにはイタリアの代表デ・マルティーノが、また同月末には日本の代表安達峰一郎がさらに委員会に加わり、一九一九年五月三日から一九一九年一二月九日までの間に通算六四回もの会議を開催した（Gütermann 1979: 20）。発足当初の新興諸国委員会が問題にしたのは、特にユダヤ系の「マイノリティ」に対する市民権の付与やそのマイノリティ言語の使用の権利などであった。なかでもイギリスのヘッドラム＝モーリーは、ミラーの反対にもかかわらず「安息日《シャバト》」を認め、ポーランドでは土曜日に選挙を行わせないようにするための「シャバト条項」の導入を求めた。ヘッドラム＝モーリーにとっては、「ポーランドを知るものなら反ユダヤ主義的な傾向にある人々をも含めて誰もが、この点がきわめて重要であることを〔……〕確信させてくれる、だから〔……〕この点では譲れなかった」のである（Headlam-Morley 1972: 106）。これを受けて首脳会議で議論された結果、ヘッドラム＝モーリーの提案を受け入れ、シャバト条項を採用した条約草案がポーランド代表団に通達された（Mantoux II 1992: 87–90; Headlam-Morley 1972: 111–112）。

もっとも、ヘッドラム＝モーリーは、ユダヤ系住民に対する「国民的権利（national rights）」の付与には賛成できないと断言しており、市民権の付与によって教育上の「特権」が認められれば十分であろうと考えていた（Headlam-Morley 1972: 117）。このような彼の見方の根底には、文化的アイデンティティの保持と市民権の確保によって「マイノリティ」を「保護」すれば、「マイノリティ」の新しい国家への「同化」を促進できるという、「国民国家」の「統合」と同化の論理に支えられた見通しがあった（Finney 1995: 535）。これは、のちに条文作成を行う過程でポーランドとの争点のひとつとなる、ユダヤ系住民に対する学校教育の現場でイディッシュ語の使用を認めるかどうかが協議された折に、初等教育以外ではポーランド語の使用が望ましいとした彼の立場に端的に表れていた。ヘッドラム＝モーリーは、「ポーランド国民（population of Poland）」の一部であるユダヤ系住民に対し小学校以外の学校の授業言語にイディッシュ語の使用を認め、しかもその運営を彼らにゆだねた場合、急進的な国民主義者たちが「無理やり」イディッシュ語を普及させるために学校を利用し、ユダヤ系住民とポーランドの他の市民とをさらに分離させせかねない、ゆえにこうした危険性を回避する必要がある、と考えていたことからもわかるだろう。また彼にとっては、イディッシュ語は「ドイツ語のように、教育＝文化的な価値を持つ言語ではなかった」のであり、ポーランドの「国民化」にはその普及よりもポーランド語の習得が必要とされて当然であった。つまりそれは、ユダヤ系住民がやがてポーランド社会に「同化」し、「ポーランド国民」になることを前提とした議論に他ならなかった（Headlam-Morley 1972: 158-159; Frentz 1999: 63）。「マイノリティ保護」とは、そうした条件が整うまでの環境づくりであったといえるだろう。

上記の二つの主要な論点と深く関連して、第三に、新興諸国委員会はマイノリティ条項に基づく国際的なシステムをいかに確立すべきかについて検討している。特に従来の列強諸国による「秘密外交」にかわって、新たに創設された国際連盟に対して紛争への介入権を付与することで、ヨーロッパにおける戦争の勃発を未然に防ぐ仕組みをつくろうとしていた。その際、誰がどのような手続き方法で連盟に提訴できるかという問題を検討する必要があった。これに対するヘッドラム＝モーリーの見解は、すべての連盟加盟国に提訴権を与えるが、他方、マイノリティの側に対しては新興諸国の「マイノリティ」、なかでも大幅な領土割譲の結果創出された「マイノリティ」にのみ「直訴権」を与える、というものであった（Headlam-Morley 1972: 108-110）。結局、長期にわたる議論の後に理事国にのみ提訴権を認めることとなった。連盟加盟国すべてに提訴権を与えた場合、「マイノリティ」が「協力国」を通して提訴を行うという事態が生じかねず、このことは国際関係を不安定にさせるかもしれないと考えられたからである。また、ヘッドラム＝モーリーは、普遍的な「直訴権」の付与は国家主権の侵害につながるだけでなく、国際連盟がある特定の政体を強要する道具として利用されるかもしれず、こうした危険性を回避するためには多少の「マイノリティ」の犠牲はやむをえないと考えた。もとより列強諸国の利害が損ねられてはならないことは先に見たとおりであり、ヘッドラム＝モーリーも、ある特定の地域の「マイノリティ」に限定しておかなければ、「カナダのフランス系住民やアメリカのユダヤ人など〔……〕がみな連盟にやってきて彼らが被っている不当性を訴えるような状況に陥る」どころか、他の既存の国々のユダヤ系住民が類似した権利を求める要求を正当化する先例として利用されかねないことを危惧したのである。ただし東ヨーロッパの新興諸国は「経験不足で既存の伝統もない」ため、特定の「マイノリティ」に連盟への「直訴権」を認める必要があり、特にポーランドとルーマニアのユダヤ人および、領土割譲の結果「マイノリティ」となった人びと、特にドイツ系住民には「直訴権」を与えることによって、ドイツ政府のような他の国家に「保護」を求める事態を回避したいという政治的思惑がみられた（Headlam-Morley 1972: 108-113, 133）。西ヨーロッパは東ヨーロッパを監督し、その監督下で東ヨーロッパの「マイノリティ」が保護される、そしてそれによって「マイノリティ」はその国の「国民」に「同化」し、よって問題も解消するという構想がこの点においても明らかであった。

しかし、ポーランドもルーマニアも、このような構想に基づいて作成されたマイノリティ条約に対して憤慨した。条約交渉も大詰めの一九一九年五月末には、ルーマニアの首相ブラティアヌもポーランドの首相兼外相のパデレフスキもそのような条項が導入された場合には、すべての加盟国に普遍的に適用されない限り、条約の調印に応じない姿勢を示した。ブラティアヌにしてみれば、特定の国家にだけマイノリティ条約を強要しようとする国際連盟の創設者たちは、その組織の結成当初から「国家の平等の原則」にも国内における市民平等の原則をもふみにじっていた（Sierpowski 1991: 15; Headlam-Morley 1972: 133-134）。

そのおよそ二週間後の六月一五日、パデレフスキはマイノリティ条約に対するポーランド政府の立場を詳述した書簡をパリに送っているが、その中で彼は、こうした一般的な異議に加えて、ヘッドラム＝モーリーの提案で盛り込まれたシャバト条項や他のユダヤ系住民に対する特権は、これらに対する他の国民の憤りを増幅させるとともに、ポーランドの国民統合を妨げるものであるとして強い不快感を示した。さらにポーランドの「ドイツ系住民」（新たに割譲された地域のドイツ系住民も含めて）に対してマイノリティ条項が適用されることになるのに、ドイツ国内に居住するポーランド系住民に対してはその保証がなされないことを批判していた（Mantoux II 1992: 491-492）。

この書簡を受けて新興諸国委員会は条約草案を一部修正した。その結果、ポーランド側に譲歩してシャバト条項が兵役などを妨げてはならないよう制限する、ドイツ系住民の保護は割譲された領域の住民に限定する、そして先にふれたように、イディッシュ語は小学校においてのみ授業言語として認められる、という方向で調整された結果、ポーランド条約は調印された（Mantoux II 1992: 506, 524-527）。ポーランド側の反発とは反対にマイノリティ条約を積極的に歓迎したのはドイツであり、敗戦によって他国に領土割譲を余儀なくされた地域に住む多くのドイツ系住民に対する明確な「保護」を要求した（Sierpowski 1991: 14）。

3　マイノリティ保護システムの制度化と「提訴」の権利

それでは、出発時点から多くの矛盾を含んでいたマイノリティ保護システムは、実際にどのように制度化されたのだろうか。それは、誰が提訴できるかということと、それと密接不可分の関係にある、提訴された訴願を誰が、どのように審査するかという問題と深く結びついて進められた。

まず、誰が提訴できるかという点からみていこう。マイノリティ条約の第一二条によれば、マイノリティ条約に違反したか違反の恐れのある場合、連盟理事国は連盟理事会に提訴する権利を持ち、理事会はこれに対して適切に対処するとある。しかし、この条項を文字通りに解釈すると、「マイノリティ」自身は、正式には国際連盟に直接提訴する権利を剝奪されており、個別の例外を除いてせいぜい連盟理事会内に自集団の利害を代表して提訴してくれる国家を持つ場合にのみ、マイノリティ条約違反を訴えることができたにすぎない。連盟理事会に自集団の利害を代弁し、提訴してくれる国家すら持たない「マイノリティ」にとっては、マイノリティ条約そのものがほとんど意味をなさなかった。

ところが実際には、理事国以外の国々も「マイノリティ」自身も、理事会に情報を「提供」することができ、かつそうした「情報」は、しばしばすべての理事国および連盟加盟国に通達された (Azcárate 1972 : 180)。もちろんこうした「情報提供」はなんら法的拘束力を持ってはいなかったが、逆にそれに対する具体的な規定も存在していなかった。こうした矛盾点を指摘して、イタリア代表のチットーニは、一九二〇年一〇月二〇日の常任理事会において、マイノリティ条約が正当に履行されるためのシステムを確立する必要性を訴えた。このいわゆる「チットーニ報告」を受けて一〇月二二日に、理事会は、マイノリティ問題について提訴できるのは理事国だけであるという条約の趣旨を尊重しつつも、マイノリティ保護システムの具体的な制度化に向けて、「マイノリティ」自身あるいは理事国以外の国も訴状を事務局に提出することを事実上、公認したのである。

　他方、一九二〇年の九月二五日にもうひとつ別の決議が採択された。その中で、提出された訴願を誰がどのように審査するかについての方針が明文化された。まず、理事会をサポートするために、事務局が受理したすべての訴願は理事会への提出の是非をめぐって事前に審議されるものとし、これには、理事会の中に設けられる各訴願ごとにひとつの独立した検討委員会があたるとされた。通称「マイノリティ委員会」と呼ばれたこの検討委員会は、理事会当番議長と、議長によりアトランダムに選出された二名の理事国代表者から構成されたため、別名「三人委員会」（以下、三人委員会と略記）とも呼ばれた。三人委員会は、提訴の権限が理事国にのみ限定されていることから理事国にかかる負担を軽減するための妥協策として考案され、マイノリティの訴願をどう処理すべきかを決定する際に大きな権限を持った（Azcárate 1972: 109-110）。

　しかし同時に、三人委員会の審査を支えた国際連盟内の実務組織を忘れるべきではないだろう。「マイノリティ部」と呼ばれたその実務組織は、一九二〇年一月に国際連盟が正式に発足してまもなく、ジュネーヴ事務局内に様々な機関が整備された際に「政治局」、「財政経済情報局」などの代表的な部局と並んで創設されたものであり、正式には「施政委員会並びにマイノリティ部」と呼ばれた「マイノリティ問題」を扱う部局の通称である（ジュネーブ國際聯盟事務局一九三一：一九）。より精確には、「施政委員会並びにマイノリティ部」は共通の局長の下に統括されつつも、「施政委員会」と「マイノリティ部」の二つの独立したセクションから構成されており、「マイノリティ問題」に関しては後者のマイノリティ部がその実務全般を担当した。初期のころのマイノリティ部は部長と補佐官に加えて他二名の属員からなる小さな組織であったが、これは徐々に拡大されていき、一九三一年には一〇名を超えた。

マイノリティ部の初代部長はノルウェーのコルバンであり、同局発足から八年あまりマイノリティ部を率いた。また、彼の補佐にはデンマークのロスティングがその職務についた。そのほかに秘書一名などがいた。一九二二年にはスペインのアスカラテが、また一九二四年にはオーストラリアのカーショーがそれぞれマイノリティ部の一員となった。その後もコロンビア、アイルランド、スイス、イランなど各国の代表がマイノリティ部に加わっている。こうした多様な出身国をみればわかるとおり、マイノリティ部は、その「中立性」を保つために、原則としてマイノリティ諸国から（および一九二六年以降はドイツからも）人員を採用しないことにしていた。

それにもかかわらず実際には、マイノリティ部はその「中立性」を疑われ、マイノリティ保護システムの運営に対して不満を持つ人々からの批判の標的となった。というのも、マイノリティ部は、「マイノリティ問題」に取り組む唯一の連盟内の事務機関として認識されており、マイノリティ部が「マイノリティ」からの訴願をどう取り扱うかは、「マイノリティ」たちの生活と、関係国の国際的な立場の双方を左右すると考えられたからである。それだけに、マイノリティ部はマイノリティ保護システムへの二方面からの批判に直面した。とりわけ訴願受理に関して、一方ではマイノリティ側が訴願の半数が不当に却下されていると批判し、他方ではマイノリティ諸国が受理されるべき基準に達していない訴願も受理されていると憤ったのである（Sierpowski 1991: 22）。

ではなぜこのような批判が生じたのであろうか。その背景には、概して、訴願の処理方法をめぐるさまざまな問題があったと考えられる。紙幅の都合上これらについて詳しく論じることはできないが、簡単にまとめると次のような三つの問題点に要約できるだろう。

ひとつには、先に言及した「情報提供」というかたちで訴願を全連盟加盟国に通達するシステムは、マイノリティ諸国にとって不利益をもたらしかねないという問題があった。そこでマイノリティ諸国は、訴願の「信頼性」を問題にすることで、訴願の処理に関していくつかの制限を設けるよう段階的に働きかけた。その結果、訴願の処理に長い時間を要する事態となり、訴願通達が担保していた「公開性（publicity）」とその抑止力が制限され、理事国以外の国々には訴願に関してほとんど周知されない状況が作り出された。一方提訴側は、自分たちの訴願に対する関係政府の応答を得ることができなくなった（Mair 1928: 68）。このため、「マイノリティ」の側が自分たちの訴願内容を一方的にメディアに公表し、その結果関係政府との関係を悪化させる事態を招くことも多かった（Macartney 1968: 323）。また、訴願およびそれに対する関係国からの所見は、原則的に理事国にのみ通達されることとなり、困難な状況にある「マイノリティ」をさらに厳しい立場に追いやる可能性が生じた。こうした制度変更の背景には、そもそも全連盟加盟国に訴願が通達されることを嫌っていたマイノリティ諸国に配慮すると同時に、「マイノリティ問題」の解決には、マイノリティ諸国との協力の下にマイノリティ保護システムを運用したほうがうまく機能するという現状認識があった（Azcárate 1972: 182-183）。また、事務局の仕事の効率化にもつながる一方で、何らかの悪意あるプロパガンダを意図した訴願を事前に抑制できるという利点も考えられた（Macartney 1968: 322）。

ふたつには、ドイツの国際連盟加盟および常任理事会入りの問題があった。とりわけ一九二四年にはシュトレーゼマンが連盟への加盟を推進する外交政策の目的のひとつに、「マイノリティ」――特にドイツ系住民――の「保護」への協力を掲げており、多くのドイツ系住民を抱えるポーランドやチェコスロヴァキアにとっては、ドイツの脅威にどう対抗するかは、国家の存続にかかわる問題であった。これに対する対応策として、ポーランドは、引き続き連盟に対してマイノリティ保護システムの普遍的適用を提案していく。しかし、イギリスやフランスはもとより、「カタルーニャ問題」を抱えていたスペインも、「南ティロール」のドイツ系住民の問題に直面していたイタリアも「マイノリティ問題」には敏感になっており、自国に直接火の粉が降りかかるようなマイノリティ保護システムの普遍的な適用に賛成するはずはなかった。こうしてマイノリティ保護システムがその誕生当初から抱えた問題性はますます構造化していった。そこでポーランドは、ドイツを牽制するために訴願の審査機関である三人委員会の権限を強化し、理事会の承認なしに訴願を処理できるよう制度の改革を求めた。しかし、マイノリティ部の調整によって、制度変更は微小なレベルに抑制された。せいぜい、マイノリティ諸国、マイノリティ諸国の隣国および、提訴している「マイノリティ」と同じ民族に属する国家の代表はいずれも、三人委員会の構成メンバーになれないという規定が導入されたにすぎなかった。マイノリティ諸国の隣国を排除する目的は、たとえばチェコスロヴァキア国内のハンガリー系住民からの訴願を審議する委員会からドイツを排除する点にあった。これは、敗戦で割譲した領土を回復するためにその土地に住むドイツ系を統合したいドイツと、ハンガリー系マイノリティを「統合」したいハンガリーとの協力関係が、「マイノリティ問題」を通して形成される可能性の排除を意図していた（Pieper 1974: 42)。ポーランドはこのようなシステムの修正ではドイツからの脅威に対抗することはできないと不満をあらわにし、他方ドイツは、連盟に加盟する直前にマイノリティ保護システムを変更しようとする連盟の姿勢に不快感を示した（Güttermann 1979: 74)。そして、ドイツは、一九二六年に連盟への加盟と常任理事国のポストの獲得を果たすと、そのしばらく後の一九二九年に、マイノリティ保護システムを抜本的に改革することを求める要求を提出することになる。

そして第三の問題として、より実務上の処理方法の問題があげられる。マイノリティ部が三人委員会の仕事を支え、マイノリティ保護システムの確立に寄与したことはすでに述べたとおりである。その業務は、一九二一年から一九三九年の間に提出されたおよそ九五〇にも及ぶ訴願を内容および形式において一定の判断基準（一九二三年の理事会決議で明文化）に基づいて受理可能かどうかを審査することから、三人委員会のための事前調査および関係資料の作成、三人委員会の会議の組織・運営（通常、会議はマイノリティ部の部長室で開催され、マイノリティ部長による口頭説明が冒頭で行われたのち、特に議論すべき点や審議されるべき点が明示された）など、業務全般におよんでいた。また、マイノリティ部はマイノリティ諸国の政府との協力関係の樹立および維持に努めた。実際、部長のコルバンは、一九二三年の一年間にほとんどの関係諸国を訪問しており、また一九二三年から一九二九年までの間に、特にポーランドには同国政府の協力を求めて毎年一度から二、三度の頻度で訪れた（Frentz 1999: 100）。マイノリティ部は、問題を処理する適切な方法は関係諸国政府と理事会の間をうまく仲介し、双方が納得できるような「妥協策」を関係諸国政府との交渉によって引き出すことにあると考えていたが、これは、連盟理事会に提訴されることを望まない関係諸国政府の立場と、問題が提訴されても理事会が積極的に働きかけるとは思えないという当時の状況を考慮してのことであった（Azcárate 1972: 126-129）。「マイノリティ保護」に関する連盟の役割は、「マイノリティ」の「擁護者」としてではなく、「マイノリティ」と関係政府の間を取り持つ「仲介者」として機能する点にあったのであり、それをマイノリティ部が引き受けていたと考えてよいだろう（Sierpowski 1991: 18）。もっとも、この関係国訪問自体が非常に公的な性格を帯びており、係争地域を訪問するには何より当該政府の許可を必要としていた。そのため、マイノリティ部の「中立性」を疑問視する声が上がっても不思議はなかった（Frentz 1999: 112-113; Macartney 1968: 328-329）。こうしてマイノリティ保護システムは制度化されていくが、その一連の過程は、翻ってみれば、システムがもともと持っていた矛盾がさらに構造化する過程でもあった。それらの矛盾は、やがて、ドイツに代表されるヴェルサイユ体制の修正を求めるいわゆる修正主義外交と、それを阻止しようとするポーランドを筆頭としたマイノリティ諸国の間の亀裂が深まるにつれて表面化する。

4 マイノリティ保護システムの崩壊

一九二五年一〇月一六日にロカルノ条約が仮調印され、ドイツの国際連盟入りが正式に承認された結果、ドイツは一九二六年九月、常任理事国として国際連盟に加盟を果たした。「マイノリティ」、特にドイツ系住民は、新しい「祖国」におけるマイノリティ学校の閉鎖や土地改革による土地の没収などの急激な「国民化」によってますます苦境に追い込まれていたため、自分たちの訴願に対するドイツからの積極的な支援を期待した（Fink 1972: 340-342）。他方、条約修正に奔走しながら成果をあげられなかったマイノリティ諸国の懸念はますます高まった。しかし両者の予想に反して、シュトレーゼマンは、連盟に加盟した当初は、マイノリティ保護システムの改革に乗り出すことには消極的であり、いくつかの三人委員会にも限られた範囲で、しかも自身ではなく代理を出席させる程度にとどめていた。

しかし一九二八年の終わり頃になると状況は一変した。ポーランド国内のドイツ系住民からの訴願が増加する状況にかんがみて、一二月一五日にルガノで開かれた連盟理事会でマイノリティ条項に関して検討する必要性が指摘された。このときポーランドのザレスキは、国内のドイツ系の諸団体が連盟宛に不当に多くの訴願を提出していることを強く非難し、国家に対抗する運動を推進する集団が活動できるのは、もっぱらポーランドの自由主義に負っており、連盟に提出されている訴願の多くはドイツ系住民の本来の要望を反映していないと訴えた。(4) こうしたポーランド側の態度に憤りを覚えたシュトレーゼマンは怒りをあらわにし、次回の理事会でマイノリティ保護システムを包括的に見直すよう求めた。

ポーランドとドイツの関係がますます緊張するなか、一九二九年三月六日の理事会においてシュトレーゼマンは、「国際保障」についてその基礎をなす「理論」と「実践」の両方の観点から見解を述べた。彼は、「理論的」には、理事会は、マイノリティ条項がつねに適用されているかどうかを監視する義務を負っており、それゆえ訴願を審査するだけでなく、「マイノリティ」の状況を恒常的に把握する必要がある、したがってある国が他国の「マイノリティ」に対して関心を持つこと自体は内政干渉にはあたらず、失地回復と国境線の変更を求めるような「修正主義」の危険もない、と訴えた。他方「実践的」な観点から、シュトレーゼマンは、国際連盟がマイノリティ条項の「保証」をその手続きの範囲外においても行使できるよう検討する委員会の設置を求め、これが次回の理事会までに調査報告を提示するよう提案した(Gütermann 1979: 88–89)。さらに、ドイツの連盟加盟前に設けられた三人委員会の構成国制限の撤廃や訴願者の委員会調査への参加、ならびに連盟の「マイノリティ保護」活動の広報努力なども提案した(Fink 1972: 346–347)。また、訴願者自身に上訴の権利を与えるようシステムの変更を求めたが、マイノリティ諸国の反対にあうことは必至であった（Macartney 1968: 319-320）。ポーランドは、マイノリティ諸国がさらなる義務を負うようなマイノリティ条項の変更を認める用意はないと明言し、これらの提案がマイノリティ問題における連盟の管轄範囲を超越していると主張、さらなる修正提案が妥当かどうかを審議する検討委員会を設置するよう求めた。その結果、「国際保障」のあり方とマイノリティ条項の修正提案の妥当性を審議する検討委員会の設置が決定され、イギリス、スペイン、日本の三国の代表で構成されることになった。ドイツは当初、この検討委員会に参加することを望んだがこれは認められなかった。

検討委員会は、一九二九年四月末から五月はじめにかけてロンドンで開催された。形式的には、かつて日本の「理事会帝国代表」も務めた外交官安達峰一郎が委員長を務めたが、実際には、チェンバレン外相の主導の下、スペインのレオンとともに協議された。この検討委員会にはイギリス外務省及びマイノリティ部のスタッフも参加し作業にあたった。そうして作成された報告書――『ロンドン報告』――は、これまでのマイノリティ条項のさまざまな決議の集大成をなしており、六月一〇日よりマドリードで開催された理事会において審議された。ただし、イギリス国内の選挙で保守党が敗北したためチェンバレンはもはやこの会議に出席できなかった。またシュトレーゼマンが健康上の理由から遅れてマドリードに到着した時には、理事会は『ロンドン報告』に基づいてすでにマイノリティ条項を再検討し終えており、検討委員会の提案を承認していた。その時に合意された内容を安達がまとめたものが「安達報告」として理事会側に提出され、採決に至った。シュトレーゼマンは、「理論的」な部分での解釈の拡大をめざした持論を議題にすえようと試みたが、マイノリティ保護システムをめぐる議論をできるだけ早期に終結させたいとする日本、フランス、ルーマニアなどによって阻まれた。その結果ドイツによって出されていた提案はほとんど採用されず、委員会の構成や開催規定の一部変更などの形式的な修正にとどまった。ただし、訴願に関する理事会への報告が、委員会審議が終了した場合にのみ行われ、その結果の公開も関係国の合意を前提とする方法に変更されたことは指摘しておきたい（Gütermann 1979: 99–100; Sierpowski 1991: 25）。いまやマイノリティ諸国は、自国に不利になると判断した訴願については理事会宛への「情報提供」を拒否することができるようになった。

こうしてシステムの変革を阻まれるとドイツは攻勢に転じ、連盟理事国に提訴権を認める条項（対ポーランドのマイノリティ条項第一二条）に則って、初めてドイツ系住民からの訴願を直接理事会に提出し、そこでの審議を要求した。悪化するドイツとポーランドの関係を日本の安達が仲介し、四〇〇以上もの苦情が盛り込まれた訴願に対して解決策を講じるよう委任されたが、まもなくドイツ系住民の「擁護者」シュトレーゼマンが死去すると、その後マイノリティ保護システムの運営方法が変更されることはなかった。そして一九三三年にドイツがナチスの政権掌握にともなって国際連盟を脱退し、一九三四年九月にはポーランドがマイノリティ保護システムへの協力を拒絶する意思を表明すると、もはやシステムそのものが事実上の機能不全に陥った。そして一九三八年三月のナチス＝ドイツによる「オーストリア併合（Anschluß）」を皮切りに、暴力的な国境線の修正が進行したことは周知のとおりである。こうして、国際連盟という超国家組織を介して列強諸国が「未熟」な新興諸国家内の「マイノリティ」を「保護」することで国際秩序の安定を図るという構図は崩れ、かわって、「マイノリティ」が特定の国家によって「保護」される時代が到来し、第二次世界大戦が勃発することになるのである。

5　おわりに

こうしてマイノリティ保護システムは、その当初からの矛盾を構造化しつつ発展し、国際連盟を仲介とした国民国家と「マイノリティ」という二〇世紀の支配体系の構図の基礎を築いた。「マイノリティ」を「保護」するという思想は、強者（国民国家）と弱者（「マイノリティ」）の関係を前提としていたが、マイノリティ保護システムにおいては強者の中にも列強諸国とマイノリティ諸国という支配の構図が内在し、「マイノリティ」はその構図を制度化する存在として見出されたのである。逆説的にいえば、西側諸国が国際連盟の名において「経験の浅い」中東欧諸国を「啓蒙」するという構図こそが、自由主義民主主義を基礎とした国民国家体系を制度化する二〇世紀前半の時代を特徴づけているとみることもできるだろう。そしてその影響は、たとえば旧ユーゴスラヴィアが解体した時、問題がしばしば「民族紛争」に還元されたように、現代に至るまで及んでいる。グローバリズムの展開と新たな地域主義や新保守主義の台頭、またそうした流れの中で生じる「外国人」や「移民」といった新たな「マイノリティ」の創出が支配の構図をますます複雑なものにしている今日、戦間期のマイノリティ保護システムが抱えた問題群を今一度考える必要があるのではなかろうか。

注

(1) 以下、文中の鍵括弧を伴う表記についてであるが、繰り返しによる煩雑さを避けるため、同様の特定の名称である「マイノリティ諸国」、「マイノリティ条約」、「シャバト条項」等については初出のみ鍵括弧を付す。他方、「マイノリティ」、「マイノリティ問題」、「国民」、「国民国家」、「同化」、「統合」、「排除」、「保護」、「マイノリティ保護」など、本論全体に貫通するキー概念についてはつねに鍵括弧を付して記すことをあらかじめお断りしておきたい。

(2) ポーランド、チェコスロヴァキア、ユーゴスラヴィア、ルーマニア、ブルガリア、ギリシア、トルコ、オーストリア、ハンガリーはそれぞれ条約形式において、また、リトアニア、ラトヴィア、アルバニア、エストニアは連盟への宣誓形式でマイノリティ条項に拘束された。また中東欧地域外においてはフィンランド、イラクがやはり宣誓形式でマイノリティ条項を受け入れている。

(3) この委員会は通称 New State Committee と称されたもので、特に経済問題とマイノリティ問題に取り組むために結成された。

(4) ただし、このとき理事会が取り上げなければならなかった訴願のほとんどは、ポーランド領高地シロンスクのドイツ系住民からの提訴であり、ここで主題として扱っているマイノリティ条約ではなく、連盟理事会に直接訴願を提出することを認めた一九二二年のいわゆる「ジュネーヴ協定」に則って提出されたものである。

参考文献

小沢弘明「国民自決の原理・連邦構想」、歴史学研究会編『講座世界史5』（東京大学出版会、一九九五年）三七五―三九一頁。

唐渡晃弘『国民主権と民族自決——第一次大戦中の言説の変化とフランス』（木鐸社、二〇〇三年）。

ジュネーブ國際聯盟事務局編纂『聯盟政治の現勢』（巖松堂書店、一九三一年）。

Azcárate, P. De, *League of Nations and National Minorities: An Experiment*, Kraus Reprint Co., New York, 1972 (Washington, Carnegie Endowment for International Peace, 1945[1]).

Brubaker, Rogers, *Nationalism Reframed, Nationhood and the National Question in the New Europe* (Cambridge University Press, Cambridge, New York, Oakleigh, Madrid, Cape Town, 2000 [1996[1]]).

Fink, Carole, "Defender of Minorities: Germany in the League of Nations, 1926-1933", in: *Central European History*, Vol. V, Number 4, December 1972, pp. 330-357.

Finney, Patrick B., "'An Evil for All Concerned': Great Britain and Minority Protection after 1919", in: *Journal of Contemporary History* (SAGE, London, Thousand Oaks, CA and New Delhi), Vol. 30 (1995), pp. 533-551.

Frentz, Christian Raitz von, *A Lesson Forgotten: Minority Protection under the League of Nations: The*

Case of the German Minority in Poland, 1920-1934 (Lit Verlag, Hamburg/St. Martin's Press, New York, 1999).

Gütermann, Christoph, *Das Minderheitenschutzverfahren des Völkerbundes* (Duncker & Humblot, Berlin, Schriften zum Völkerrecht 1979).

Headlam-Morley, James, *A Memoir of the Paris Peace Conference 1919*, edited by Agnes Headlam-Morley (Russell Bryant, Anna Cienciala, Methuen & Co. Ltd., London, 1972).

Macartney, C. A., *National States and National Minorities* (Russell and Russell, New York 1968 [1934[1]]).

Mair, L. P., *The Protection of Minorities: The Working and Scope of the Minorities Treaties under the League of Nations* (London, et al., 1928).

Mantoux, Paul, *The Deliberations of the Council of Four (March 24-June 28, 1919), Notes of the Official Interpreter*, vol. I-II, translated and edited by Arthur S. Link with the Assistance of Manfred F. Boemeke (Princeton University Press, Princeton, 1992).

Mazower, Mark, *Dark Continent: Europe's Twentieth Century* (Vintage Books, New York, 2000).

Pieper, Helmer, *Die Minderheitenfrage und das Deutsche Reich 1919-1933/34* (In Kommission beim Alfred Metzner Verlag, Hamburg 1974).

Sierpowski, Stanisław, "Minorities in the System of the League of Nations", in: Paul Smith (ed.), *Ethnic Groups in International Relations, Comparative Studies on Governments and Non-dominant Ethnic Groups in Europe, 1850-1940*, Vol. V (New York University Press, Dartmouth, 1991).

Supplement to the American Journal of International Law, Vol. 13, 1919, Official Documents.

付記

本稿は、平成二〇〇二年度—二〇〇四年度文部科学省科学研究費萌芽研究「二〇世紀国際関係における「少数民族問題」——「少数民族保護」政策と国際連盟を中心に」による研究成果の一部である。

何も終わってはいない

——東ガリツィアにおけるホロコーストの記憶をめぐって

野村真理

1　はじめに

バービイ・ヤールに記念碑はない
切り立つ崖が粗末な墓の盛り土

（『バービイ・ヤール』一九六一年）

このように始まるエヴゲニー・エフトゥシェンコの詩は、第二次世界大戦後のソ連のホロコーストの扱いを象徴的に言い表している。

バービイ・ヤールは、キエフ郊外にあった深い谷の名で、第二次世界大戦中、ドイツ軍がキエフを占領してまもない一九四一年九月二九日から三〇日までの二日間に、そこで三万四〇〇〇人近くのユダヤ人が殺害された。バービイ・ヤールでは、ユダヤ人の他にもロシア人やウクライナ人の戦争捕虜や政治犯など、ドイツ軍によるキエフ占領中、二年間であわせて一〇万人以上が殺されたといわれる。しかしバービイ・ヤールは、捕虜でも政治犯でもないユダヤ人が、ただユダヤ人であったために子供も老人も病人も無差別に殺害されたという意味で、第一にホロコーストの現場だった。

アナトーリ・クズネツォフは、小説形式のドキュメント『バービイ・ヤール』（一九七〇年）で、次のように書いている。

戦争が終わる前から、バービイ・ヤールに記念碑を建てるべきだという声があがった。（言いはじめたのは、イリヤ・エレンブルグである。）ところが、当時ニキタ・フルシチョフの率いるウクライナ共産党中央委員会は、バービイ・ヤールで処刑された人たちは記念碑を建てるに値しないと判断した。

私は、キエフの共産党員たちがこんなことを言うのを一度ならず耳にした。

「バービイ・ヤールって、いったいどこの話だ。ユダ公どもが銃殺されたところか。なんで俺たちが、汚いユダ公どもの記念碑を建てなきゃならないんだ。」

事実一九四八年から一九五三年にかけて、政府の息がかかった反ユダヤ主義が広がると、記念碑の問題は立ち消えになった。(1)

ここで名のあがったエレンブルグは、一九四三年末から、ソ連占領地でのナチスのユダヤ人迫害を暴いた記録集『黒い報告書』の作成の携わった人物である。報告書は一九四六年に完成したが、一九四八年に絶版となり、その組版も破壊された[2]。以後、バービイ・ヤールはおろか、ユダヤ人について語ること自体がタブー化される。その理由は、クズネツォフがいうスターリン時代末期の反ユダヤ政策に帰せられるのが通例である。

『黒い報告書』の作成は、スターリン公認のもとで進められたが、他方で、いわゆるソ連の反ユダヤ政策は、部分的にはすでに第二次世界大戦中の一九四二年半ばに始まり、終戦後、とりわけ一九四八年頃から「祖国を忘れたコスモポリタンに対する闘争」あるいは「反シオニズム闘争」というスローガンのもとで公然化した。コスモポリタニズム批判の矛先が向かったのは、必ずしもユダヤ人だけではなく、その意味で反コスモポリタニズム闘争を反ユダヤ政策と単純に同一視することはできない。しかしこの闘争で狙い撃ちにされたのが、演劇や音楽など、芸術分野で活動していたユダヤ人や、作家、詩人、ジャーナリストなど、ソ連である程度名前の知られたユダヤ文化人であったこともまた事実である。そのためユダヤ人は、次はわが身か、という恐怖に震えることになる。

あるいは、第二次世界大戦中のソ連で、一九四二年四月に設立された「ユダヤ人反ファシスト委員会」（英語での略号ＪＡＣ）の主たる目的は、西欧諸国のユダヤ人に対して、ナチス・ドイツと闘うソ連への財政支援を呼びかけることであった。事実ＪＡＣは、アメリカを中心とするキャンペーン旅行に成功して、ソ連軍に総額数百万ドルにのぼる援助金をもたらす。当時のＪＡＣは、ソ連で認められた唯一のユダヤ人の公的機関であり、ユダヤ人のあいだには、ＪＡＣがこのような対外活動のみならず、ソ連のユダヤ人の声の代弁者にして、文化的、社会的中心となることを期待する者もいたという。推測によれば、ユダヤ人のこの期待がスターリンの逆鱗に触れたようだ。

ＪＡＣの議長でイディッシュ語演劇の著名な俳優ミホエルスは、一九四八年一月にソ連の政治警察によって殺害され、当局からユダヤ民族分離主義者の巣窟と見なされたＪＡＣも同年一一月に解体される。一九四八年のイスラエル建国の報に喜びを隠すことができなかったソ連のユダヤ人は、それがユダヤ民族としての出過ぎた振舞いであったことを思い知らされた。一九四八年から一九五三年までのあいだ、民族主義的偏向を理由にイディッシュ語作家の大規模な粛清が行われ、ソ連のイディッシュ語文学や演劇は壊滅状態に追いこまれた。

独ソ戦は、ソ連では大祖国戦争と呼ばれる。ソ連は、この戦争に勝利することはしたが、戦争が終わったときに人々が実感したのは、戦勝の喜びであるより、ソ連が払った犠牲の大きさである。スターリンは、ソ連の戦争犠牲者は七〇〇万人と述べたが、ゴルバチョフ時代になって公表された数によれば、ソ連の人的損失は二六〇〇万から二七〇〇万人である。スターリンの発言が真実でないことは、すでに当時から、誰の目にも明らかだった。ソ連の戦争犠牲者は、敗戦国ドイツの四倍近くにのぼり、この事実が明らかになれば、スターリンは、みずからの戦争指導に対して責任を問われざるをえなかっただろう。

このような状況のなかで開始されたのが、ソ連の体制やその指導部に対する国民の批判や不満を封じるための愛国心の引き締めであり、コスモポリタニズム批判である。ソ連の公式見解によれば、他民族の権利の平等を尊重しつつ自民族の自由のために闘う決意こそ真の愛国主義であり、これに対立するのが、祖国に対する無関心あるいは蔑視的な態度としてのコスモポリタニズムと、自民族の優越性や他民族に対する偏見を唱えるブルジョア民族主義であった。たとえば国策としての愛国主義に協力しない文化人や、国境を越えて利益を追求する資本家は前者にあたり、シオニストやユダヤ民族主義者は後者にあたる(3)。

戦争犠牲者の追悼にしても、ソ連国民は一致団結してナチス・ドイツと闘ったのであって、そこでユダヤ人の犠牲だけが「特権的に」語られるのは、けしからぬこととされた。だが、バービイ・ヤールでユダヤ人のことが語られぬ理由はそれだけだろうか(図1、図2参照)。

もとよりソ連史の専門家ではない私には、ソ連におけるホロコーストの扱いを全体的に論じる能力はない。本稿で取りあげる地域は、東ガリツィア(西ウクライナ(4))に限られている。

東ガリツィアは、一八世紀末のポーランド分割でオーストリア帝国が領有したガリツィアの東半分にあたり、第一次世界大戦後、戦間期は、再び独立を回復したポーランドの領土となった。しかしポーランド領とはいえ、西ガリツィアの住民の大多数がポーランド人であったのに対し、東ガリツィアでは、人口の六〇パーセント以上の多数を占めたのはウクライナ人であり、さらに

図1　ソ連時代（1974年），バービイ・ヤールに建てられた慰霊碑（2002年，筆者撮影）
ロシア語，ウクライナ語，イディッシュ語で書かれた碑文は，次のとおりである。
「ここで1941年から1943年のあいだに，ドイツのファシスト占領軍によって10万人以上のキエフ市民および戦争捕虜が銃殺された」。
碑文には「ユダヤ人」という語はない。バービイ・ヤールの虐殺現場から奇跡的に逃げることに成功したユダヤ人は，戦後，みずからの体験について口を閉ざした。ユダヤ人がユダヤ人の犠牲について語ることはタブーであった

図2　メノラ（七枝の燭台）をかたどったユダヤ人のための慰霊碑（2002年，筆者撮影）
1991年になって，バービイ・ヤールにユダヤ人のための慰霊碑が建てられた。メノラは，ユダヤ教の象徴である。ソ連時代に建てられた慰霊碑（図1）とは少し離れたところにあり，こちらの方が虐殺現場に近い

一〇パーセント程度のユダヤ人口が存在した。そのこともあって、一九三九年九月に第二次世界大戦が始まったとき、独ソによるポーランド分割で東ガリツィアはソ連の支配下に入り、戦争終了後の国境の変更で正式にソ連のウクライナ共和国に併合された。

たしかに東ガリツィアは、第二次世界大戦後はソ連の一部を形成したとはいえ、早くからロシア帝国およびソ連に属したウクライナの他の地域とは歴史を異にし、それに応じて東ガリツィアのホロコーストもまた異なる様相をおびていた。しかし、だからといってソ連でホロコーストを語るとき、東ガリツィアを除外することはできないだろう。ところが東ガリツィアのホロコーストの詳細に立ち入れば、そこから出てくるのは、モスクワのボリシェヴィキに指導されたソ連とウクライナ民族主義者の対立であり、その民族主義者がウクライナの民衆に支持されていたという事実であり、さらにまた、ナチス・ドイツを非難するだけではすまされない、ウクライナ人のホロコースト加担の事実である。最後の事実に関連してさらにいえば、ユダヤ人犠牲者のための慰霊碑というが、そもそもユダヤ人口の消滅は、ウクライナ人にとって、嘆き悲しみ、追悼すべき事柄だったのだろうか。それとも「汚いユダ公ども」がいなくなっただけなのか。東ガリツィアのホロコーストを見るとき、われわれはクズネツォフとともに、この重い疑問に突きあたる。

ソ連時代に東ガリツィアのホロコーストについて語ることは、パンドラの箱を開けるに等しかった。その事情を多少でも明らかにすることが本稿の目的である。

2　東ガリツィアの歴史的特殊性

西ウクライナ人民共和国の挫折

ソ連時代、政治的敵対者を罵倒する言葉のひとつに「ペトリューラ主義者」があった。シモン・ペトリューラは、第一次世界大戦中、一九一七年にロシア革命が勃発したとき、キエフで成立したウクライナ中央ラーダ（評議会）に参加し、以後一九二一年にいたるまで、ウクライナ独立のため、ボリシェヴィキの赤軍を相手に熾烈な戦闘を指揮した人物だ。しかしウクライナ独立闘争は最終的には敗北して、ウクライナは一九二二年一二月にソ連邦の一共和国となり、ペトリューラは一九二四年、亡命地パリへと流れていった。

このペトリューラと同様、「バンデラ（ベンデラ）主義者」[5]という罵倒語に名を残したウクライナ民族主義者が、東ガリツィア出身のステパン・バンデラである。

第一次世界大戦は、東中欧を分割支配していたロシア、ドイツ、オーストリアの三大帝国を崩壊させ、ポーランド人をはじめ、チェコ人、ハンガリー人、リトアニア人など、東中欧の諸民族は念願の独立国家を手にいれた。このとき民族自決を実現することができなかったのが、東ガリツィアのウクライナ人である。はじめに述べたように東ガリツィアの多数者民族であったウクライナ人は、一九一八年一一月、ポーランド人少数者による支配を拒否して東ガリツィアの中心都市リヴィウ（ポーランド語ではルヴフ）で蜂起し、西ウクライナ人民共和国の独立を宣言した。しかし、同じく一九一八年に独立を回復したポーランドは、東ガリツィアを含むガリツィア全体をみずからの歴史的領土と見なし、ウクライナ人の独立を認めようとしなかった。激しい戦闘ののち、東ガリツィアは、一九一九年七月までにウクライナ人の抵抗を武力で制圧したポーランドの領土となる。

しかしウクライナ民族運動はこれでおさまることなく、戦間期ポーランドのウクライナ人少数民族に対する抑圧政策は、かえってこれを過激化させた。一九二〇年九月のリヴィウでは、ウクライナ独立闘争を継続するため「ウクライナ軍事組織」（UVO）が結成される。UVOには、先のロシア革命のさい、ウクライナ中央ラーダを支持し、ウクライナ独立のためにボリシェヴィキの赤軍と闘った兵士たちも結集していた。そして一九二九年には、UVOを中核とし、その他のウクライナ民族主義者の組織を吸収、統合して「ウクライナ民族主義者組織」（OUN）が立ち上がる。OUNの最終目的は、東ガリツィアとソ連のウクライナ共和国とをあわせた全ウクライナを解放し、ウクライナ人の統一国家を設立することだった。

OUNは、ポーランドの要人やウクライナ人のポーランド協力者を暗殺しただけでなく、一九三三年には、リヴィウのソ連領事館の外交官二人を殺害する。ソ連のウクライナでは、一九二九年の冬から開始された農業の全面的集団化と、党と政府による農民からの穀物の過酷な徴発が農村に大規模な飢饉を引き起こし、四〇〇万人から六〇〇万人とも推定される餓死者が出た。OU

Nによるソ連の外交官の殺害は、それに対する報復とされた(6)。

事後的に、ソ連史から見た場合の東ガリツィアの歴史的特殊性とは、このように、キエフを中心とするウクライナでは一九二二年にボリシェヴィキに押さえこまれた独立闘争が、戦間期を通じて継続中だったことである。ポーランドとソ連の双方に敵対し、国際的には孤立無援のOUNがナチス・ドイツに接近したのは、あるいは自然の成り行きだったかもしれない。OUNは、ボリシェヴィキに対する仮借なき戦いを唱え、東方に生命圏を求めてポーランド侵略の機会をうかがうナチスの協力者になることにより、ナチスからウクライナ独立への支持がえられるものと期待した。このウクライナ民族主義者のソ連敵視とナチスへの接近が、東ガリツィアのホロコーストの様相を、とりわけ初期の段階で、ソ連のウクライナとは大きく異なるものとすることになる。

バンデラとは、第二次世界大戦が始まった後、一九四〇年はじめに穏健派と急進派に分裂したOUNで、ウクライナ独立急進派——バンデラ派——を率いた人物に他ならない。

独ソによるポーランド分割と東ガリツィア

戦間期を通じてポーランド人とウクライナ人の民族対立に揺れ続けた東ガリツィアで、人々の運命を一変させたのが第二次世界大戦の始まりである。一九三九年九月の独ソによるポーランド分割で、東ガリツィアがソ連の支配下に入ったことにより、東ガリツィアでは少数者でしかなかったポーランド人による政治的、経済的支配に終止符が打たれた。一一月一日に東ガリツィアはソ連のウクライナ共和国に統合され、東ガリツィアのウクライナ人は、はじめてウクライナ人の国家というものを体験する。それまで支配の中枢にいたポーランド人は追放された。しかしモスクワのボリシェヴィキに乗っ取られたウクライナは、OUNが支持を集める東ガリツィアで、ウクライナ人が望んだ国家のあり方ではなかった。人々は、経済活動の国有化にとまどい、ソ連に敵対するウクライナ民族主義者は、政治犯として監獄送りとなる。

他方、東ガリツィアの歴史をさかのぼれば、少数支配民族であったポーランド人と被抑圧多数民族であったウクライナ人のはざまで、つねに微妙な立場に立ってきたのが第三の民族であるユダヤ人だった。ユダヤ人は、ポーランド人が東ガリツィアの支配者であるあいだ、ポーランド人が作り上げた政治的、経済的システムを最大限に利用し、そのなかから自分たちの利益を引き出してきた。したがって、そのシステムを破壊しようとするウクライナ人にとって、ユダヤ人はつねに支配者の忠実な犬だった。

歴史的に蓄積されたウクライナ人のユダヤ人に対する不信感は、一九三九年のソ連による東ガリツィア支配で、支配者がポーランドからソ連に交代したとき、解消されるどころか、さらに劇的に悪化する。なぜなら東ガリツィアにあって、尻尾をふる相手をさっさと取り替え、ソ連の支配を歓迎した唯一の人々がユダヤ人だと見なされたからである。

ユダヤ人は、第二次世界大戦直前の東ガリツィアで総人口の一〇パーセント程度であったが、ウクライナ人の大部分が郡部の農民であったのに対し、ユダヤ人口は都市部に集中する。たとえば一九三一年に総人口三一万二二〇〇人をもつ東ガリツィア最大の都市リヴィウでは、ユダヤ人は、人口一五万七五〇〇人のポーランド人に次ぎ、街の人口の約三分の一を占めていた。ソ連の支配下で、もとのポーランド人支配者が表舞台から姿を消したのち、そのあとを埋めたのは、ソ連から乗りこんできた共産党員や、街にあって比較的教育程度の高いユダヤ人やウクライナ人である。しかし、東ガリツィアでいまや主人の座を得たウクライナ人はともかく、ユダヤ人の役人がポーランド人やウクライナ人にあれこれ指示することなど、これまでは考えられもしないことだった。人々は目をそばだて、事実に反して、東ガリツィアにやって来た共産党員はみなユダヤ人で、東ガリツィアで官職にありついたのもユダヤ人だけだと非難した。

ユダヤ人がソ連を歓迎したのは、彼らがボリシェヴィキの支持者だったからではない。東ガリツィアがナチスの手から切り離されたことで、ユダヤ人は命拾いをしたからである。ヒトラーに比べれば、スターリンは小悪だった。それに、戦間期末期のポーランドでは、ユダヤ人に対する過激な反ユダヤ主義者の暴行が日常茶飯事になっていたことを思えば、たしかにソ連はユダヤ人を差別する法をもたず、そのような暴行は御法度だった。ユダヤ人の、とくに青年たちのなかには、民族の平等を唱える社会主義に将来の希望を見出した者もいた。しかしブルジョアに対する迫害に関して、ソ連が、ユダヤ人やウクライナ人やポーランド人といった区別をもたなかったこともまた明らかである。にもかかわらず人々は、キリスト教世界では賤民扱いだったユダヤ人が、無神論の共産主義体制のおかげで支配者になりあがり、自分たちとユダヤ人の立場が逆転して、ユダヤ人だけがよい目を見ていると確信した。こうしてボリシェヴィキに対する憎しみがユダヤ人に結びつけられてゆく。巷では、ユダヤ＝ボリシェヴィキに支配された西ウクライナは、西ユダヤと呼ばれた。

そしてこのとき東ガリツィアのウクライナ人にとって、ユダヤ＝ボリシェヴィキからの解放者として現れたのがナチス・ドイツであった。

3　東ガリツィアのホロコースト

ソ連軍の東ガリツィア撤退

ＯＵＮは、一九三九年の独ソによるポーランド分割で、ドイツが東ガリツィアを見捨てたことに失望した。その後、一九四〇年はじめのＯＵＮの分裂で、ウクライナの独立に関し、ドイツの支持を期待しつつもドイツに依存せず、可能なかぎりウクライナ人による自力解放をめざそうとした急進派がバンデラ派である。

第二次世界大戦開始後、総督府（ポーランドのドイツ直轄支配地域）を活動拠点としていたバンデラは、一九四一年六月二二日の独ソ戦の始まりをウクライナ独立の好機ととらえ、ドイツ軍の東進にあわせて、みずからの片腕ヤロスラフ・ステツコら六人をリヴィウに向けて送り出した。その目的は、自力でウクライナ独立の既成事実を作り、それをそのままドイツ側に承認させることだった。事実ステツコらは、六月三〇日の早朝、ドイツ軍がリヴィウ入りしたのとほぼ同時に街に入ることに成功する。ステツコは、ソ連時代を生き延びた現地のバンデラ派の協力をえてただちに活動を開始し、六月三〇日のその日のうちにリヴィウ市民に向かい、一九一八年の西ウクライナ人民共和国の独立回復を宣言した。そして同日、ドイツ軍にとってはどさくさ紛れに、ステツコを首班とする政府の発足も告げられる。

六月三〇日のリヴィウのウクライナ人は、この成り行きに興奮状態だったという。彼らは、自分たちをソ連から解放してくれたドイツ兵に歓迎の花を投げかけ、街角には「ウクライナはウクライナ人のために」と書かれた大きなプラカードが掲げられた。

ユダヤ＝ボリシェヴィキに対する報復

リヴィウのユダヤ人に対するポグロムは、まさしくこの興奮のなかで開始される。その経過は、およそ次の通りである。

六月二二日に独ソ戦が始まったとき、応戦準備のできていなかったソ連軍は、早々にリヴィウからの撤退を開始した。このとき奮い立ったのが、ソ連時代、地下に潜伏していたリヴィウのバンデラ派である。東ガリツィアの自力解放をめざすバンデラ派は、青黄のウクライナの旗を掲げ、ソ連軍に銃撃戦を挑んだ。しかし、所詮ウクライナ人は街の少数者にすぎず、他方、ポーランド人とユダヤ人は彼らに呼応せず、ソ連軍は、ウクライナ人の蜂起をつぶすにはなお十分に強力だった。蜂起は失敗し、かえって大量のウクライナ人が銃殺あるいは拘束される。その上、悪名高いソ連の政治警察NKVD（内務人民委員部）は、街の四カ所の監獄に収容されていた政治犯と新たに捕えた蜂起参加者とを徹底的に殺害した。六月二九日にソ連軍がリヴィウを去ったあと、監獄の地下牢や中庭に残されたのはおびただしい死体の山であり、その数は四〇〇〇とも五三〇〇とも言われる。死体には、生々しい拷問のあとが残るものもあった。最大の犠牲者はウクライナ人で、それに次ぐのがポーランド人だった。(7)

監獄の囚人殺害は、ユダヤ人が命じたわけでもなければ、ユダヤ人の手によって行われたわけでもない。にもかかわらず、身内をNKVDに殺害されたウクライナ人の復讐がユダヤ人へと向かう光景は、ユダヤ＝ボリシェヴィキ神話と、ソ連時代に蓄積されたボリシェヴィキに対する憎悪のエネルギーを共有しない者の目には異常である。監獄の惨状を知ったウクライナ人たちは、人殺しのユダヤ人を撃ち殺せと怒鳴り、手当たり次第にユダヤ人を捕えては監獄に連行して、すでに腐敗しかけた死体の後始末を強制した。あるいは街中では、ユダヤ人は自分の衣服を脱いで公衆便所を磨くよう命じられ、見物人は、それがユダヤ人に対する当然の報いだと笑った。

このユダヤ人に対する暴行は、自然発生的なものだったのか、それとも何らかの組織的な挑発があったのか。

独ソ戦のあいだ、ドイツ軍が占領した地域でユダヤ人の大量殺害を取り仕切ったのは「特別行動隊」と呼ばれた部隊である。特別行動隊とは、ナチスの親衛隊保安部および保安警察の派遣部隊で、ドイツ軍に同行しつつ、戦闘終了直後の占領地での治安確立を任務とした。しかしリヴィウでは、六月三〇日に特別行動隊がリヴィウに到着したとき、すでにウクライナ人によるポグロムが始まっていたという。ステツコらのリヴィウ入りは、事前にドイツ軍の同意をえたものではなく、ユダヤ人の扱いに関して両者のあいだに連絡や何らかの合意があった可能性は低い。それゆえポグロムが自然発生的ではなかったかぎりで、挑発はドイツ側からではなく、六月三〇日に独立宣言をしたステツコあるいは現地のバンデラ派がポグロムの引き金をひいたと推測する研究者もいるが、それを確証する史料は発見されていない(8)。

しかし六月三〇日のポグロムが誰によって始められたにせよ、ナチスはポグロムを阻止せず、むしろウクライナ人のユダヤ＝ボリシェヴィキに対する憎悪のエネルギーをみずからの水路に引き入れた。ポグロムは、ドイツ軍がリヴィウ入りした翌日の七月一日から、ウクライナ人とナチス・ドイツの連携のもとで本格化する。ユダヤ人狩りを行ったのは、ウクライナ民族主義者によって指導されたウクライナ人の民警であり、他方、監獄内での死体の後始末の監督や、七月二日からリヴィウの街はずれの森でユダヤ人の大量銃殺を実施したのは、ナチスの特別行動隊とドイツ軍兵士である。この役割分担で、誰がユダヤ人で、どこに住んでいるのか、街の事情に通じたウクライナ人の民警の協力がなければ、ユダヤ人狩りは不可能だっただろう。

ここではポグロムの詳細には立ち入らないが、ドイツ軍によるリヴィウ占領後の数日間に、暴行や銃殺によって殺害されたユダヤ人は推定四〇〇〇人ともいわれる。犠牲者のほとんどはボリシェヴィキとは何の関係もない人々であったが、ユダヤ人の処刑は、NKVDの蛮行、すなわちユダヤ＝ボリシェヴィキによる蛮行に対する報復として執行された。これによってナチスは、ソ連支配時代に鬱積していたウクライナ人の不満のガス抜きもすませることになる。

この最初のポグロムが一段落した後、ついで七月二五日から二七日にかけて発生したのが、ペトリューラ暗殺に対する報復としてのポグロムである。ペトリューラは一九二六年五月二五日、パリでユダヤ人によって暗殺された。ユダヤ人によるペトリューラ暗殺一五周年を口実とするポグロムが、日にちの異なる七月二五日に自然発生的に始まったとは考えにくいが、挑発者が誰であったのか、これも史料的には特定できていない。いずれにせよこのポグロムにおいても、ユダヤ人の男女を家から引きずり出し、暴行を加え、最後に射殺するにあたって、大きな役割を果たしたのはウクライナ人の民警であった。[9] この三日間で殺害されたユダヤ人は二〇〇〇人以上といわれ、そのさいとくに集中的に犠牲になったのは、リヴィウで多少とも名を知られていたユダヤ人のインテリたちだった。

4　パンドラの箱

ウクライナ民族主義者とソ連

独ソ戦が始まった後、ドイツ軍が東ガリツィアのほぼ全域を制圧したのは七月八日である。残された証言によれば、六月末から七月のあいだ、東ガリツィアの約三五の地点でリヴィウと同様のポグロムが発生し、おびただしい数のユダヤ人が殺害された。このポグロムの全貌は、いまだ詳細には明らかにされていない。

誤解のないようにいえば、東ガリツィアは、八月一日にドイツ直轄支配地域である総督府に組みこまれ、行政は軍政から民政に移行し、以後、東ガリツィアのユダヤ人絶滅政策を取り仕切ったのはあくまでもナチスである。民衆による無秩序なポグロムは、ナチスの許容するところではなかった。ウクライナ人の民族主義者および民衆が大規模にポグロムの執行に関わったのは、ドイツ軍占領直後の七月のみである。しかし、最も大規模なポグロムが発生したリヴィウの場合が示しているように、この時期のポグロムでウクライナ人が大きな役割を果たしたこと、そのさい彼らにエネルギーを与えていたのが、ドイツ軍の侵入に先立つソ連の支配に対する憎しみであったことは否定しがたい事実である。

ステツコらは六月三〇日に西ウクライナ人民共和国の独立回復を宣言したものの、ナチス・ドイツにはウクライナ人に独立を認めるつもりはなかった。七月一一日にステツコはじめ、ステツコの政府の複数のメンバーはドイツの当局によって身柄を拘束され、ベルリンに連れ去られる。その後、九月になるとドイツ軍占領地でバンデラ派の一斉逮捕が実施された。バンデラもステツコも、ドイツの刑務所から強制収容所に送られ、彼らが解放されたのはドイツ敗北後のことである。こうして、ウクライナ民族主義者がナチス・ドイツにかけた期待は幻想であったことが明らかになったが、このことは、モスクワのボリシェヴィキに対する彼らの敵意を変えるものではなかった。

ナチス・ドイツの占領下で、再び地下に潜ることを余儀なくされた東ガリツィアのウクライナ民族主義者は、一九四二年秋に「ウクライナ蜂起軍」(UPA)に結集してパルチザン戦を展開する。UPAの主導権を握ったのはOUNバンデラ派である。彼らは全ウクライナの完全独立をめざし、彼らの期待を裏切ったドイツ軍と、共産主義パルチザンの双方を激しく攻撃した。共産主義パルチザンの目的は、UPAの敵ソ連による東ガリツィアの解放だったからである。第二次世界大戦も終局を迎え、一九四四年の冬にドイツ軍がウクライナから撤退すると、UPAの闘争相手はもっぱらソ連となる。

UPAの闘争は、全ウクライナでソ連の支配が確立された第二次世界大戦終了後も停止されることはなかった。ソ連による掃討作戦にもかかわらず、UPAは東ガリツィアの農民たちの広範な支持に支えられ、ゲリラ戦を続ける。彼らの活動がほぼ停止に追いこまれるのは、一九五四年頃のことである。ドイツのミュンヘンでOUNの活動を指導し続けていたバンデラは、一九五九年、ソ連の秘密警察の手で暗殺された。しかしウクライナ独立闘争の記憶は、その後も東ガリツィアの人々に引き継がれ、一九九〇年にソ連が崩壊し始めたとき、東ガリツィアが、急進的なウクライナ独立運動の中心地になったことはよく知られている。

他方、東ガリツィアにおいて、モスクワのボリシェヴィキに対するウクライナ人の恨みや憎しみが記憶され続けるかぎりで、ホロコーストは、ソ連の権力にとっても東ガリツィアのウクライナ人にとってもパンドラの箱だった。なぜなら箱を開ければ、そこから飛び出すのは、NKVDによるウクライナ人の大量殺害であり、他方では、ユダヤ人の血にまみれたウクライナ民族主義者の手だったからである。そしてソ連の当局者がうかつにユダヤ人に関わるなら、それによって裏書きされかねないユダヤ＝ボリシェヴィキという神話だった。

ユダヤ＝ボリシェヴィキ神話

一九五三年一月一三日、ソ連共産党の機関紙『プラウダ』は、破壊活動を理由とする医師九名の逮捕を発表した。彼らは、アンドレイ・ジダーノフとアンドレイ・シチェルバコフを治療中に殺害し、さらにソ連軍幹部の殺害も計画中であったとされたが、ジダーノフこそは、戦後のスターリン主義的文化政策の組織者として「コスモポリタンに対する闘争」を担い、少なからぬユダヤ人の抹殺に責任を負う人物である。逮捕された医師のうち六名はユダヤ系で、彼らは、アメリカの諜報機関と関係をもつアメリカ・ユダヤ合同分配委員会[10]の指令を受けて活動していたと報道された。しかし三月五日にスターリンが死亡すると、死後一カ月にして医師たちは釈放され、名誉が回復される。

従来、このいわゆる医師団事件は、スターリン最晩年の反ユダヤ的捏造事件として知られ、歴史家たちは、この事件の公表後に実施されるはずのユダヤ人大弾圧計画の存在を指摘してきた。

しかし長尾論文「ソ連のユダヤ人問題——スターリンの「最終的解決」に関する考察(11)」によれば、そのような計画の存在や、そもそも医師団事件がユダヤ人弾圧という明確な目的のための口実として捏造されたという従来の見解には、疑問点が多いという。

しかし本稿で着目したいのは、事件の真相もさることながら、長尾論文が指摘しているように、スターリン時代末期のソ連の当局が反ユダヤ・キャンペーンを展開する一方で、民衆の側には、ユダヤ人は共産主義者でソ連の当局者はみなユダヤ人という根強い確信があったという事実である。ソ連では、一九五二年七月に「コスモポリタン」の嫌疑をかけられた二五人のユダヤ文化人に対する裁判が行われ、うち二〇人が八月一二日に処刑された。それゆえユダヤ人たちは、これに続く一九五三年はじめの医師団事件の公表をユダヤ人に対するスターリンの新たな大迫害の前兆と受け止め、恐怖におののいたが、他方で非ユダヤ人の民衆にとって、スターリンは「グルジアのユダ公」であり、あるいは「スターリンはユダヤ人に政権を売り渡し、自身、ユダヤ人カガノーヴィチの娘と結婚している」のである。

なぜ、とりわけ共産主義に反感を抱く民衆のあいだで、ユダヤ＝ボリシェヴィキ神話が説得力をもつのか。その理由のひとつは、東ガリツィアの場合とも共通して、共産主義で徳をしたのはユダヤ人であり、だから、ユダヤ人がボリシェヴィキの支持者でないわけはないという思いこみである。

ロシアでは、一八八一年にウクライナで発生した最初の大規模なポグロムを皮切りに、ソ連建国にいたるまで、ユダヤ人に対する凄惨なポグロムが繰り返された。民衆が政治的にも経済的にも奴隷状態におかれた帝政末期のロシアで、しばしば政府は、ポグロムを民衆の不満を発散させるための手段として利用することを辞さなかった。これに慣れた民衆にとってユダヤ人とは、奴隷状態にある自分たちでさえ好き勝手に略奪や暴行を働くことができ、しかもそれによって罪の意識を感じる必要のないキリスト教世界の賤民だった。とりわけロシア革命後、一九一八年から一九二一年の内戦期には、社会的混乱のなかで二〇〇〇件以上のポグロムが発生したと推測され、そのほとんどがウクライナで起こっている。

それが、ソ連建国で状況が一変する。ユダヤ人は「ヘブライ人」と呼ばれることになり、うかつに「ユダ公《ジッド》」と呼ぼうものなら警察に引っ張られた。ジッドがヘブライ人に格上げされ、能力さえあればお上の座に座ることができるのも、みな共産主義のおかげに他なるまい。人々のあいだで、ユダヤ人は共産主義の信奉者でないはずはないという確信が生まれるメカニズムは、想像するに難くない。さらにユダヤ＝ボリシェヴィキに対する憎悪は、ユダヤ人が自分たちの過去の仕業に対して加えるかもしれない報復に対する恐怖心の裏返しでもあっただろう。

5　何も終わってはいない

独ソ戦の直前で五七万人程度と推定される東ガリツィアのユダヤ人のうち、ホロコーストを生き延びることができたのは二、三パーセントといわれる。一九三九年のウクライナのユダヤ人口は一五三万二七七六人であったが、第二次世界大戦終了後の一九五九年のユダヤ人口は、東ガリツィアのウクライナ併合にもかかわらず八三万九〇〇〇人に激減した。[12] しかしユダヤ人の死は、ウクライナ人にとって、同じ土地で何世紀にもわたり、ともに暮らしてきた同胞の死として嘆かれたのだろうか。それともユダヤ人とは、いなくなったことによって厄介の種が減りこそすれ、何の支障もない人々だったのだろうか。

ノーベル賞作家ソルジェニーツィンは、八四歳にして、ロシアおよびソ連のユダヤ人の歴史を論じた二巻本の大著『二〇〇年間をともにして』(二〇〇二年)を著した。[13] とはいえ、これは著作というより、資料からの抜き書きの寄せ集めのような本なのだが、ソ連では一般読者のあいだでよく売れ、よく読まれているという。これまで、ロシアおよびソ連のユダヤ人の歴史を語った一般向けの本がなかったからなのだろう。その意味でこの本は、啓蒙書として画期的と評されるのだが、私は、いくつかの点で、とりわけ著作の終わり方に違和感を覚えた。

ソ連が、国内のユダヤ人の強い要求と、それを後押しする西側諸国の圧力により、ユダヤ人に対する出国制限を大幅に緩和したのは一九七一年である。おりしも、ソ連がデタント外交への転換をはかろうとしていた時期にあたる。その結果、ソ連から移住したユダヤ人の数は、一九七〇年が一〇二七人であったのに対し、一九七一年には一万三〇二二人、一九七二年には三万一六八一人、一九七三年には三万四七三三人で、一九七一年から一九八〇年までの一〇年間に二四万人以上のユダヤ人がソ連を去った(14)。

そのさいユダヤ人たちは、ソ連脱出を旧約聖書の「出エジプト」になぞらえ、自分たちは自分たちの国に帰還するのだと称した。しかしソルジェニーツィンは、そのようなユダヤ人をやんわりと批判して言う。

かつてエジプトで奴隷の境遇にあったユダヤ人は、エジプト王に対し、自分たちの神をまつるため荒れ野に帰してくれるよう求めたが、いまのソ連のユダヤ人の関心事はそういうことではないだろう。彼らは、ソ連の厳しい生活から西側の楽な生活へと逃げ出したいのだ。それが証拠に、出国した多くのユダヤ人がアメリカに渡った。それをなぜ「帰還」と言うことができるのか(15)。

たしかに、当時のユダヤ人の出国希望者には、ソ連の体制批判者を気取る者もいたが、彼らの本音は、ユダヤ人の名において、ソ連という沈みかけた船から脱出するための特権を手に入れたいだけだったのかもしれない。しかし、もしそのように言うのであれば、エリ・ヴィーゼルが描いているような(16)、それまでのソ連で、ユダヤ人が「特権」的に味わわされた恐怖を考えてみる必要がある。

第二次世界大戦の戦中からスターリン時代の末期にいたるまで、ユダヤ人の恐怖は、秘密のヴエールに包まれ、いつ何をするかわからないソ連の権力の側からやってきただけではない。ユダヤ人の恐怖は、彼らと同様、ソ連の権力者と政治警察に対して得体の知れない恐怖を感じている当の民衆の側からもやってきた。そして、権力と民衆の双方からの絶対的な孤立が、ユダヤ人の恐怖を途方もないものにしてきたのである。

ペレストロイカ以降、ユダヤ人のソ連出国が加速されたことをふまえてソルジェニーツィンは言う。一九八七年から「ロシアのユダヤ人にとって、歴史上はじめて、嫌々ながらここにいるという状況に終止符が打たれた。すなわち彼らは、もはやこの土地に縛りつけられてはいない。イスラエルは彼らを待っており、いや世界中のどの国へでも行くことができる」[17]。

このように述べるとき、ソルジェニーツィンにとって、ディアスポラの民ユダヤ人とは、結局、外からロシアにやって来て、いままたロシアから去る自由を手に入れた人々だった。ロシアのユダヤ人の歴史がこのように総括されるとき、ロシアのユダヤ人を襲ったホロコーストとは、歴史上、そのときたまたまロシアにいたよそ者に降りかかった不運ということになる。しかしこれでは、ホロコーストについて何も語られぬに等しく、何も終わってはいないのである。

注

(1) Кузнецов А. Бабий яр: Роман. Москва, 2001. С. 343-344. A・アナトーリ（クズネツォフ）『バービ

イ・ヤール』平田恩訳、講談社、一九七三年、三五五—三五六頁。
（2）（イリヤ・）エレンブルグ『わが回想』第三巻、木村浩訳、改訂新装版、朝日新聞社、一九六九年、二〇六、四〇一頁。
（3）この時期の「反コスモポリタン」、「反シオニズム」闘争による粛清で姿を消したのは、ユダヤ文化やユダヤ研究の担い手としての人間だけではない。第二次世界大戦中、ナチス・ドイツに占領された地域で、シナゴーグやユダヤ人が所蔵していた絵画や工芸品や書籍など、ユダヤ人の文化財の徹底的な破壊と収奪が行われたことは周知のとおりである。しかし、それでもその一部は破壊を免れ、第二次世界大戦直後のソ連で確かに存在していたのだが、それも人々の目から隠されてしまった。

ここでは、私が二〇〇一年に聞き取り調査をしたリヴィウの図書館のユダイカ・コレクションの例を紹介しておこう。

リヴィウは東ガリツィアの古都であり、街のユダヤ人の歴史も、街が建設された一三世紀までさかのぼることができる。第二次世界大戦の前、東ガリツィアがポーランドの領土であった一九三一年当時で、リヴィウには九万九六〇〇人（街の総人口の三二パーセント）のユダヤ人が住み、古い歴史をもつユダヤ教徒のコミュニティの図書館には、貴重な手稿や古書を含む約八万点の蔵書があったという。第二次世界大戦が始まり、独ソによるポーランド分割で東ガリツィアがソ連のウクライナ共和国に統合されると、コミュニティの図書館の蔵書の大部分は、ウクライナ共和国科学アカデミー図書館に移された。一九四一年六月に独ソ戦が始まり、リヴィウがナチス・ドイツの支配下に入ったとき、科学アカデミー図書館も略奪と破壊を免れることはできなかったが、ユダイカ・コレクションに関しては、戦後の運命もまた、さらなる「破壊」としか言いようがない。

第二次世界大戦終了後、国境が変わり、東ガリツィアは正式にソ連のウクライナ共和国の領土となる。リヴィウの科学アカデミー図書館も活動を再開し、ユダイカ部門では、戦争を生き延びた蔵書の目録作りが始まった。著名なイディッシュ語詩人ペレツ・マルキシュやレイブ・クヴィトコがこの図書館を訪問したのは、一九四六年のことである。

ところが、まもなく始まったのがユダヤ文化人の粛清だった。人間ばかりか、一九四九年夏、リヴィウの科学アカデミー図書館のユダイカ部門も閉鎖される。その蔵書の一部は図書館の地下室に移され、一部は旧イエズス会の教会（現在は科学アカデミー図書館の分館）の書庫に移されたが、大部分は一九の木箱に詰められ、キエフに送られた。ユダイカ・コレクションに関して私がえた情報の一部は、当時、リヴィウの科学アカデミー図書館のユダイカ部門で目録作りに携わった図書館司書の一人、ヤコヴ・ホーニクスマン氏のエッセイ（Хонігсман, Я. Несколько слов о кабинете юдаики при Библиотеке Академии наук СССР во Львове//Збірник статей. Львів, 2000. С. 41-43）に依拠しているが、彼が図書館のユダイカ・コレクションを見たのは、このときが最後だった。前述のマルキシュとクヴィトコは、粛清の嵐のなかで一九五二年に処刑されるが、ホーニクスマン氏自身も身の危険を感じたという。

一九の木箱の行き先は、キエフのヴェルナツキイ記念ウクライナ科学アカデミー図書館ということになっているが、二〇〇二年八月に私がキエフで調査したかぎりでは、現在その行方はわかっていない。キエフの科学アカデミー図書館のユダイカ部門も一九四七年に閉鎖され、それが再開されたのは一九九〇年になってからである。現在のユダイカ部門の責任者の話によれば、リヴィウのコレクションは、そこには存在していない。

リヴィウのユダイカ・コレクションの例は、ソ連でホロコーストを生き延びたユダヤ関係の文化財がたどった似たような運命の一例にすぎないだろう。ユダイカ部門の取りつぶしは、当局が、ユダヤ研究を好んではいないというメッセージだった。ホーニクスマン氏は、その後学位を取得して経済史および経済思想史の教授となる。彼がウクライナのユダヤ人の歴史研究を始めたのは、ペレストロイカ後の一九九〇年、すでに六八歳になってからであった。

二〇〇一年秋、リヴィウでホーニクスマン氏宅を訪問したさい、別れ際に、杉原千畝ゆえに日本人に礼を言いたいと言われたが、その「礼」の中身が何だったのか、いまも私にはよくわからない。

一九三九年八月末から約一年間、日本領事代理としてリトアニアのカウナスに駐在した杉原の人道的行為については、とくに一九九〇年代以降、日本のマスコミでもさまざまな形で取り上げられ、広く知られるところとなった。しかし日本では、この地域に関する歴史的知識が不足していることもあり、事実関係が必ずしも正確には理解されていないのではないだろうか。確かに杉原が発給した日本の通過ビザのおかげでリトアニア脱出に成功したユダヤ人は、「結果的」にホロコーストを免れた。そのため杉原は、ユダヤ人をナチスの魔手から救った命の恩人として知られるが、当時、この杉原ビザを求めてカウナスの日本領事館に詰めかけたユダヤ人（とくにナチス支配下に入ったポーランドからリトアニアに逃げ込んだユダヤ人避難民）に迫っていたのは、「直接的」にはナチスの脅威ではない。杉原ビザが発給されたのは一九四〇年八月三日にリトアニアがソ連に併合される前後の時期であり、ポーランド・ユダヤ人難民は、ソ連の当局によるシベリア送りの恐怖におののいていたといった方が正確である。事実、リトアニアより早く一九三九年に東ガリツィアがソ連に併合されたとき、そこに逃げ込んでいたポーランド・ユダヤ人難民はシベリアへと移送されており、この情報はリトアニアにも届いていた。これについて詳しくは、拙稿「杉原ビザとリトアニアのユダヤ人の悲劇」（『歴史と地理、世界史の研究』山川出版社、二〇〇五年二月号所収）を参照。

あるいはユダヤ人、ホーニクスマン氏にとって杉原とは、共産主義とナチズムという、二つの脅威からの救済者だったのかもしれない。

ちなみに一九四一年六月の独ソ戦の開始後、リトアニアはナチス・ドイツの支配下に入るが、このときリトアニアのユダヤ人を待っていたのは、後述する東ガリツィアのユダヤ人の場合とまさに同じメカニズムで発生したリトアニア人によるポグロムであった。注(8)を見よ。

なお、ソ連政府の反ユダヤ主義を扱った古典的研究として William Korey, *The Soviet Cage. Anti-Semitism in Russia*, New York 1973 があり、またとくにスターリン時代の反ユダヤ政策を論じた比較的最近の研究として ArkadyVaksberg, *Stalin against the Jews*, translated by Antonina W. Bouis, New York 1994, Gennadi Kostyrchenko, *Out of the Red Shadows. Anti-Semitism in Stalin's Russia*, translated from Russian, New York 1995 などがある。

（4）「西ウクライナ」は、はじめ、一九一八年一一月に独立を宣言した西ウクライナ人民共和国の領域をさす語として登場し、その場合、地理的には、オーストリア帝国領ガリツィアのサン川以東の東ガリツィアとほぼ重なる。しかし一九三九年九月以後、第二次世界大戦中の西ウクライナは、多くの場合、すでにソ連のウクライナ共和国の領土であった中央ウクライナおよび東ウクライナと区別して、独ソによるポーランド分割で新たにウクライナ共和国に併合された地域をさした。これに対して第二次世界大戦後のウクライナでは、西ウクライナは、地理的にジトミル州およびフメリニツキイ州より西に位置する諸州をさす。

このように西ウクライナがカバーする領域は、歴史的、地理的文脈に応じて異なるため、本稿では東ガリツィアという語を用いることにする。

（5）ソ連時代にはバンデラではなく、ベンデラと言われたが、私には、その理由を明らかにすることはできなかった。

（6）ウクライナ人、ポーランド人、ユダヤ人の混住地域であった東ガリツィアで、三者が切り結んだ歴史的関係および以下に述べるホロコーストの詳細については、拙稿「恩讐の彼方――東ガリツィアのポーランド人・ユダヤ人・ウクライナ人」（望田幸男・村岡健次監修『民族』ミネルヴァ書房、二〇〇三年所収）および拙稿「失われた世界へ――東ガリツィアの戦間期からホロコーストまで」（大津留厚編『中央ヨーロッパの可能性』昭和堂、二〇〇六年所収）と、両拙稿で紹介した参考文献を参照。

（7）殺害された政治犯のなかにはユダヤ人もいたが、この事実は無視され、ナチスの御用新聞『フェルキッシャー・ベオバハター』やリヴィウのウクライナ語新聞は、犠牲者はウクライナ人だけであるかのように報じた。

　ＯＵＮバンデラ派のメンバーで、七月六日にステツコが任命した政府閣僚名簿にも名のあるロマン・イルニツキイは、戦後『ドイツとウクライナ』と題する二巻本の大著を著し（Roman Ilnytzkyj, *Deutschland und Ukraine 1934-1945*, 2 Bde., 2. Aufl., München 1958）、豊富な同時代史料を用いてナチス・ドイツのウクライナ政策とＯＵＮの動向とを明らかにしているが、この件に関しては、ＮＫＶＤによって殺害されたのはウクライナ人だけであると断言している（Bd. 2, S. 170）。これによってイルニツキイは、モスクワのボリシェヴィキのウクライナ民族主義者に対する残虐行為を強調する一方、ユダヤ人に対するポグロムについては一言もふれていない。

（8）たとえばDieter Pohl, *Nationalsozialistische Judenverfolgung in Ostgalizien 1941-1944*, München

1997, S. 62を見よ。ドイツ軍侵攻時に同様のポグロムが発生したリトアニアなどバルト諸国では、ソ連の支配者に協力したユダヤ人に対するポグロムの執行に関して、ナチスから現地の民族主義者に対して働きかけが行われた事実が確認されている。これについては、拙稿「自国史の検証——リトアニアにおけるホロコーストの記憶をめぐって」（野村真理・弁納才一編『地域統合と人的移動』御茶の水書房、二〇〇六年所収）を参照。

（9）一九一八年から一九二〇年にかけてウクライナでは、ペトリューラに率いられたウクライナ民族派の軍隊とボリシェヴィキの赤軍とが血みどろの戦いを繰り広げるあいだ、各地で残忍なポグロムが発生した。そのさいペトリューラは、指導者としてポグロムを阻止しようとせず、これを理由にユダヤ人によって暗殺された。

リヴィウで七月二五日に始まったポグロムでは、ペトリューラ暗殺が口実とされたものの、東ガリツィアのOUNとペトリューラの関係には微妙なものがある。

第一次世界大戦終了後、一九一八年末にキエフで樹立されたディレクトーリア政権は、東ガリツィアで呱々の声をあげた西ウクライナ人民共和国に対し、自分たちのウクライナ人民共和国と西ウクライナ人民共和国との将来的合併を約束する。ペトリューラは、この中央ラーダの流れをくむディレクトーリア政権の指導者の一人であった。ところが一九一九年七月にポーランドが東ガリツィアのほぼ全域を制圧し、西ウクライナ人民共和国の命運がつきかけると、ペトリューラは、モスクワのボリシェヴィキとの戦闘を有利に進めるため、ポーランドに軍事援助を求め、代償としてポーランドの東ガリツィア領有に同意した。こうしてペトリューラが西ウクライナ人民共和国を見捨てたことに対し、この国のためにポーランドと闘った東ガリツィアのウクライナ民族主義者のあいだには、苦々しい怒りが残ることになった。

(10) 一九一四年一〇月にアメリカで創設されたユダヤ人の組織。おもに東欧、ロシアのユダヤ人の援助活動に貢献した。

(11) 長尾広視「ソ連のユダヤ人問題――スターリンの「最終的解決」に関する考察」(『ロシア史研究』第六九号、二〇〇一年所収)。

(12) ここで第二次世界大戦以前と以後のソ連のユダヤ人口を比べておこう。

一九三九年のソ連の総ユダヤ人口三〇二万八五三八人の共和国別分布は、ウクライナが一五三万二七七六人(五〇・六パーセント)、ロシアが九五万六五九九人(三一・六パーセント)、ベラルーシが三七万五〇九二人(一二・四パーセント)で、この三共和国にソ連のユダヤ人口の九四・六パーセントが集中していた。

第二次世界大戦終了後の国境の変更で、ウクライナもベラルーシも西側に向かって国土を拡大したにもかかわらず、ホロコーストに直撃された両国のユダヤ人口は激減する。一九五九年の統計によれば、ウクライナのユダヤ人口は八三万九〇〇〇人、ベラルーシは一五万人である。これに対して、ロシアは八五万五〇〇〇人のユダヤ人口を保っている。

(13) Солженицын А. И. *Двести лет вместе* (1795–1995). Часть I. Москва, 2001; Его же, *Двести лет вместе*. Часть II. Москва, 2002. ロシア革命以後を扱った第二巻についてはドイツ語訳が刊行されており (Alexander Solschenizyn, *Zweihundert Jahre zusammen. Die Juden in der Sowjetunion*, aus dem Russischen von Andrea Wöhr und Peter Nordqvist, 2. Aufl., München)、私がおもに参照したのはこのドイツ語版である。

（14）広瀬健夫「ソ連におけるユダヤ人についてのおぼえがき――その出国問題を中心に」（『信州大学人文学部人文科学論集』第一九号、一九八五年所収）一一六頁。

（15）Солженицын А. И. Двести лет вместе. Часть II. Москва, 2002. С. 493.; Solschenizyn, a.a.O., S. 509から要約した。

（16）一九六五年にはじめてソ連を訪問したエリ・ヴィーゼルは、旅行記『沈黙のユダヤ人』で次のように書いている。「ロシアにおけるユダヤ人の恐怖が現実の客観的状況に対応するものやらしないものやら、私には確信をもって断言することができそうもない。この恐怖に正当な根拠があるかどうかさえ、私は知らない。私が知っているのは、ただその恐怖が実在していることだけである」（『沈黙のユダヤ人――ソビエト・ロシア旅行から帰って』村上光彦訳、白水社、一九七八年、四六頁）。

（17）Солженицын, Там же, С. 522.; Solschenizyn, a.a.O., S. 537.

ブルガリアの創氏改名と脱亜主義

――「民族再生プロセス」再考

佐原徹哉

1　はじめに

明治乳業のヒット商品「ブルガリア・ヨーグルト」の姉妹品として、「ドマシュノ（自家製）」が発売された時のコマーシャルには違和感を覚えたことがある。長閑な山間のログハウスで爽やかな一家が木鉢からヨーグルトを掬うという映像であるが、そのあまりのブルガリアらしからぬ光景にあっけにとられたのである。一般のブルガリア人はヨーグルトという単語はトルコ語起源であると考えて「酸化牛乳（кисело мляко）」と呼んでいるし、かつてはどこにでもあった自家製の「酸化牛乳」は市場原理の到来によって姿を消し、市民はもっぱらダノン社の製品を愛用している。つまり「自家製」のブルガリア・ヨーグルトなど日本にしか存在しないということになるのだが、もちろん違和感の原因がここにあるのではない。映像の背景にある山々はともかく、俳優の服装、家の調度、清潔感といったものが現実のブルガリアとはあまりに乖離していることがポイントだった。筆者の推測ではロケ地はスイスかどこかであろうし、俳優もブルガリア人は一人も起用されていないのではないか。あの映像は「自家製」ブルガリア・ヨーグルトと同じく、日本で作られた日本人向けのブルガリア・イメージなのである。

では、そんな現実離れしたブルガリア像をブルガリア人が見たら憤激するかというと、そうとも思えない。スイスの一風景に見まがうヨーロッパの田舎として描かれることは、大半のブルガリア人にとっては照れくさいながらも、満足できるイメージなのではなかろうか。それはブルガリア人の持つ、「ヨーロッパ」への憧憬にも適ったものなのである。実際、近代ブルガリアの歴史は、東洋（オリエント）的な自己像を否定し、西洋（ヨーロッパ）を身に纏う努力の積み重ねであった。

ブルガリア共和国の領域は一九世紀の末まで約五〇〇年にわたってオスマン帝国の心臓部であった。首都イスタンブルを支える食料供給地であり、強力なトルコ軍を構成する兵士を送り出し、有能な統治者や優れた文化人を輩出した帝国にとって最も重要な地方の一つであった。そのため、独立前夜のブルガリアの人口の四割以上が、ムスリム（イスラーム教徒）であり、その大部分がトルコ語を話す人々であったのも当然といえる。トルコ語を話していたのはムスリムばかりではない。キリスト教徒のブルガリア人の多くもトルコ語を流暢に話していたし、その絶大な影響により本来スラヴ語であるブルガリア語は半分トルコ語といってもよいものになっていた。こうしたトルコ＝東洋と手を切り、キリスト教ヨーロッパの一員として自己形成することが独立後のブルガリア人の宿願だったのである。

振り払おうとしても消えない東洋の遺産を何とか清算し、西洋の仲間入りを果たすとは、近代日本の「脱亜入欧」にも通じるところがある。さらに興味深いことに、ブルガリアでは日本が朝鮮半島を植民地支配した際に行った創氏改名に酷似した政策をつい二〇年ほど前まで行っていたのである。本論は、ブルガリアが経験したこうした「脱アジア」の過程を紹介し、より現実味あるブルガリア像を読者に提案するとともに、ブルガリアをいっそう身近に感じていただくことを目的にしている。

2　ブルガリア社会主義とトルコ人政策

現在のブルガリア共和国の総人口は約八〇〇万人で、その大部分をなすブルガリア人は、言語的にはスラヴ系であり、宗教的にはキリスト教の一派である東方正教会に帰属しているということができるだろう。しかし、その一方で、少なく見積もっても一〇〇万人のトルコ人が暮らしており、この他、約八〇万人のムスリム・ロマ（ジプシー）と二〇万人ほどのポマク（スラヴ系ムスリム）が存在する。つまり、四人に一人がムスリムなのである。ヨーロッパとの歴史的結びつきの弱いブルガリアでは、キリスト教が最も重要な西洋との紐帯であると考えられてきたため、イスラームはこれに対立する東洋の象徴とみなされてきた。ブルガリア版脱亜主義の最大の標的は内なる東洋であるムスリムたちであった。それゆえ、ブルガリアでのムスリムたちは長い迫害の歴史を経験した。一八七八年の独立を機にほぼ半数のムスリムたちを追放・殺害したのを手始めに、強制追放、改宗、行政手段を駆使した抑圧による自発的移民、過疎地への封じ込め、学校教育を利用した「洗脳」など、あらゆる手練手管を用いてムスリムの数を減らすことに努力が傾けられた。ブルガリアは第二次世界戦争を機に社会主義体制となったが、この時までに国内のムスリムはごくわずかな数にまで切り縮められていた。

ブルガリアは第二次世界戦争でファシスト陣営に属していたが、一九四四年九月九日のクーデタによって共産党系の祖国戦線政府が誕生した。新政権の課題は国際監視下で行われる選挙で野党勢力に勝利して講和条約を有利に締結することであり、そのため、国内トルコ人に対する政策は宥和的となった。トルコ人は旧体制によって抑圧されていたので社会主義の支持基盤になると期待されており、また新体制が人権擁護に熱心であることを国際的に誇示しようとしたからでもある。そのため、一九四七年一一月四日に採択された憲法の七一条では人種、民族、宗教的偏見を助長するあらゆる発言が禁じられ、七九条では少数民族が「自らの母語で学び、固有の民族文化を発展させる権利」が認められた。これは「ブルガリアの歴史上初めてトルコ人に少数民族としての地位が憲法によって保障された」画期的出来事であった(1)。

変化は単に法律上に留まってはいなかった。トルコ人学校は一九四三年の四二四校から一九四七年には八九四校に増加し、生徒数も三万七三三五人から八万八六〇〇人に増加した。一九四六年九月二七日には国民教育法が改正されてトルコ人学校にも国庫助成が行われるようになった。トルコ語による出版活動も再開され、祖国戦線やディミトロフ青年同盟の機関誌のトルコ語版が刊行され、一九九〇年まで存続することになる『光明《ウシュク》』誌の発行も始まった。国営出版局はトルコ語の教科書に加えて、文学書や教養書のトルコ語訳の出版も行った。地方都市ではトルコ人のための図書館や文化会館が建設され、トルコ語による演劇や民謡の上演などの多彩な文化活動も展開された。ソフィアなどのラジオ局ではトルコ語の放送も開始された。(2)

初期社会主義の農業政策もトルコ人に歓迎されていた。大土地所有者から没収された農地の一部はトルコ人にも分配され、一九四八年末までに約二万五〇〇〇人が土地を手に入れたし、タバコ専売法によってタバコ栽培者の大半を占めるトルコ人の経済的地位が安定した。農民年金法が施行されると、トルコ人農民にも年金が支給されるようになった。こうして、トルコ人は文化的にも経済的にも社会主義の恩恵を受けたのである。(3)

ところが講和条約が締結され、野党勢力が一掃されると宥和政策は突如として終わりを告げた。国民教育法は一九四八年九月に再度改正されてすべての学校が国有化され、ブルガリア語による教育が義務化され、従来のトルコ語だけの教育は不可能となった。それればかりではない。共産党はトルコ人を無用の長物とみなすようになっていた。党の移住問題担当者はトルコ人を「未来永劫、絶対に取り込むことはできない存在」であると結論し、党書記長のゲオルギ・ディミトロフ自らがトルコ人を「国家の潰瘍」と呼び、「彼らを一掃し、代わりにわれわれの同胞、つまりブルガリア固有の住民を入植させる」べきだと主張した。こうした党の方針に従って、政府は南部国境地帯に暮らすトルコ人二五万人を強制移住させる計画を立案し、一九四九年には六八五家族が、翌年にはさらに一五五〇家族が南部国境地帯から北部に強制的に移住させられた。これと並行して、ブルガリア外務省はトルコ政府に二五万人の移住計画を一方的に通告し、その直後から大量の移民がトルコ国境にあふれ出した。一九五〇年はじめから翌年一一月までにトルコに移住した人数は実に一五万四三九三人に達した。トルコ政府は難民の急増により二度にわたって国境を閉鎖したが、これによって移住希望を提出しながら移住できなかったものが約一一万一〇〇〇人おり、これを合わせると二五万人の移住というブルガリア政府の方針は計画通りに実行されていたことになる。移民は形式上、移住希望を提出しており、ブルガリア政府は自発的な移民であると主張していたが、八割以上が正常な生活が営めないために移住を決意したと語っていたように、実際には強制的なものであった(4)。

こうした強権的な追放政策によりブルガリアのトルコ人はにわかに存亡の危機を迎えたが、猫の目のように変わる共産主義政権の気まぐれによって、一九五一年にはまたも突然の政策転換を経験した。この年、スターリンはブルガリア共産党に対して「民族的均質化は民族的文化的アイデンティティの発展がなされた後に生じる」というテーゼの適用を迫り、トルコ人政策は再び宥和型に戻されたのである。そして、民族間の「社会的・文化的平等」を達成するために労働と住環境の改善、教育水準の向上、都市化の促進が行われるとともに、トルコ人の「イデオロギー的覚醒と共産主義精神の向上」を実現するための民族知識人カードルの育成が図られ、そのための民族的文化活動と民族教育が保護の対象となった。具体的成果として、トルコ人のための学校網が整備され、成人教育も導入され、トルコ人の識字率が格段に向上した。トルコ語の出版物も急増し、トルコ語のための専門の出版局が新設され、ブルガリア語やロシア語の翻訳作品の他、トルコの左翼系作家の作品やブルガリアのトルコ人作家の作品までもが出版されるようになった。社会的には、一九五一年の政治局決定によってトルコ人の集住地域の社会環境と保険衛生の改善が打ち出され、食糧その他の消費材の供給量が増加し、医療施設や産院も増設された(5)。

共産党とその傘下組織のトルコ人党員数もこの時期に増加した。その地位や対人口比はブルガリア人に比べて著しく劣っていたが、これも一定の前進であった(6)。こうして、一九五〇年代は、トルコ人のみならずその他のエスニック・グループが社会的・文化的に一定程度の保護を受けたブルガリア史における例外的な一時代となった。ヒューレット・ジョンソンは、当時のブルガリアを「「少数民族の問題」はブルガリアにおいては、すでにその問題はきれいに解消されてしまった」と絶賛していたほどである(7)。

しかしながら、トルコ人とブルガリア人の蜜月時代は長くは続かなかった。一九五〇年代の民族政策は非ブルガリア人の民族文化の発展を主目的にしたものではなく、あくまで「民族的均質化」に向かう一階梯とされていたにすぎない。理論的には「均質化」はブルガリア人とマイノリティの文化が相互に融合して新たな「社会主義的民族」が生まれるということになっていたが、共産党指導部ではモダニティを体現するのはブルガリア人であり、ムスリムは「アジア的後進性」の具現化であるとの偏見が支配的であった。こうしてスターリンの死後、トルコ人の民族文化を強化したことは「社会主義的愛国心」育成の失敗であると批判し、政策転換を求める勢力が台頭していった。彼らは一九五六年四月の中央委員会総会で政策転換を画する「四月路線」を採択した。「四月路線」は、社会主義建設のため「ゲオルギ・ディミトロフにより考案・導入された路線」を継承・発展させる政策転換であり、民族政策は大きく変化することになった。

「四月路線」の主眼は、物質文化の向上によってトルコ人やポマクなどのムスリムに「新たな社会主義意識」を植え付け、「社会主義的ブルガリア民族」の一体化を促進することであった。トルコ人居住地域は主として農業地帯であったため、こうした変化は集団化の強制という形をとって現れた。農業集団化は一九四九年はじめから開始されたが、五一年暮れの段階で全国の組織率が四七・九パーセントであったのに対して、トルコ人地域では五―六パーセントに留まっており、五六年になっても四四パーセントにしか進展していなかった。「四月路線」の採択後、全面的な集団化の達成が強制され、五八年には九二パーセントの集団化が達成されたが、それでもトルコ人地域についてみると七七パーセントに留まっていた。そのため共産党内では、集団化への否定的な態度によりトルコ人をモダニティに逆行する存在と見る偏見が助長された。(8)

基本的な政策が転換されたとはいえ、政府はすぐさまトルコ人の脱民族化に着手したわけではなかった。政策は段階的に導入され、はじめのうちは非トルコ人の「トルコ化」の阻止が目標とされた。共産党が克服課題に掲げた「トルコ化」とは、ブルガリアに多く存在するトルコ人以外のトルコ語話者を、トルコ人と切り離すことであった[9]。そのため名前の変更というエスニック・ラベルの張り替えが政策課題に浮上した。一九五六年一一月一七日の政治局会議では「ポマクの文化と民族意識の向上」が主要な任務として提起され、次いで、一九六二年にはムスリム・ロマ、ポマク、タタール人の「トルコ人意識」を払拭するための包括的な政策指針が採用された。それによると、党はこうした集団が「ブルガリア人意識」をもつよう「説得活動」を展開し、その最も有効な手段として、トルコ・アラブ系の名前をブルガリア式に変えることが指示されていた[10]。こうした方針に基づいて、一九六二年までにムスリム・ロマ人に対する強制改名が行われ、次いで一九六四年までポマクの強制改名が行われた。ポマクに対する強制改名はその後も断続的に続けられ、一九七一年から一九七四年にその頂点を迎えた[11]。

トルコ人に対する政策は一九五八年六月二一日の政治局決定一五九号と一〇月の中央委員会総会で採択された「トルコ系住民に対する党活動についてのブルガリア共産党中央委員会のテーゼ」が直接的な転換の基礎となり、「トルコ人とブルガリア人の漸次的な融合」が目標に据えられた。このテーゼでは「ブルジョア的トルコ民族」の一部という従来の規定から「ブルガリア共和国を母国とする社会主義的民族的少数者」に変更された点が目を惹く。これによってブルガリア政府は自国のトルコ人をトルコ共和国と切り離して扱うことが可能になるからである。とはいえ、この段階では彼らの「単一の社会主義的民族としてのブルガリア人」への融合までは主張されず、当面の目標は「社会主義的文化と体制への早期の適応」に留められていた。[12]

直接的な脱民族化ではなかったが、「社会主義的文化と体制への早期の適応」のために行われた具体的な政策はイスラーム的慣習への攻撃とトルコ語による教育システムの破壊であり、従来のトルコ人コミュニティの文化的基盤を掘り崩すに十分なものであった。一九六〇年三月二五日の中央委員会の命令はトルコ系住民の間での「反宗教宣伝」の強化を命じていたし、同時期に出された公共衛生省の回状は、割礼は医師によらねばならないと指示していた。職場や農場でのヴェール着用も禁止された。教育面ではトルコ人の高等学校が一九五九年六月二一日の決議一五九号によって廃止され、ブルガリア人の高等学校と併合された。これ以前の高等学校では、トルコ人はトルコ語で授業を受けることができたが、以後はブルガリア語での授業に変わり、トルコ語は選択科目にすぎなくなった。さらに、すべてのトルコ人の小中学校がブルガリア人のそれに併合されて、ブルガリア語による教育が導入され、トルコ語は小学校では独立した科目として、中学校では選択科目として教えられることになった。また、保護者に対して子供たちへのトルコ語教育を自発的に放棄するよう強要する社会的圧力が行政、党機構を通じて加えられた。[13]

「四月路線」以後の同化政策のエスカレートは、ポマク、ロマ、トルコ人のいずれからも激しい反発を引き起こし、強硬措置は一九六四年にはいったん緩和された。一九六四年一月二八日に政治局は決定二二号「トルコ系住民に対する党活動の改善について」を採択し、トルコ人が固有の少数民族であることを再確認し、言語・文化面での独自性を保護する方針を表明した。これを受けて、トルコ語の出版活動が再度活性化し、廃止されていた地方誌が復活した。学校教育でも一九六四／六五年度から小中学校で必修のトルコ語が数コマ導入され、一部の自然科学系科目をトルコ語で教えることも認められた。これらの措置は一九六九年まで続いた。(14)

この小休止の後、一九七〇年代に入ると再び強制同化がエスカレートした。その背景には一九六〇年代後半の党内闘争でトドル・ジフコフ率いる民族主義者グループが勝利し、一九七一年に新しい憲法と党綱領が制定されたという事情がある。一九七一年憲法は、ジフコフのかかげる「四月路線」の勝利宣言ともいうべき文書であった。憲法はブルガリアを「社会主義国家」と規定し、「四月路線」の急進的な社会主義化政策の成果を誇示するとともに、その発展的継承として、共産党の任務を「社会主義建設」から「成熟した社会主義社会」の発展に変更した。この新たな体制を政治的に具現化するものとして立法権と執行権をあわせ持った国家評議会が新設され、その議長となったジフコフの手に権力が集中した。(15)民族政策に関連して重要なのは、「成熟した社会主義」が「統一された社会主義社会」において発展してゆくと規定されたことである。これは民族的多様性を否定した単一民族国家を意味するものであり、それを裏付けるように、憲法には少数民族という言葉もこうした集団への言及もなされなかった。(16)

ジフコフ独裁体制の確立とともに党内では民族主義者グループが主導権を握った。イデオロギー政策担当にヴェネリン・コツォフとイルチョ・ディミトロフが採用され、文化政策担当者にはジフコフの愛娘であるリュドミラ・ジフコヴァが抜擢され、アンゲル・バレフスキがアカデミー総裁に任命された。ブルガリア民族文化の偉大さを強調し、しばしば反ロシア的発言を繰り返したリュドミラ・ジフコヴァをはじめとして、民族主義グループはブルガリアがバルカン地域でヘゲモニーを握ることを夢想し、そのための前提として単一にして強力な民族の形成を志向していた。こうして一九七一年から一九七四年にはポマクを対象とした強制改名が大々的に展開されたのである。

トルコ人政策に関しても、一九六九年二月二五日の政治局決定八四号「トルコ系住民に対する今後の党務の改善と彼らを社会主義と共産主義のための戦いにおいてブルガリア民族と完全に統合するために」の採択によって、同化路線が強化されていた。具体的には、イスラームの宗教指導者に対する統制の強化、ムスリムとブルガリア人の混合婚の推奨、トルコ語出版部局の閉鎖、トルコ語による授業の禁止、託児所や幼稚園での強制的な就学前ブルガリア語教育の導入などが展開された。これらの措置は一九七〇年代後半になるにつれてエスカレートしていった(17)。

3 「民族再生プロセス」の開始

一九八〇年代に入ると、ブルガリア政府は「単一民族国家」追求をさらにエスカレートさせ、ついにはトルコ人までを「ブルガリア民族」の一部とみなした強制同化政策に着手した。その手始めとして、一九八二年五月に国家評議会副議長のゲオルギ・ジャガロフが「すべてのブルガリア市民の単一の民族的集合体、単一の社会主義的民族への合流、統一、融合は歴史的に不可避である」というテーゼを発表した。次いで、一九八四年五月の政治局会議では、トドル・ジフコフ自らがトルコ人を「本質的にブルガリア人であり、トルコ時代に同化された人々である」とする見解を披露し、国内のすべてのエスニック・グループを等しく「ブルガリア人」として扱うことを決定した。その具体的な第一歩として、トルコ語を選択科目としても禁止すること、公共機関、生産現場、商業施設でブルガリア語以外の言語の使用を禁ずることが決定された。これに続いて、トルコ人教師が大量に解雇された。小中学校では授業時間以外でもトルコ語による会話を禁止するという極端な言葉狩りが始まった(18)。

一九八四年の冬には、同化政策の総仕上げとしてトルコ人に対する強制改名が開始された。強制改名は、一一月二八日付けの内務大臣ディミタル・ストヤノフの命令書によって発動されたが、そこには一二月に一斉に開始し、翌年二月までに終了するというスケジュールまでが細かく指示されていた(19)。

強制改名が開始されたのは南東部のカルジャリ県からであった。ここでは、まず一二月二四日の早朝にトルコ人集住地区の村々で住民が一斉に改名を強要され、その後、県内の他の村や都市、次いで隣接する諸県でも次々と改名が行われていった。強制改名は極めて短期間に強行され、一九八五年一月一四日の段階で、カルジャリ県二一万四〇〇〇人、パザルジク県五〇〇〇人、シリストラ県三万五〇〇〇人、スターラザゴラ県一万一〇〇〇人、ブルガス県九〇〇〇人、ブラゴエフグラード県三〇〇〇人など、総計三一万人の改名が完了したことが党中央に報告された。[20]これ以後、改名政策の範囲は北部を含むブルガリア全土に拡大され、一月末までには全国で八五万人が改名したという。[21]

当局は、改名は自発的に行われたと主張していたが、実際には行政・警察・軍が一体となった強制的な方法によるものであった。成人男性の中には、突然予備役に召集され、監禁状態に置かれたまま改名を強要された人々がいたし、職場の上司から給与の支払い停止を告げられたり、行政窓口で年金受給その他のサービスを停止すると脅されて、改名を受け入れた例などが知られている。[22]特に際立っているのは農村部の事例であり、ここではゲリラ掃討戦を彷彿とさせるローラー作戦が展開されていた。対象とされた村は、未明に警察と軍の混成部隊に包囲され、部隊は一軒一軒を虱潰しに回って、機関銃を突き付けつつ住民を村役場、もしくはあらかじめ設定されていた別の場所に連行した。村人たちは、そこで国内パスポートを回収され、あらかじめ準備されたリストから名前を選ぶよう強要された。戦車が村中を走り回り、重武装した兵士と警官が配備され、警察犬が放たれた他、しばしば発砲も行われた。[23]

当局の脅迫に屈せずに改名を拒否したものは拷問され、住民が集団で抵抗した場合には容赦ない弾圧が加えられた。ロドピ地方のベンコフスキ村では、一九八四年一二月二五日に改名に反対する約二〇〇〇人の住民が抗議デモを行ったため、警官が発砲して、一七カ月の女児を含む三名が死亡した。その翌日にはモムチルグラードでも抗議デモが発生し、警官の銃撃によって一名が死亡した。一九八五年一月一八日、北部のスリヴェン県のヤブラノヴォ村では住民が改名を拒否して警官を撃退したが、翌朝、戦車数台とともに警察と軍の混成部隊が侵入する事件が発生した。部隊は威嚇射撃を繰り返し、上空をヘリが旋回する中で、軍と警察が住民に襲いかかり、二二名が強制収容所に収監され、さらに二〇名が一般禁固刑を受けた。同じくスリヴェン県のノヴァチェヴォ村では包囲した警察が、酷寒の中、住民に対して無差別に放水を行った(24)。

秘密警察もこの過程で重要な役割を果たした。秘密警察はトルコ人コミュニティの指導者のリストを作成して、予防拘禁した。抵抗するものたちを逮捕し、強制収容所に連行するのも秘密警察の任務であった。強制収容所はベレネ、ボボフドル、アレクサンドロヴォの三カ所に設けられたが、ベレネだけでも五〇〇〇人以上が収監されていた。秘密警察は強制改名の事実をブルガリア人社会や国際社会に対して秘匿する任務にも携わった(25)。

強制改名は同化政策の完了を意味するものではなかった。改名によって、パスポートに記載された氏名が変更されただけでなく、出生証明書、不動産登記書、職員証、学位記、運転免許証、医療カルテ、学校の成績帳簿などのすべての個人情報が廃棄され、過去に遡って改竄された。一九八五年一月一八日の報告の中で改名政策の責任者であるゲオルギ・アタナソフは、改名後のトルコ人に対してブルガリアの民族性を浸透させるための指針として次のような指示を与えていた。「あらゆる場所でブルガリア語を使うことは、ブルガリア愛国心の形成にとって基本的に重要な役割を担う。これまでわれわれは、主として公共の場でのブルガリア語の確立について問題にし、必要な措置を講じてきたが、今後は、これをこれらの住民全員の母語に変えることが課題となる。このことは、あらゆる社会的機構、組織、国家機関、経済機関、そして党全体の不可欠の重要な任務とならねばならない(26)」。こうしてトルコ文化の一掃が開始された。トルコ語出版物が全廃され、読書室や図書館からトルコ語の文献が撤去・処分されたのはもちろん、トルコ語の歌と音楽の演奏は公共の場だけでなく私的会合でも禁止された。トルコ語による会話は私的な場や家庭においても抑圧された。そのための密告者ネットワークが組織され、わずかでもトルコ語を話した場合には罰金が課せられた。

弾圧の対象はトルコ語だけではなくイスラーム文化全般に及んだ。多数のモスクやその他礼拝施設が閉鎖され、イスラーム式の葬儀が禁止され、社会主義的な葬儀が強要された。ムスリムの葬儀の会場には党官僚が派遣され、社会主義式の儀礼が行われているか、葬儀がブルガリア語だけで行われているかを入念にチェックした。当局のチェックは墓石にも及び、トルコ語やアラビア語の墓碑銘、イスラームの象徴の刻印があるものはセメントで塗り固められた(27)。

こうした政策への当然の反応として、トルコ人の間では地下活動ネットワークによる新たな抵抗運動が開始された。改名政策に対してはアムネスティ・インターナショナル、ヘルシンキ・ウォチなどの人権擁護団体、さらにアメリカや西欧諸国政府もブルガリアを非難するようになっていたが、国内の抵抗組織は一九八九年五月のパリ人権会議に合わせて各地で集会、ハンストを組織し、これによってブルガリアに対する国際的な非難は一層拡大した。国際的な非難の噴出にブルガリア政府は人権諸規程を遵守していると反論していたが、ついに五月二九日にトドル・ジフコク自身がテレビに出演して演説を行わざるをえないまでにいたった。この演説でジフコフはすべての国民に旅行の自由が保障されており、希望者へはパスポートを発給すると約束した。(28) この演説はジフコフ政権の墓穴を掘る結果となった。演説を聞いて、大量のトルコ人が国外脱出を始めたからである。トルコ政府は国境を開放し、八月後半までに三五万人がトルコ国内に流入し、その多くが急拵えの難民収容キャンプに収容された。大量の難民の窮状はメディアを通じて世界中に発信されたためブルガリアは一層の窮地に立たされた。加えて、大量の住民流出により国内農業が破綻状態となり、経済危機も深刻化していった。折しも進行していた「東欧革命」も相乗的に作用し、一一月一〇日にジフコフは失脚、新政府は一二月二九日に強制同化政策の過ちを公式に認めた。(29) こうしてブルガリア版創氏改名は、社会主義体制の崩壊によってようやく終わったのである。

4 「民族再生プロセス」の論理

「民族再生プロセス」は社会主義体制をとる他の国々でも類を見ない極めて特異な政策であった。それゆえ、ブルガリア共産党指導部がこの政策をどのような言説によって正当化していたのかは興味深いものである。

「民族再生プロセス」の最盛期であった一九八五年一月一八日、トドル・ジフコフは、ブルガリア共産党県支部書記長会議の場で次のように発言した。「誰もが知っているように、いわゆるブルガリアのトルコ人なるものは、ブルガリアではエスニック・グループとして存在しているが、彼らはトルコ人というエスニック・グループの一部ではなく、五〇〇年間のトルコの隷属により同化されたブルガリア人であるという意味で、トルコとは全く、ほとんど全く共通点を持たないのだ」[30]。一見すると支離滅裂に見えるが、この発言は、ブルガリアに暮らしている人々は様々な下位集団としてのエスニック・グループから構成されているが、総体として「社会主義的ブルガリア民族」を形成しており、社会主義社会の建設の進展にともなってその文化的精神的一体性が強化されるというブルガリア共産党独自の民族理論を前提としてなされていたことに留意していただきたい。もちろんこれは、ブルガリアが一つの祖国であり、その領域内に暮らすすべての人々は文化的差異とは無関係に法的共同体としての国民国家を構成する国民であるという市民的ナショナリズムが想定されているわけではないことも同時に指摘しておかねばなるまい。ブルガリアの共産主義者が前提としていたのは、これとは正反対の極端なエスノ・ナショナリズムであった。強制改名政策の責任者であったゲオルギ・アタナソフが同じ会議で行った報告はそれを明瞭に示している。

アタナソフによると「いわゆるブルガリアのトルコ人」は「実際には過去においてイスラーム

化されたブルガリア人の子孫であり、様々な時代に、様々な程度に、トルコ化された人々」であり、それは「史料によって証明されている」[31]という。つまり、ここでは文化ではなく「血の繋がり」が根拠となっているのである。それゆえ、この血統的「ブルガリア人」が文化的に「純粋な」ブルガリア人集団に同化されることは「社会主義的ブルガリア民族の一体化と民族的一元性の強化の重大な成果」であるということになる。なぜなら、強制改名は、「何よりも、わが民族の身体に刻まれたトルコへの隷属の最後の痕跡を除去し、民族的一体化と道徳的政治的単一化を強化するための新たな条件の質的確立という歴史的行為である。これは、極めて進歩的な過程であり、過去の様々な段階で、様々な方法や動機によりブルガリア民族精神の純粋なる源から遠ざけられた人々の間に、社会主義的ブルガリア愛国心を究極的に確立するという結果をもたらす」からであるという。[32]これはまさに、内なる東洋を克服するという「脱亜主義」の思想そのものであった。

社会主義の政治文化の一つの特徴として、科学アカデミーを頂点とした「知の体系」が総体として政策に奉仕すべく組織されていたことはよく知られているが、「民族再生プロセス」においても「歴史科学」が党の公式見解を「科学的に」証明すべく動員されていた。ゆえに、「民族再生プロセス」の正当化の論理をより詳しく知る上ではブルガリア「歴史科学」の「成果」も重要な手がかりとなる。この点で最適な資料は、当時のブルガリア近代史の中心的指導者であったアカデミー会員フリスト・フリストフの編纂により一九八九年に出版された『ブルガリア史の数ページ』という書物であろう。この本は「イスラーム化されたブルガリア人と民族再生プロセスの概観」という副題が付され、中世から現代にいたる「イスラーム化」、「トルコ化」とその対象になった人々の「純粋なブルガリア人」への回帰の過程を概述している。その特徴は、スラヴ民族のバルカン移住以後、諸要素が結合して中世に「ブルガリア民族」が形成されたという従来の民族起源論に立脚しつつも、その後のオスマン支配によって「ブルガリア民族」の一部が強制的に改宗させられ、さらにその一部が言語的にトルコ化されたと論じている点である。つまり、ブルガリア国内のトルコ人は歴史的には他のブルガリア人と同じ集団であったが、その後イスラームに改宗し、言語的に異民族に同化されたのであるから、そのブルガリア化は彼ら本来の民族性に回帰させることにすぎないという血統主義に基づく本質主義的民族論であり、アタナソフの発言にぴったりと符合している。

この基本線に従って、『ブルガリア史の数ページ』では、いくつかの旧説の修整と定説批判が行われている。その中核となるのがオスマン時代の「イスラーム化」である。現在一般的に受け容れられている説では、バルカンのムスリム住民は、オスマン時代に移住したアナトリアからのチュルク系諸集団、土着化したオスマンの軍事・行政官、および改宗した現地住民という三つの要因によって形成されたと考えられている。[33] これに対して『ブルガリア史の数ページ』では、ムスリム・チュルク系集団の大量移住は起こらず、バルカンの「イスラーム化」は地元住民の改宗によるものであったと主張する。[34] また、現地住民の改宗は自発的に行われたという一般的な定説に対しても、「イスラーム化」は強制的に行われた国家政策であったと反論している。[35] 一八七七―七八年のロシア・トルコ戦争とその後のブルガリア建国の過程では、一説には八〇万人のムスリムが虐殺されたり、難民となったりしたが、[36] これについても、移住したのは「ブルガリアの地に永続的に暮らしていたわけではないトルコ人占領者」であり、その他のムスリムはブルガリアに残ったという事実そのものによってブルガリア人であることを証明していると強弁してゆく。[37] これらの主張はいずれも適切な史料的根拠が示されてはおらず、我田引水的な議論に終始していることもこの本の特徴の一つである。

『ブルガリア史の数ページ』のもう一つの特徴は、一八七八年のブルガリア建国以後も、「ブルジョア国家」の意図的な「反愛国的」政策が原因でトルコ化が継続しており、社会主義体制が導入されて初めてすべての「ブルガリア民族」の文化的確立と解放が可能になったと論じていることであろう。この議論の結論として、「イスラーム化されたブルガリア人の子孫の間での民族再生プロセスは、ブルガリア民族の中に外来のエスニックな要素が加わる過程ではなく、ブルガリア民族のさらなる内的な凝集化と成長のプロセスであり、オスマンの隷属の下でわが民族から何ほどか疎遠化され一連の歴史的条件により民族復興期とその後の資本主義的発展の時代にブルガリア民族の確立に積極的には参加できなかったわが民族の一部がブルガリア人としての民族意識に目覚め、強化されるプロセスである。このプロセスを通じて、民族的確立の発展において長い間存在してきた不完全性、遅延、時間のズレが克服されるのだ」との主張が展開されている。[38] 言い換えれば、一九世紀に始まる「ブルガリア民族復興」は「ブルジョア的プロセス」であり、キリスト教徒だけを民族的に覚醒させ、イスラーム化されたブルガリア人とその子孫の覚醒に失敗した不完全なものであったのに対して、社会主義体制の「民族再生プロセス」はこの欠陥を克服し、長期にわたる「民族覚醒」の完成段階を形作っているというわけである。この論理は一見すると「ブルジョワ体制」に対する「社会主義体制」の優位性をうたっているように聞こえるが、実際には「民族再生プロセス」はトルコ人からイスラーム的特徴を奪い、キリスト教徒のブルガリア人と同質化するものであり、ブルガリア民族が本質的にキリスト教的存在であり、後進的なトルコ＝イスラーム支配を克服し解放を勝ち取ったとする「ブルジョア史学」の伝統的シェーマを繰り返しているにすぎない。

5　「民族再生プロセス」発動の原因

「民族再生プロセス」の特異な性格はこれまで述べてきた通りであるが、なぜこの時期に行われたのかについては十分に解明されていない。一つの説は人口学的脅威があったとするものである。これによると、ブルガリア人の増加率は一九六五年に〇・五五パーセント、一九六七年に〇・四一パーセント、一九七五年に〇・四八パーセントであったのに対して、トルコ人の増加率は、二・一九パーセント、一・九四パーセント、一・六パーセント、一・一七パーセントであり、この格差により二〇一〇年にはトルコ人が人口比で一〇パーセントをこえると予測されたが、大量の強制移住が不可能なため、同化政策が強行されたという(39)。しかし、一〇パーセント程度のマイノリティの存在はバルカン諸国ではありふれたことであり、ことさらな脅威であったという主張には疑問も残る。マリー・ノイバーガーが提起する民族アインデンティティの議論はこの点を補足するものといえるだろう。ノイバーガーの議論によると、ブルガリアでは、国民文化の形成において農村イメージの果たした役割が極めて大きかったにもかかわらず、社会主義の近代化はブルガリア人を優遇するあまり農村部のムスリムの比率を増加させてしまった。その結果、「民族の進歩的象徴に担ぎ上げられたブルガリア農民が消滅してしまうならば、ムスリム農民のもつブルガリア的本質を明らかにし、強化するのが最良の道ではないか」という選択肢が浮上したというのである(40)。

しかしながら、この議論にも次のような疑問が残らざるをえない。ムスリム農民のうち、ポマクは、その改名が一九一二―一三年のバルカン戦争で試みられたこともある「伝統的な」民族主義政策のコンポーネントであったのに対して、トルコ人は一貫して非ブルガリア的存在とみなされ、同化ではなく追放によって解決されるべき問題とみなされてきた。トルコ人の同化を狙った「民族再生プロセス」は、ポマクのように「ブルガリア人としての本質」を元来的に保有しているとみなした集団からその「本質」を引き出すのではなく、非ブルガリア人に「ブルガリア人としての本質」を外在的に注入する過程であって、表面的には酷似していても、その論理には大きな飛躍があるように思われる。

筆者は第三の説として、社会主義的言説の自縄自縛作用という仮説を提示してみたい。その点で重要なのが、ブルガリア共産党が一九七九年から一九八二年に行ったいわゆる「新経済メカニズム」とその失敗である。「新経済メカニズム」とは経済運営に部分的な分権化を導入し、下からのイニシアティヴを促進して、生産性を向上させるものであり、技術集約型の産業構造に転換し、西側諸国製品に対する市場競争力を獲得することを目標としていた。これは同時に、従来のブルガリア経済を支えていたソ連からの経済援助、およびブルガリア製品に対するソ連市場の需要の減少に対応した危機打開策でもあった。しかし、大々的な宣伝にもかかわらず所期の目標は達成できず、質の向上以前に生産性自体が低下するという惨澹たる失敗に終わった。これは党にとっても深刻な問題であり、一九八四年三月には生産物の質的向上を議論するための異例の臨時党大会が開かれたほどであった。(41)

これまで見たように、ブルガリア社会主義体制の一連の民族政策は、「社会主義」の発展につれて自発的同化が進行するというテーゼに基づいていたが、このテーゼは、同化の進展自体が「社会主義」の発展を意味するというトートロジーでもあった。『ブルガリア史の数ページ』に紹介されている次のようなエピソードはそれを証明している。ポマク集住地帯の一つであるスモリャン県では七〇年代はじめに強制改名が行われたが、この地域では一九七〇年から一九八五年に生産指数が二倍に増大した。この間、産業構造も林業、畜産業、タバコ栽培中心の伝統的なものから家具製造、金属加工業、化学工業を含む近代的なものに変化し、平均収入も七五四レヴァから一五〇三レヴァに増加し、電話普及率が一〇倍、テレビの普及率が五倍、自家用車保有率が二三パーセントとなった[42]。これは、物質的条件の向上によりブルガリア人意識が普及したのではなく、明らかに、ブルガリア化したために資源配分で優遇されたことを示している。「成熟した社会主義」を誇示していたジフコフ体制にとって、一九八〇年代初頭に顕在化した「新経済メカニズム」の失敗は、その威信と正当性を揺るがすものであったはずだ。そこで、この失敗を埋め合わせるために民族政策のトートロジーを利用して「民族再生プロセス」が強行されたのではなかろうか。なぜなら「民族再生プロセス」はトルコ人の強制同化という不可能を可能にすることで「成熟した社会主義」なるものの成果を誇示するという弥縫策になりえたからである。

6　脱亜主義と反イスラームを超えて——新しいブルガリア共存モデルの挑戦

これまでの議論では社会主義体制下の民族政策をたどってきたため、この特異な同化政策は「現存した社会主義」という特殊な条件下で発生した例外的な現象という印象を与えてしまったかもしれない。しかしながら、「民族再生プロセス」の論理の分析で触れたように、強制同化は共産主義イデオロギーの産物というよりは、一九世紀以来のブルガリア・ナショナリズムに内包されていた根本的な傾向なのであり、共産主義者は国際主義を逸脱しこの伝統に屈服したと見るほうが正確であろう。同化政策が創氏改名というエスニック・ラベルの貼り替えによらざるをえなかった理由もここにある。

強制改名を支える論理は、ブルガリア人とトルコ人の間には、外見上区別できる身体的特徴は一切存在しないため、名前だけが両者を区別する指標であり、名前を変えてしまえば両者は同一となるというものである。ブルガリア式の名乗りを与えることで、その対象がブルガリアのものとなるという論理は、例えば地名のような他の対象については早くから実践されてきた。オスマン支配から独立すると、ブルガリアでは地名の体系的なブルガリア化が行われた。河川、山脈、都市、村の名称がシステマティックにブルガリア語の名称に置き換えられていった。そして、この名付けによって、これらの場所はブルガリア人のものとなったのである。しかしながら、これと同じ論理を人間にも適用できるとするのは不条理であろう。名付けによる属性の転換が可能だという思考法を理解するにはブルガリア・ナショナリズムの生成過程における宗教の役割を踏まえておく必要がある。

一九世紀のブルガリア民族運動において「ブルガリア教会独立運動」は中心的な位置を占めていた。この運動は、主としてギリシア人やセルビア人といったキリスト教徒との間で展開されたもので、そこではブルガリア教会の信者となることが自動的にブルガリア民族に帰属することを意味していた。帰属争いの対象が教義の面では同一の東方正教徒であったため、教会帰属の変更は典礼言語の選択が焦点となり、なかんずく、俗人信徒にとっては洗礼名をブルガリア式にするかギリシア式にするかの差異として認識された。名乗りをめぐる民族紛争は一九世紀末からのマケドニア紛争でも適用され、ブルガリア名を名乗ることがブルガリア人であるという意思表明となった[43]。

名乗りによる属性の転換はキリスト教徒の間だけで機能しうるものであったが、ブルガリア・ナショナリストはこれをムスリムにも拡大しようとした。すでに一九世紀前半のブルガリア・ナショナリストの中には、ポマクが一七世紀の強制改宗によってイスラーム化されたブルガリア人であるという説を唱える人々がおり、彼らはその根拠となる史料を捏造しただけでなく、ポマクを改宗させて純粋なブルガリア人に引き戻すことを計画していた。この計画はバルカン戦争によって生じた民族主義の高揚を背景にブルガリア正教会によって強行されることになった。これは惨めな失敗に終わり、改宗者のほとんどがイスラームに復帰するという結果になったが、第二次世界戦争中に民族主義が再び高揚すると一九四二年七月の「ブルガリア人イスラーム教徒の回教名のブルガリア化」に関する法が採択され、再度試みられることになった。一九一二—一三年の改名は教会による強制改宗の副産物であり、教会独立運動型の名乗りの論理が機能しうるものであったといえるが、二回目の試みは国家が主導したものであり、改宗という中心要素が後景に退き、改名のほうが主目的となった[44]。

社会主義時代に入ると、宗教の関与はさらにマージナルな形に変えられた。社会主義体制は、表向き宗教一般に対して否定的態度をとったためである。しかし、名乗りの論理の中から宗教的なものが隠蔽されたとはいえ、その意味するところは象徴的な改宗であった。例えば、一九八五年三月三〇日にジフコフは、強制改名が「トルコ人問題」解決のための第一段階にすぎず、今後は「イスラームに対して非常に真剣に立ち向かう」必要があり、トルコ人の民族的特徴から「段階的にイスラームを浄化する」ことが課題となると発言しているように、社会主義時代の名付けの論理は本質的には宗教を「ブルガリア民族」の精神性の根幹と認識していたのである。(45)

このように考えると、「民族再生プロセス」に代表される社会主義ブルガリアの民族浄化は、ブルガリア建国以来の強制同化の系譜に連なるものであったと結論せざるをえない。「民族再生プロセス」は近代以来一貫したブルガリアの国家建設の付属物であった同化と排除の産物であり、社会主義体制の崩壊はブルガリア的モダニティの追求の最終的な敗北でもあったのだ。社会主義崩壊後のブルガリアでは、一元性の追求自体が内省され、多元主義的ブルガリア社会の再構築が目指されるようになった。多元主義の肯定は、EU加盟を目指した便宜的な装いであり、社会の根幹は依然として単一民族主義に染まっているという見方もあるが、トルコ人を主な支持基盤とする政党が政権に加わったり、ロマやポマクの伝統文化を積極的に擁護しようとする運動が盛り上がるなど、近代以降のブルガリアの歴史の中ではじめてとなる新しい現象が次々と生まれている。二〇〇五年秋のフランス各地での暴動のように、EUの中心諸国でも同化による統合路線は破綻をきたしつつあることを考えると、社会主義とともに単一民族主義とも決別しようとしているブルガリアが一つの多元主義社会のモデルとなってゆくことに期待したい。

注

(1) Яльмов, Ибрахим, История на турската общност в България, София: ИМИР, 2002, с. 278－279, 288, 290.
(2) Пак там, с. 291-293.
(3) Пак там, с. 296-298.
(4) Пак там, с. 305-310.
(5) Пак там, с. 311-313, 316.
(6) 当時、国家の責任ある地位についたトルコ人は〇・一二パーセントであり、これはブルガリア人の〇・五五パーセントからは大きく後退していた。またこうした地位についたトルコ人のほとんどが下級の官吏や党官僚で、幹部になるほど割合いは減少した。一九五四年に九七人いた中央委員会でトルコ人は一名であり、九名の政治局員にトルコ系はいなかった。Neuburger, Mary, *The Orient Within; Muslim Minorities and the Negotiation of Nationhood in Modern Bulgaria*, Ithaca & London: Cornell University Press, 2004, p. 66.
(7) ヒューレット・ジョンソン『東欧の新世界』佐藤俊男訳、みすず書房、一九五八年、二一四頁。
(8) Neuburger, *The Orient Within*, p. 69.
(9) 今岡十一郎によると、ブルガリアではトルコ人以外に「ガガウズ人、アルメニア人やジプシーの一部、またポマク・タタール人などもトルコ語を使用」していたという。今岡十一郎『ブルガリア』新紀元社、一九六二年、二二六頁。
(10) Eminov, Ali, *Turkish and Other Muslim Minorities of Bulgaria*, London: C. Hurst & Co., 1997, p. 7.
(11) Neuburger, *The Orient Within*, pp. 154-155.
(12) Яльмов, Цит. съч., с. 328.
(13) Пак там, с. 329, 332.
(14) Пак там, с. 344.
(15) Crampton, R. J., *The Balkans since the Second World War*, London: Reason Education, 2002, p. 174.
(16) Eminov, *Turkish and Other Muslim*, p. 7.
(17) Яльмов, Цит. съч., с. 373-378.
(18) Пак там, с. 386-388.
(19) ヤルモフは、共産党が強制改名を正式に決定したのは、一九八四年一一月二二日から二八日の政治局会議であったと推定している。ヤルモフによると、一一月の会議に関連する記録（議事録四七号と機密決定B）はジフコフ失脚後に意図的に隠滅されたため確認できないが、これ以前の公式文書には改名への言及がないため、この失われた文書に決定に関する内容が書かれていたと考えざるをえないという。Ibid., p. 392.
(20) Истината за «възродителния процес», документи от архивана Политбюро и ЦК на БКП, София: Институт за Изследване на Интеграцията, 2003, с. 8.

(21) Ялъмов, Цит. съч., с. 395.

(22) Neuburger, *The Orient Within*, p. 163.

(23) Ялъмов, Цит. сьч., с. 393, 396-397.

(24) Пак там, с. 399-400.

(25) Пак там, с. 398.

(26) Истината.., с. 14.

(27) Eminov, *Turkish and Other Muslim*, p. 61.

(28) Истината.., с. 38-44.

(29) Eminov, *Turkish and Other Muslim*, pp. 137-138.

(30) Истината.., с. 21.

(31) Пак там, с. 7.

(32) Пак там, с. 9.

(33) Zhelyazkova, "Islamization in the Balkans as an historigraphical problem: The South-european perspective," in: Adanır F. & S. Faroqhi eds., *The Ottomans and the Balkans: A Discussion of Historiography*, Leiden: Brill, 2002, pp. 223-266.

(34) Христов, Христо ред.,Страници от българската история, Очерк за ислямизираните българи и националновъзродителния процеç София: Наука и изкуство, 1989, с. 25-27.

(35) Пак там, с. 30.

(36) Turan, Ömer, *The Turks in Bulgaria*, Ankara: TTK, 1998, p. 118.

(37) Христов, Цит съч., с. 48-50.
(38) Пак там, с. 78.
(39) Яльмов, Цит. съч., с. 361.
(40) Neuburger, *The Orient Within*, p. 73.
(41) Crampton, R. J., *The Balkans*, pp. 176-177.
(42) Христов, Цит съч., с. 76.
(43) 佐原徹哉『近代バルカン都市社会史——多元主義空間における宗教とエスニシティ』刀水書房、二〇〇三年、一五四—一六〇頁。
(44) Neuburger, *The Orient Within*, p. 151.
(45) Истината.., с. 31.

マイノリティとしてのチェコのロマ
――非ロマとの関係をめぐって

佐藤雪野

1　はじめに――マイノリティの定義とチェコのマイノリティ

マイノリティの定義には様々あるが、少数派という訳語に見られるように、相対的に数が少ないことをいうのが一般的である。しかし、政治学など社会科学においては、数が少なくても、政治的に支配的な立場にある人々はマイノリティと呼ばれず、多数派に対して、政治的・経済的に「劣位に置かれている人々」がマイノリティと定義づけられている。例えば、『マイノリティの国際政治学』（有信堂高文社、二〇〇〇年）の吉川元と加藤普章は、マイノリティを、「人口構成の面から見て少数派。多数派に対して、政治的・経済的・社会的に劣る位置におかれていることが多い」と定義づけた。マイノリティに対する多数派がマジョリティである。

チェコの歴史において、チェコ人とドイツ人の関係を考えると、マジョリティとマイノリティの関係は微妙になる。なぜなら、第一次世界大戦後にチェコスロヴァキアが独立するまでは、数の上では少数派のドイツ人がチェコ人を政治的に支配した時代が長く続いたからである。チェコスロヴァキア独立後もそこに住み続けたドイツ人の多くは、第二次世界大戦後に、ナチズムへの協力者として追放されてしまった。

そのほかに注目すべきマイノリティとして「ユダヤ人」がいる。カフカを代表とするユダヤ系の人々が、チェコの地の文化を支えてきた面は大きい。首都プラハの文化は、ドイツ・チェコ・ユダヤの三つの文化的伝統が重なり合って形成されたものともいえるであろう。しかし、ユダヤ系の人々の多くは、アードルフ・ヒトラーの絶滅政策により、第二次世界大戦後まで生き延びることができなかった。

現在のチェコにおいて、最も注目されることの多いマイノリティは、ロマである。一九九三年、連邦国家チェコスロヴァキアの解体により誕生したチェコ共和国は、ヨーロッパの中では比較的、民族的に均質な国といえる。二〇〇一年の国勢調査の結果によれば、人口の九〇・一パーセントが自分の民族をチェコ人と答えている。(1)さらにモラヴィア人と答えた三・六パーセントなども実質的にはチェコ人に含まれると考えられるので、結局九三・八パーセントがチェコ人であるといえる。最大のマイノリティはスロヴァキア人であるが、わずか一・八パーセントの一八万三〇〇〇人余りである。それでは、ロマの数はどうであろうか。

ロマは、国勢調査の結果では、スロヴァキア人はもとより、ポーランド人やドイツ人より少ない〇・一パーセントの一万二〇〇〇人足らずしかチェコに居住していないことになっている。なのになぜ彼らが注目されるのであろうか。それは、この国勢調査の数字が現実を反映していないからである。国勢調査の時に答える民族籍が、必ずしも回答者の実際の民族ではないことは、第一次世界大戦前の調査に関しても指摘されている。回答者が自分に有利になると思われる民族名を答える例がかなりある。したがって、このロマ人口の少なさの理由の一つは、調査に参加したロマが、自分の民族としてチェコ人やスロヴァキア人を選んでいるためであろう。さらに、ロマの調査票回収率が低いことも推察される。ロマに関する専門家たちは、チェコのロマ人口を、全人口の二―三パーセントの二〇万人から三〇万人と推定しており、その数はさらに多い可能性もあるという。事実上、ロマはチェコ最大のマイノリティ集団ということになる。

なお、本論は「チェコのロマ」を対象とするが、必要に応じて、スロヴァキアのロマについても言及する。一九九二年末までチェコとスロヴァキアが共同国家を形成していたという歴史から、チェコのロマとスロヴァキアのロマの歴史を切り離して考えることはできないし、現在チェコで暮らしているロマの多くが、第二次世界大戦後、スロヴァキアから移住してきた人々だからである。

社会主義体制崩壊後のチェコスロヴァキアにおいては、マジョリティであるチェコ人やスロヴァキア人とマイノリティであるロマのあいだに摩擦が目立つようになった。社会主義体制下で、公式には抑えられていた差別主義が表に出てきたためといえよう。社会主義体制は、それ以前から存在し続けた非ロマとロマとのあいだの諸問題を解決できていなかったわけである。言論の自由を得たが、多文化社会に慣れていないマジョリティ社会の不寛容さが、ロマとの摩擦を起こし、それが欧州連合加入を前に人権問題化した。この問題は連合加入後も未解決のまま残された。

ここで、チェコにおけるロマの歴史と現状を検討することにより、一つのマイノリティ・グループが、エスニック・マイノリティとして他者から創り出され、その後、部分的ではあっても自覚的に集団を形成する過程を明らかにしたい。さらに、エスニック・マイノリティとマジョリティとの共生関係における諸問題と多文化共生の可能性にも言及する。

2 ロマの呼称をめぐる議論

ロマは、これまで「ジプシー」と呼ばれることが多かった。チェコ語ではツィカーンが「ジプシー」にあたり、非ロマがロマを呼ぶさいの呼称である。近年、日本においても、「ジプシー」は差別語であるという観点から、この人々の自称であるロマ語で「人間」を意味する「ロマ」という呼称が普及してきている。しかし、呼称が「ジプシー」であれ、「ロマ」であれ、誰がその集団に属するのかは自明ではない。集団への帰属は、自己規定による場合も、他からのレッテル貼りによる場合もある。

一つのエスニック・グループへの帰属は、究極的には個人のアイデンティティの問題に帰すると考えられるが、そのアイデンティティ獲得の過程で、他者の目、他者からのレッテル貼りも大きく影響するであろう。

また、この集団そのものも一元的ではない。ロマという呼称自体も、広義のロマ（他称の「ジプシー」と重なるところが多い）と狭義のロマ（バルカン半島出身や中欧のロマ）とに分けて考える必要がある。用語の意味の二重性が、呼称をめぐる議論を難しくしている。このため、自らがロマと呼ばれることを否定し、むしろ「ジプシー」にあたる言葉を自称として用いる狭義のロマも存在する。

この呼称をめぐって、チェコのロマ系雑誌『私たちの鏡《アマノ・ゲンダロス》』（二〇〇三年）が行った、好ましい呼称に関するアンケートでは、ロマの回答者五名のうち、一名が「ジプシー」、二名が「ロマ」を選び、二名が「どちらでもよい、場合による」と答えている。「ロマ」を選んだ二名は、「ジプシー」という表現に不快感を示しており、中立的な回答者のうちの一人も悪口としての「ジプシー」には不快感を示している。このように「ジプシー」という言葉に不快感を抱くチェコのロマがいることに鑑み、ここでは、原則的にロマの呼称を用い、歴史的資料そのものを紹介する場合や発言者が「ジプシー」を用いている場合、「ジプシー」という表現でないとうまく説明ができない場合のみ、「ジプシー」と表記し、それ以外にはロマという呼称を用いる。一九九〇年以降、チェコにおけるロマに関する出版物の表題は、それ以前の「ジプシー」という呼称からロマにドラスティックに変わった。チェコのロマは、狭義のロマにあてはまるので、ロマと表記することで意味的な混乱はないが、ロマであっても「ジプシー」という呼称を選択する人が存在することには注意を払う必要があろう。

なお、アンケートの非ロマの回答者七名のうち、三名が「ロマ」を、二名が「ジプシー」を選択し、残りの二名は呼称の区別や、民族の区別の無意味さを指摘して、どちらも選択しなかった。

3　ロマはいつチェコに到達したのか

チェコの地に最初にロマが到達した時代は、中世までさかのぼることができるだろう。現在、言語学的研究からロマの原住地をインドであるとみなすのが通説である。彼らが原住地を離れて、移動を始めた時期や理由については諸説あるが、ヨーロッパに到達したのは、一二世紀頃とされる。チェコにおけるロマに関する最初の記録を、一三〇八年から一三一四年に通称ダリミルによって書かれた『チェコ年代記』に求め、一二四二年、ボヘミア王国にタタール人が来たという記述がロマに関するものであるという説があった。彼らタタール人が話した言葉として年代記に引用されている文章が、最古のロマ語の記録だというのである。しかし、このことは現代の言語学者からは否定されている。

現在、わかっている中で「ジプシー」という単語が最初に記録されたのは、『ロジュムベルク家の処刑記録』である。そこには、一三九九年の「ジプシー」と称する泥棒の記録がある。しかし、この泥棒が本当にロマなのか、それとも単に呼び名が「ジプシー」であったのかはわからない。ただ、いずれにせよこの時期にはすでに「ジプシー」の存在が知られていたことになる。したがって、ロマがチェコに到達した正確な時期は不明であるが、一三世紀から一四世紀であろうと推定できる。また、最初に「ジプシー」という言葉が用いられた記録は、泥棒をめぐる記録であったわけだが、これは、この後のロマの運命を暗示していたかのようである。

一五世紀になると、ロマに関する記録も多くなり、一四一七年、パヌエラ首長に率いられた「ジプシー」のグループがチェコの地を通り抜けたこと、一四一八年、西ボヘミアのヘプに初めて「ジプシー」が来たこと、一四八一年、中部ボヘミアのクトナー・ホラとプラハのノヴェー・ムニェストに「ジプシー」が現れたこと、一四九一年、中部ボヘミアのロウニに「ジプシー」が現れたことなどが記録されている。ボヘミア各地での出現にともない、一四八一年頃には、チェコの「ジプシー」が登場する最初の絵が描かれた。一四九二年に書かれたポヂェブラディ（中部ボヘミア）のヒネクの詩からも、すでに「ジプシー」のイメージが「流浪の民」として一般化していたことがわかる。

「ジプシー」という英語の語源は「エジプト」であるとされ、これは彼らがエジプトから移動してきたと考えられたためだと言われているが、チェコでも同じ説が普及し、一五一一年のラテン語＝チェコ語辞書では「ジプシー」をエジプトから来た人々と説明していた。

4　ロマに対する迫害――追放政策

「ジプシー」という言葉を最初に用いた記録は泥棒に関するものであったが、その後のロマに関する記録も犯罪に関するものが多い。実際に罪を犯したロマもいたであろうが、異質な外来者であるロマに無実の罪が着せられていたこともあったのではなかろうか。犯罪とロマが結びつけられたことは、ロマに対する迫害の原因となり、ロマに対する偏見をさらに増すことに繋がった。

ロマによる犯罪とされたものの多くに、放火があった。一五三六年、東ボヘミアのフラデツ・クラーロヴェーの町全体が火事になったが、この火事の原因はロマの放火とされた。一五四一年のプラハの大火、一五七八年の北モラヴィアのプロスチェヨフの火事も同様であった。当時、ロマと同様に異質なマイノリティであったユダヤ人にも放火の罪が着せられることが多かった。人々が恐ろしい火事の原因をマイノリティに求めるという歴史は古い。

こうした中で、組織的なロマへの迫害も始まった。まず、一五三八年、モラヴィア領邦議会が「ジプシー」の追放を決定した。続いて、一五四五年、ハプスブルク家の皇帝フェルディナント一世が、ボヘミア王国における「ジプシー」の「放浪」禁止の勅令を出した。一五四九年には、モラヴィア領邦議会が「ジプシー」の「放浪」を禁止し、現在のチェコ共和国の領土のほぼ全域で「ジプシー」は「放浪」を禁じられた。同じ年に、フェルディナント一世は、ロマ追放の勅令を確認し、一五五六年には、ボヘミア王国におけるロマの居住を禁止した。この皇帝の時代に公式なロマ迫害が進行したわけである。

もちろん、フェルディナント一世ばかりでなく、続く皇帝もみな、ロマ迫害に加担した。一五八八年、ルドルフ二世が反「ジプシー」勅令を発布した。この皇帝は、ユダヤ人には寛容であったが、ロマには厳しかった。

一五九九年には、モラヴィア領邦議会が、モラヴィア辺境伯領における「ジプシー」の居住禁止を再度決定し、同様の決定は一六〇七年、一六一二年、一六七七年、一六七八年にも行われた。繰り返し決定がなされていることは、そのつどの決定が実効性を持ち得なかったことを推察させる。居住を禁止しても、新たなロマが流入してきたのであろうか。

一六七四年には、レオポルト一世の最初の反「ジプシー」勅令が出され、その後、一六八〇年、一六八八年、一六八九年にも「ジプシー」追放令を発布した。さらに、一六九七年には、「ジプシー」は法の保護下にないとする勅令も発布された。

ただし、一方で、例外的に居住を認められるロマが出てきたことは注目に値する。一七世紀末、モラヴィア東部ウヘルスキー・ブロト郊外に、鍛冶を生業とする「ジプシー」のシュチェパーン・ヴァイダ一家が、他の「ジプシー」と区別されて、定住が認められた。

しかし、ロマに対する迫害は止まず、一七〇六年、皇帝ヨーゼフ一世は、レオポルト一世の反「ジプシー」勅令を追認し、一七一七年、皇帝カール六世も、これまでの反「ジプシー」勅令を追認した。

皇帝による迫害に反して、自らの領地でロマに対する寛容政策をとる領主もいた。一七三六年、マクシミリアーン・オルドジフ・コウニツ＝リトベルクが「ジプシー」のトマーシュ・ダニエルらに旅券を発行した。しかし、コウニツ＝リトベルク家の寛容政策も長く続かず、一七四七年、ヴァーツラフ・アントニーン・コウニツ＝リトベルクは領地での寛容政策を廃止してしまった。

5　ハプスブルク帝国の「ジプシー問題」解決の試み――定住・同化政策

一八世紀末の啓蒙主義時代になると、支配者側からも、ロマを迫害するばかりではなく、何らかの形で問題を解決しようとする試みもなされるようになった。マリア・テレジアは、一七四九年には「ジプシー」の追放勅令を発布していたが、一七五一年の新しい勅令では、追放されるのは外国の「ジプシー」と乞食、浮浪者のみで、国内の「ジプシー」は出身地に送り返されることはあっても、国外へ追放されることはなくなった。

マリア・テレジアは、まずハンガリーから問題解決の手をつけた。一七六一年、ハンガリーの「ジプシー」を「新ハンガリー人」と呼び、定住化により、「ジプシー問題」解決を図った。一七六七年には、ハンガリーにおける「ジプシー」同化のための勅令も発布した。一七七五年には、「放浪」する「ジプシー」への旅券発行を禁止し、定住化を進めた。

また、モラヴィアにおいては、フラヂシュチェ地方の副長官ヤン・ネポムク・ジーコフスキー・ズ・ドブルチッツが、モラヴィアの「ジプシー」の定住化案を提示し、一七六九年、一七七三年にも同様の提案を行い、行政レベルでの解決の試みが見られた。しかし、これらの提案は実現には至らなかった。

ロマの方でも、同化する者が現れ、一七七三年、モラヴィアで初めて「ジプシー」の教会婚が記録された。しかし、一七八二年には、ヨーゼフ二世が、「ジプシー」の「放浪」禁止を緩和し、定住化の促進が一時停滞した。これらの事実は、ヨーゼフ二世の寛容主義とも関係している。

その後、一八二九年の宮内庁令により、「ジプシー」は居所を持つようになり、町村役場が、彼らが定められた地域を旅券を持って短期間旅することに責任を持ち、子弟の教育には学校事務所と教区事務所が責任を持つことになった。さらに、一八五〇年、内務省令で、職業を持たない「ジプシー」を仕事につかせることになった。一九〇〇年には、「ジプシー」が地域のために働き、「ジプシー」の子供たちが学校へ通うように各町村が監督するよう、内務省が命じた。このように、国内の「ジプシー」に対しては同化政策がとられたのだが、他方で、一八八八年、内務省は外国籍「ジプシー」の追放を決定した。

一九一〇年には、ボヘミアの児童保護および青少年育成委員会は、総督府に対して、「ジプシー」の両親から子供を取り上げ、施設で育てることを可能にする法の制定を申し入れた。この法案は、第一次世界大戦後独立したチェコスロヴァキア共和国のもとで実現することになる。

6　戦間期の「ジプシー問題」解決の試み――「放浪」管理政策

第一次世界大戦終結後、外から多くのロマがチェコスロヴァキア領内に入ってきた。啓蒙主義時代の同化・定住化政策もあって、チェコにおいて定住化したロマは、鍛冶、籠作り、スリッパ作りなどに従事した。これらが定住ロマに典型的な仕事であったが、「放浪」するロマは、短期の賃仕事やトランプ占いをするほか、中には泥棒をするものもいたという。

その中で、一九二〇年、チェルムナーの市役所が衆議院幹部会に「ジプシー」の定住を定める法の制定を申し入れたが、実現には至らなかった。ロマ以外の市民からのロマに対する苦情は多く、何らかの規制が求められた。結局、政府が選んだのは、直接的な定住化政策ではなく、「放浪」管理政策であった。ロマの「放浪」を管理するために、一九二七年、「放浪するジプシーに関する法」を国民議会が制定した。歴史的に見てこのような法が制定されたのはバイエルンに続いて二例目であった。

ちなみに、この法に賛成したのは、農村の利害を代表する政党、および教権主義的な政党で、具体的には、農民党やドイツ系農業者連盟、人民党、ドイツ系キリスト教社会党であった。農村部において、ロマと非ロマの市民の接触する機会が多く、摩擦が目立ったためだと思われる。農民党は、治安悪化の原因をロマに結びつけていた。

逆に法制定に反対したのは、都市部を基盤とする野党の共産党と社会民主党であった。チェコ系もドイツ系も社会民主党はこの法の右翼性に対して反対し、少数者の保護を訴えた。共産党は本法に最も強く反対し、「ジプシー問題」の解決には資本主義打倒が必要だとした。もっとも、第二次世界大戦後、共産党が政権をとってからも問題解決には至らなかった。

条文の中で特に問題の大きいものを指摘しよう。本法の第一条により、完全に「放浪」している「ジプシー」ばかりでなく、半定住の「ジプシー」もまた規制されることになった。また、民族という枠組みではなく、「放浪する」という行動様式の枠組みで、国民の一部を特定したことは、サン・ジェルマン条約により少数民族保護の義務を負ったチェコスロヴァキアが、本法でその義務を破ったという批判をかわすという意味もあったと考えられる。ここではロマは民族として認められておらず、したがって一九二〇年憲法で保障された少数民族言語による教育も、ロマには認めなくてもよいことになる。実際、当時の記録でロマ（「ジプシー」）を民族として認めているようなものはほとんどなく、第一次世界大戦の捕虜の記録に一例あるくらいである。

第三条には、「ジプシー」の個人確認のための様々な調査が列挙されたが、これらはほかの市民には実施されない人権侵害的なものであった。

第七条では家族より大きな集団での馬車放浪が禁じられた。実際のロマは親族の結びつきが強く、拡大的な家族を形成しており、核家族だけで一グループを形成していることは少ない。家族の定義（家族の範囲の規定）が条文に欠けていることは大きな問題であった。

第一二条で、「ジプシー」の子供を親から引き離して施設に入れる場合が規定された。「ジプシー」の子供を施設に「保護」することは、上述の通り第一次世界大戦前には実現せず、戦間期から始まり、社会主義期にも行われた。この条文は、恣意的に運用される可能性が極めて強く、また、ロマ側の選択権は無視されていた。

全体として、この法は、それまでの生活を捨てるか、管理されながらそれまでの生活を守るか、という選択をロマにせまることになった。ロマは特別な名簿に記入され、「ジプシー証明書」と「馬車移動証」を持って、許可を受けた場所でキャンプしながら移動するか、そうでなければ定住しなければならなかった。

管理された「放浪」は認められていたとはいえ、次第に、「放浪」するロマが流入してくることを禁止する町が出てきた。例えば、一九二八年にはブルノなどへの、一九三三年にはプラハへの進入が禁じられた。ロマへの規制は年を追うごとに強化された。

戦間期を通じて、もともと馬車移動中心の生活をしていたロマの生活様式はほとんど変わらなかったが、早くから定住傾向を示し、半定住生活をしていたロマの中には、完全定住という選択をした者も多かったようである。

戦間期のロマの生活に関しては、ホロコーストをめぐる近年のオーラル・ヒストリー収集活動の中で、その前史としてロマみずからの語りによる一次資料が利用できるようになってきている。そこから、モラヴィアでは、ロマがチェコ人とそれなりに共生していた様子がうかがえる。東スロヴァキア生まれの女性ロマ作家イロナ・ラツコヴァーの回想なども、当時の東スロヴァキアの定住ロマの生活を生き生きと描いている。

7　ナチ時代の「ジプシー問題」解決の試み——絶滅政策

一九三九年、チェコスロヴァキアが解体される直前に、生業についていない「ジプシー」を収容する労働収容所が、チェコスロヴァキア政府によってすでに設置されていたが、解体後のボヘミア・モラヴィア保護領内務省は、まず「ジプシー」の監視を厳しくするように命令し、その後、「ジプシー」の「放浪」が禁止された。

一九四〇年には、刑罰労働収容所がボヘミア南部レティとモラヴィア南東部ホドニーンに開設され、馬車移動をやめなかったり、定住しても働かなかった「ジプシー」が収容された。当時、保護領には、「放浪ジプシー登録所」に指紋カードがある「ジプシー」が三万六六九六人、「ジプシー証明書」を持つ「ジプシー」がそれとは別に三万六三一三人いた。一九二一年の国勢調査時の、チェコスロヴァキア全土で八〇二八人という数字からすれば急増しているが、統計の条件が異なるため、正確な増加率はわからない。

一九四一年、保護領の「ジプシー」を、ドイツ占領下のラトヴィアの絶滅収容所に送る決定が下され、一九四二年には、レティとホドニーンの収容所からアウシュヴィッツ収容所への移送が行われた。ハインリヒ・ヒムラーは、ドイツ帝国および占領地の「ジプシー」をアウシュヴィッツ＝ビルケナウの「ジプシー収容所」に収容することを命令した。これらの移送にともない、一九四三年にレティの「ジプシー収容所」は廃止された。

ナチス・ドイツは、保護領において、ロマの収容、虐殺という最も過激な手段により問題解決を試みたことになるが、保護領化以前からロマに関する規制が強化され、収容所も存在したことには注意する必要がある。結局、チェコから絶滅収容所に送られた四八七〇人の「ジプシー」のうち、帰還できたのは五八三人にすぎなかった。

現在、チェコのロマをめぐる歴史研究上、最も多くの著作が出ているのがこの時代に関してであり、主としてオーラル・ヒストリーによる収容所体験記が多く出版されている。収容や移送の過程や、周囲のチェコ人の反応などもわかるようになってきた。ロマは、かつて文字記録を持たなかったので、ロマに関する記録は、一般に非ロマによる偏見や誤解に充ちたものであることが多い。チェコのロマについても同様であったが、近年になって、チェコのロマ自身がみずからの歴史を語り、書く機会が増えた。先駆者バルトロムニェイ・ダニエル、現ロマ文化博物館館長ヤナ・ホルヴァートヴァーなど、ロマの歴史家も生まれている。一九八〇年代から始まったホロコーストに関するオーラル・ヒストリーの収集は、非ロマの歴史家により始められ、体制転換後の一九九〇年代以後も続けられると同時に、出版されるようになったのである。ロマ自身による文字記録が稀な中で、オーラル・ヒストリーの意義は大きく、ホロコーストに関する記録のみならず、それ以前のロマの状況について知るためにも有益な資料であることは前述の通りである。レティの収容所は、その後養豚場となり、そこに記念館を建設する計画は、マジョリティの無理解に直面し、いまだ実現できずにいる。

8　社会主義期の「ジプシー問題」解決の試み——定住・同化政策

一九四五年、第二次世界大戦後に再建されるチェコスロヴァキア国家の方針を決定したコシツェ綱領で「ジプシー」の同権が認められた。これは、戦間期にロマが民族として認められていなかったことに比べると、画期的なことであるといえる。

大戦中のナチスのロマに対する迫害に関して、一九四七年、ブルノの特別人民裁判所でホドニーンとアウシュヴィッツ゠ビルケナウ収容所の看守ディディの裁判が行われた。政府は戦後のロマ政策を模索していたが、この年、社会問題省は、定職に就いていない「ジプシー」を労働コロニーに集住させるための政令をも検討した。保護領化以前のロマに対する規制強化の流れを汲んでいたといえる。内務省令により、「ジプシー」の集計が行われ、チェコには一万六七六二人の「ジプシー」がいるとされた。

共産党政権成立後の一九五〇年、「放浪するジプシーに関する法」が廃止され、内務省は、同化により「ジプシー問題」解決を図ることを検討した。共産党は、かつて自分たちが成立に反対した法を廃止し、みずからの政策による問題解決に乗り出したことになる。戦間期の「放浪」管理政策に対して、同化・定住化政策をとることになるが、ハプスブルク期の政策に戻ったともいえる。

共産党政府による、ロマに対する政策転換は簡単には行われず、一九五三年には、チェコスロヴァキア作家同盟が、同化による「ジプシー問題」解決に反対した。この年、チェコスロヴァキア科学アカデミー東洋研究所が「ジプシー語＝ロマ語委員会」を形成し、以後、ロマ語に関する研究が進むことになる。これ以前にはロマ語・ロマ文化に関する研究はほとんど行われていなかった。

一九五八年、チェコスロヴァキア共産党中央委員会は、「ジプシー」に馬車「放浪」をやめさせ、同化させる方針を決定し、国民議会は「馬車放浪者および半馬車放浪者の定住法」を制定した。これにより、「放浪」ロマの移動の自由は失われた。

ロマの定住化は、ドイツ人が追放されたあとの国境地帯中心に一九五九年から行われた。一九六五年、政令により、(1)「ジプシー」集落の廃止、(2)「ジプシー」の児童・青少年の教育の確保、(3)労働能力のある男性の職業安定を目的にスロヴァキアからチェコへ「ジプシー」を移住させることが決定された。さらに、一九六六年、政府は「ジプシー住民問題政府委員会規則」を決定した。この年、国民委員会はチェコに五万六五一九人の「ジプシー」がいることを確認している。

一九六八年の「プラハの春」の改革時にもロマに対する政策に変更はなかったが、連邦成立後、チェコ、スロヴァキア両政府はそれぞれ民族問題評議会を設立し、「ジプシー住民問題政府委員会」が廃止され、問題解決は、連邦および各共和国の労働社会問題省が引き継ぐことになった。

この頃、注目されるのは、ロマ自身による組織化が行われたことで、一九六九年、チェコ・ジプシー＝ロマ同盟が設立され、翌年から、季刊誌『ロマ新聞《ロマノ・リル》』を発行し始めた。ロマにより書かれたロマのための最初の雑誌である。「プラハの春」の改革の影響を受けたものと思われる。

その後、一九七八年、「憲章七七」が、ロマの差別に関する資料を採択したが、「正常化」時代を通じて、政府は、特にロマ関連で大きな政策をとることはなかった。

以上のように、ロマと非ロマのあいだの諸問題は、ハプスブルク期の定住化・同化政策、戦間期の「放浪」管理政策、ナチスの収容・絶滅政策、社会主義期の定住化・同化政策により解決が図られたが、結局解決には至らなかった。しかしながら、社会主義期に定住化だけは成功した。

9　「民主化」後のロマ

一九八九年の「ビロード革命」の際、ロマも共産党政権打倒に参加し、政治的に活性化した。「ロマ市民イニシアティヴ」の準備委員会が開かれ、プラハのレトナー広場での集会でロマの代表も「市民フォーラム」とヴァーツラフ・ハヴェル支持を表明した。翌一九九〇年には、ロマ市民イニシアティヴが、内務省に政党登録され、六月の選挙では、市民フォーラムと「暴力に反対する公衆」と連立して選挙に参加した。その結果、連邦議会で四議席、チェコ国民議会で五議席を獲得した。

こうして、民主化が始まった頃には、ロマのマジョリティ社会への統合が進み、その社会の中でみずからの地位を築いていくようにみえた。

文化面でも、ブラチスラヴァでロマ文化の展覧会が開かれたり、ブルノでロマ文化の祭典「ロムフェスト」が始まった。多くのロマの政治団体や文化団体も創設された。一九九一年にブルノに「ロマ博物館設立協会」が発足し、「ロマ文化博物館」を運営するようになった。

もちろん、政府側やチェコ人側もロマのマジョリティ社会への統合を試み、連邦労働社会問題省が、ロマの家族のための月刊誌『礼儀《ラチヨ・ラフ》』を一九九〇年から発行し始めた。プラハのカレル大学にも五年制ロマ学コースが設立され、一九九二年には、北ボヘミアのウースチー・ナド・ラベムのJ・E・プルキニェ大学にもロマ文化学科が創設され、チェコの大学でもロマについて専門的に研究できるようになった。

しかしながら、すでに一九九〇年から、極右勢力スキンヘッズのロマ攻撃が始まっていた。スキンヘッズはロマに対する襲撃を煽る集会をプラハで開き、その影響を受けて、実際の襲撃が各地で行われた。一九九一年になると、ついに襲撃による死者が出始めた。

一九九二年末、チェコ、スロヴァキア分離独立を前にして成立したチェコ国籍法は、チェコで生まれた数千のロマを外国人（スロヴァキア人）とみなしたため、人権上問題があるとされた。

一九九三年、チェコ政府は、ロマに対する不寛容を問題視し、問題解決の必要性を表明した。しかし、ウースチー・ナド・ラベム市役所は、住所のないロマを追放した。これは、住む所のないロマを発生させるということで、人権上大きな問題のある方策であった。行政レベルでも、ロマに対する人権侵害や差別が現実のものであったことになる。

一九九五年、レティの収容所跡で記念碑除幕式がとり行われた。ロマ市民イニシアティヴは、この年、反人種差別主義のデモを組織し、ようやく、ロマの側からも、チェコ分離独立後も続いていた襲撃事件や社会の差別に対して、組織的な抗議の声があがった。

一九九六年には、極右の共和党党首ミロスラフ・スラーデクが、国会で反ロマ的な演説をしたため、それに対する抗議として、共和党以外のほとんどすべての議員が議場を退場するという事件が起きた。

一九九七年、プラハ四区の区長兼上院議員ズデニェク・クラウズネルがロマの追放による問題解決を提案した。彼に対して、ロマや人権団体、政府、マスコミから、人種差別主義者であるという批判や抗議があがったが、彼自身は、自分の見解を翻さなかった。

この年の夏には、民放テレビ局ノヴァのカナダで安楽に生活するロマを扱ったテレビ番組をきっかけとして、カナダへ亡命を図るロマが急増した。これに関連して北モラヴィアのオストラヴァのマリアーンスケー・ホリ区では、区議会特別会で、区長みずからがアパート居住権と引き換えにカナダへの航空券の三分の二の額の公費負担を提案した。

カナダがチェコ国民に対して、査証義務を復活させたことにより、ロマの希望する移住先はイギリスに移ったが、ここでもロマは難民として受け入れられなかった。すでにチェコは民主化されていて、ロマは政治難民ではなく経済難民であるというのが、拒否の理由であった。

こうした中で、一九九九年秋に、ウースチー・ナド・ラベムにロマ系住民とチェコ系住民を隔てる「壁」が建設されるというニュースが、世界に広がった。双方に言い分はあるものの、マジョリティ社会の非寛容さが歴然と現れた事件であったといえよう。結局、いったん建設された壁は撤去されたが、世界的に植えつけられたチェコの人種差別的イメージをぬぐうのは難しかった。

10 おわりに——共生への道

「民主化」後のチェコスロヴァキアおよび独立後のチェコ政府は、ロマに対して共生政策をとっているといえよう。肯定的な意味で、ロマを社会的に統合しようとしている。それは、ロマに対してみずからの文化を捨てて、マジョリティ社会に無理矢理同化させようとするものではない。

そこで重要なのは、ロマ、非ロマ双方の教育である。ロマの失業率の高さ、犯罪率の高さがしばしば指摘されている。少し古い数字になるが、ロマの失業率は、一九九八年三月三一日時点で一八・九パーセント、チェコ全体の失業率は五・五パーセントであった。また、犯罪率も、非ロマの三—四倍といわれる。失業率の高さは、ロマの学歴の低さによるもので、彼らの多くが義務教育修了資格さえ持っていないため、単純労働にしかつけず、解雇対象にもなりやすいからである。犯罪率の高さは、失業率の高さによる貧困と関係しているであろうし、ロマの犯罪が、警察の先入観により非ロマの犯罪より立件されやすいことも理由になるであろう。

ロマの成人に対する教育・職業訓練や、ロマの子供に対する就学前教育が実施され、一定の成果があげられている。ロマの学歴改善とロマ社会の指導者作りを目指して、一九九八年、中部ボヘミアのコリーンで、ロマ社会（福祉）中等学校が創立された。この学校は、有限会社組織の私立学校で、現在就学率五パーセントにすぎないロマの中等教育普及を目指している。基礎学校九年修了生を受け入れる四年制の学校で、卒業すると大学入学資格も得られる。社会福祉分野、ロマ社会での専門的働き手を養成しようとしている。一学年の定員は通学生五〇名、通信課程生五〇名である。現在は、半数近くが非ロマの生徒である。

非ロマに対する教育・啓蒙活動は遅れていたが、二〇〇四年、インターネット上で啓蒙プログラムが始まった。「ロマに関する教育シリーズ」と題し、非営利法人ロメアが運営している。この団体は、さらにロマ系月刊誌『ロマの魂《ロマノ・ヴオヂ》』を印刷版とインターネット版という二種類の形態で発行している。最近、最も活動が目立つロマ系団体の一つである。

共生のための活動としては、プラハの市民団体R＝モスティによるロマ・ショップ（ジプシー・ショップ）「ロメン」の運営もあったが、現在は財政難から閉店している。

非ロマがロマに関連する事物に触れ、ロマがみずからの文化に触れる機会としては、前述のロマ文化博物館の役割も重要である。この博物館は、設立以来本拠を求めて転々とした後、現在地に建物を確保した。ロマに関するすべての分野で収集・研究・教育・展示活動を行っているが、資金難により、常設展示の開場には困難をきわめた。現在も苦境は続いている。しかし、以前から特別展やロマの子供たちの美術教育、非ロマに対するロマ語講座も実施されていた。博物館の運営者や働き手も、初期の非ロマから次第にロマが中心になってきた。

さらに注目したいのは、チェコの女性ヴォーカル・トリオのトリニである。一九九九年に結成されたこのグループのレパートリーは、ロマ民謡を三声に編曲したものに始まり、最近は、ロマ民謡に限らず、ボヘミアやモラヴィアの民謡なども歌っている。三人のうち、ロマ系であるのは、リーダーのイヴェタ・コヴァーチョヴァーのみで、残りの二名、ヤナ・ティシェロヴァーとダグマル・ポトコニツカーはチェコ系である。

コヴァーチョヴァーは、チェコ・テレビのアナウンサーとしても活躍しており、一般への露出度が高く、彼女の存在は、現在のチェコのロマ社会や、ロマに関心を持つ人々の中で大きなものとなっている。チェコのロマ情報サイトにおける「オンラインで話したい相手」アンケートで一位を占めている。トリニのようなグループの存在は、将来の多文化共生社会のあり方を象徴しているように思われる。

チェコにおけるロマと非ロマの歴史は、非ロマ側がロマの存在を問題視し、自分たちに都合のよいように、ロマを変えようとする歴史であった。その中で、「ジプシー」というレッテル貼りも行われた。ロマは、迫害と苦難の歴史の中でも、独自の言語・文化を守り続け、それは、非ロマとの摩擦の原因にもなった。しかし、二〇世紀後半にいたるまで、ロマがあえてみずからのエスニシティを主張することはなかった。

世界全体が多文化化する中で、チェコでロマと非ロマが文化的に共生するためには、相互理解が重要である。社会主義政権崩壊後、約一〇年間の混乱の時期を経て、両者の共生の展望がようやく開けてきたように思われる。

注

（1）　モラヴィアは、ボヘミアと並んで、チェコの歴史的領邦を形成していた。モラヴィアのアイデンティティは、民族的というより地域的アイデンティティと考えられるが、一九九〇年以降の民主化の流れの中で、一部で民族的アイデンティティとして意識された。チェコ統計局のホームページにある一九九一年の国勢調査の結果では、チェコ人が八一・二パーセント、モラヴィア人が一三・二パーセントとなっており、当時のモラヴィア民族意識の高揚がうかがえる。チェコ語では、チェコ人とボヘミア人が同じ言葉で表されるが、ボヘミア人に対するモラヴィア人という意識がこの回答結果に反映している。

（2）　チェコ語能力の問題から多くのロマが通わされた特殊学校を卒業しても義務教育終了資格が得られないことが、この原因の一つである。

参考文献

Antalová, Ingrid, *Chaos totalos. Správa z geta*（カオス・トタロス――ゲットー便り）, Praha, 2002.

Balvín, Jaroslav et al., *Romové a alternativní pedagogika*（ロマとオルターナティヴ教育学）, Ústí nad Labem, 2000.

idem. et al., *Romové a dětské domovy*（ロマと児童保護施設）, Ústí nad Labem, 1997.

idem. et al., *Romové a etika multikulturní výchovy*（ロマと多文化教育の倫理）, Ústí nad Labem, 1999.

idem. et al., *Romové a historie*（ロマと歴史）, Ústí nad Labem, 1996.

idem. et al., *Romové a jejich učitelé*（ロマと教師）, Ústí nad Labem, 1999.

idem. et al., *Romové a majorita (K výchově zdravých vztahů mezi lidmi)*（ロマとマジョリティ――人間間の健全な関係を作る教育にむけて）, Ústí nad Labem, 1997.

idem. et al., *Romové a obec*（ロマと自治体）, Ústí nad Labem, 2001.

idem. et al., *Romové a obecná škola (přípravné ročníky a projekt „začít spolu“)*（ロマと小学校――準備学年と「共に始める」プロジェクト）, Ústí nad Labem, 1996.

idem. et al., *Romové a pedagogika*（ロマと教育学）, Ústí nad Labem, 2000.

idem. et al., *Romové a sociální pedagogika*（ロマと特殊教育学）, Ústí nad Labem, 2001.

idem. et al., *Romové a univerzity*（ロマと大学）, Ústí nad Labem, 2000.

idem. et al., *Romové a volný čas*（ロマと余暇）, Ústí nad Labem, 1997

idem. et al., *Romové a zvláštní školy*（ロマと特殊学校）, Ústí nad Labem, 1997.

idem. et al., *Společně (Spolu s Romy k multikulturní výchově ve školství)*（ともに――ロマとともに学校教

育における多文化教育へ), Ústí nad Labem-Brno, 1997.

Co mi doma vzprávěli. Rodinné příběhy Romů z druhé světové války vyprávěné romskými dětmi（私がうちで聞いたこと――ロマの子供達により語られた第二次世界大戦におけるロマの家族の経験）, Praha, 2001.

Daniel, Bartoloměj, *Dějiny Romů*（ロマの歴史）, Olomouc, 1994.

Davidová, Eva, *Romano drom*（ロマの道）, Olomouc, 1995^1, 2004^2.

Dědič, Miroslav, *Škola bez kázně*（訓練なしの学校）, 1985.

Fabiánová, Tera, *Ser me phoravas andre škola. Jak jsem chodila do školy*（どのように私は学校へ通ったか）, České Budějovice, 1992.

Gorniaková, Anna et al., *Vychovatel—Asistent učitele aneb romský pedagogický asistent ve české škole*（教育助手――チェコの学校における教員助手あるいはロマ教育助手）, Praha, 2001.

Hanzal, Jiří, *Cikáni na Moravě v 15. až 18. století*（一五―一八世紀モラヴィアにおけるジプシー）, Praha, 2004.

Horváthová, Jana (ed.), *Le romengro murdaripen andro dujto baro mariben. Genocida Romů v době druhé světové války*（第二次世界大戦期のロマのジェノサイド）, Praha, 2003.

idem., *Kapitoly z dějin Romů*（ロマ史より数章）, Praha, 2002.

idem., *Základní informace o dějinách a kultuře Romů*（ロマの歴史・文化に関する基本情報）, Praha, 1998.

Hübschmannová, Milena et al., *Romsko-český a česko-romský slovník*（ロマ＝チェコ、チェコ＝ロマ辞典）, Praha, 1998^2.

idem., *Šaj pes dovakeras/Můžeme se domluvit*（わかりあえる）, Olomouc, 2002.

Jakoubek, Marek, *Romové—konec* (*ne*) *jednoho mýto. Tractatus culturo*(*mo*)*logicus*（ロマ――ある寓話の終焉）, Praha, 2004.

idem. & Tomáš Hirt, *Romové: Kulturologické etudy*（ロマ――文化理論研究）, Plzeň, 2004.

Jamnická-Šmerglová, Zdeňka, *Dějiny našich Cikánů*（わが国のジプシーの歴史）, Praha, 1955.

Kladivová, Vlasta, *Konečná stanice Auschwitz-Birkenau*（終着駅アウシュヴィッツ＝ビルケナウ）, Olomouc, 1994.

Kužel, Stanislav (ed.), *Terénní výzkum integrace a segregace. Týmový monitoring situace obcí s romskými sídly v SR a studentské výzkumy v ČR*（統合と分化のフィールドワーク――スロヴァキア共和国のロマ居住自治体の状況のチーム・モニタリングおよびチェコ共和国における学生調査）, Plzeň, 2000.

Lacková, Elena, *Narodila jsem se pod šťastnou hvězdou*（私は幸運の星の下に生まれた）, Praha, 1997.

Ledererová, Michaela et al., *Dopad grantové podpory romské komunity v nadaci Open Society Fund Praha*（オープン・ソサエティ・ファンド・プラハ基金のロマ共同体支援補助金の投下）, Praha, b.d.

Mann, Arne B., *Romský dějepis*（ロマ史）, Praha, 2001.

Manuš, Erika, *Jdeme dlouhou cestou. Odkud jsme? Kdo jsme? Kam jdeme?*（私たちは長い道のりを行く。どこからきたのか?　誰なのか?　どこへ行くのか?）, Praha, 1998.

Navrátil, Pavel et al., *Romové v české společnosti*（チェコ社会におけるロマ）, Praha, 2003.

Nečas, Ctibor, *Historický kalendář. Dějiny českých Romů v datech*（歴史暦――データに見るチェコのロマの歴史）, Olomouc, 1997.

idem., *The Holocaust of Czech Roma*, Praha, 1999.
idem., *Nemůžeme zapomenout* (忘れられない), Olomouc, 1994.
idem., *Romové na Moravě a ve Slezsku* [*1740–1945*] (モラヴィアとシレジアのロマ), Brno, 2005.
idem., *Romové v České republice včera a dnes* (チェコ共和国におけるロマ、過去と現在), Olomouc, 1999[4].
idem., *Z Brna do Auschwitz-Birkenau* (ブルノからアウシュヴィッツ＝ビルケナウへ), Brno, 2000.
Neznámý holocaust (知られざるホロコースト), Praha, 2002.
Paměti romských žen Kořeny I (ロマ女性の回想——ルーツ1), Brno, 2002.
Pape, Markus, *A nikdo vám nebude věřit. Dokument o koncentračním táboře Lety u Písku* (そして誰もあなたを信じないだろう——ピーセク近郊レティ強制収容所に関するドキュメント), Praha, 1997.
Pavelčiková, Nina, *Romové v českých zemích v letech 1945–1989* (一九四五—一九八九年のチェコのロマ), Praha, 2004.
Polansky, Paul, *Trživé mlčení. Svědectví těch, kteří přežili Lety* (矯正された沈黙——レティを生き残った人々の証言), Praha, 1998.
Přemysl Pitter a multikulturní výchova romských žáků (プシェミスル・ピテルとロマ生徒の多文化教育), Ústí nad Labem, 1996.
Raichová, Irena et al., *Romové a nacionalismus?* (ロマとナショナリズム), Brno, 2001.
Roček, František, *Zeď*-(*The Wall*) *Matiční-dokument o nejslavnější uličce světa* (壁＝マチチニ＝世界で最も有名な通りに関するドキュメント), Ústí nad Labem, 1999.
The Roma and Europe. Romové a Evropa, Praha, 1998.

Romové. Tradice a současnost—O Roma. Angodez the akának（ロマ——伝統と現在），Brno, 1999.
Romové—Reflexe problému（ロマ——問題の反響），Praha, 1997.
Romové, bydlení, soužití（1945-1998）（ロマ，住居，共生），Praha, 2000.
Romové v České republice（1945-1998）（チェコ共和国におけるロマ），Praha, 1999.
Romové ve městě（都市のロマ），Praha, 2002.
Rous, Jiří, *Romové—vhled do problému*（ロマ——問題の洞察），Brno, 2003.
Rybář, Radovan, *Společenské soužití s národnostními menšinami（Romové）*（民族的マイノリティとの社会的共生——ロマ），Brno, 2000.
Řetízek.Sborník příspěvků k metodice práce v organizacích s romskými dětmi a mládeži（鎖——ロマ児童・青少年関連団体の活動方法論関係論集），Praha, 2003.
Říčan, Pavel, *S Romy žít budeme—jde o to jak?*（ロマと共に生きる——どのように？），Praha, 1998.
Smékal, Vladimír（ed.），*Podpora optimálního rozvoje osobnosti dětí z prostředé minorit. Sociální, pedagogické a psychologické aspekty utváření osobnosti romských dětí a dětí z prostředí jiných minorit*（マイノリティ児童の最適なパーソナリティ発達の支援——ロマや他のマイノリティ児童のパーソナリティ形成の社会的・教育的・心理的局面），Brno, 2003.
Šebková, Hana & Edita Žlnayová, *Romaňi čhib. Učebnice slovenské romštiny*（スロヴァキア・ロマ語教科書），Praha, 2001.
Šimiková, Ivana et al., *Hodnocení programů zaměřených na snižování rizika sociálního vyloučení romské komunity*（ロマ共同体の社会的阻害危険度の低下のためのプログラム評価），Praha, 2004.

Šmídová, Olga (ed.), *Zdi a mosty. Česko—romské vztahy* (壁と橋——チェコ＝ロマ関係), Praha, 2001.

Šotolová, Eva, *Vzdělávání Romů* (ロマの教育), Praha, 2000.

Vančurová, Marta, *Zmizelí sousedé* (消えた隣人), Praha, 2005.

Večerka, Kazimír & Markéta Štěchová, *Faktory ovlivňující kriminalitu mladistvých romů* (ロマ青少年の犯罪要因), Praha, 1990.

Zpráva o stavu romských komunit České republiky 2004 a koncepce romské integrace (二〇〇四年チェコ共和国のロマ共同体の状況報告とロマ統合の概念), Praha, 2005.

II

複数の故郷——越境する文化と記憶

「アメリカ」の誕生、またはもう一つの失われた故郷

――ボヘミアからミネソタへ

大津留厚

1　はじめに

アメリカ合衆国ミネソタ州は合衆国中西部に位置し、カナダと国境を接している。気候は冷涼だが、ミシシッピ川の源流を抱え、「一万の湖」を擁しており、小麦の生産が盛んである。ここからさらに西に行くと次第に乾燥地帯に入っていく。ヨーロッパからの移民、特に内陸ボヘミアからの移民にとってみれば、気候も風景も生業も自分たちにとって慣れ親しんできたものの果つる地域だったといえるだろう。そこに定住したボヘミア出身者たちの「記憶」は、その後のボヘミアの歴史をアメリカ社会の歴史に投影して複雑な様相を呈することになる。そのことをまず一つの手紙を紹介することで考えてみたい。

2　オワトナからの手紙、またはプラハの春

ここで紹介するのは、一八二九年にボヘミア（現在のチェコ共和国）のドロウハー・トシェボヴァーで生まれたヨーゼフ・カプランという人が、ミネソタのオワトナ（ミネソタの州都セントポールから南へ一〇〇キロメートル、地図1）から出した手紙である。

前の手紙で、私はフリーポートからミネソタへの旅について書くと約束しました。それはしんどい旅でした。しかも何の助けもありませんでした。アメリカでは待っていてもなにも手に入れることができません。旅は、われわれが慣れ親しんでいるような、整備された街道をいくようなわけにはいきません。いろいろ不便なこととか、危険なことがあったとお考えでしょう。不便さというのは、この国で旅するときには億万長者でも耐え忍ばなければなりません。何しろ鉄道がないのですから。しかし危険はありません。集団で行動するからです。私達が一緒に行動したのは、一〇家族でした。チェコ人の家族が三組で、ほかはドイツ人とフランス人です。途中半時間かかってミシシッピを渡り、ここオワトナに着きました。ここで私たちは、州の管理地の一つを選びました。管理地というのは、政府が先住民から土地を買って、タウンシップに編成したものです。一つのタウンシップは三六平方マイルで、それがセクションに分かれて、

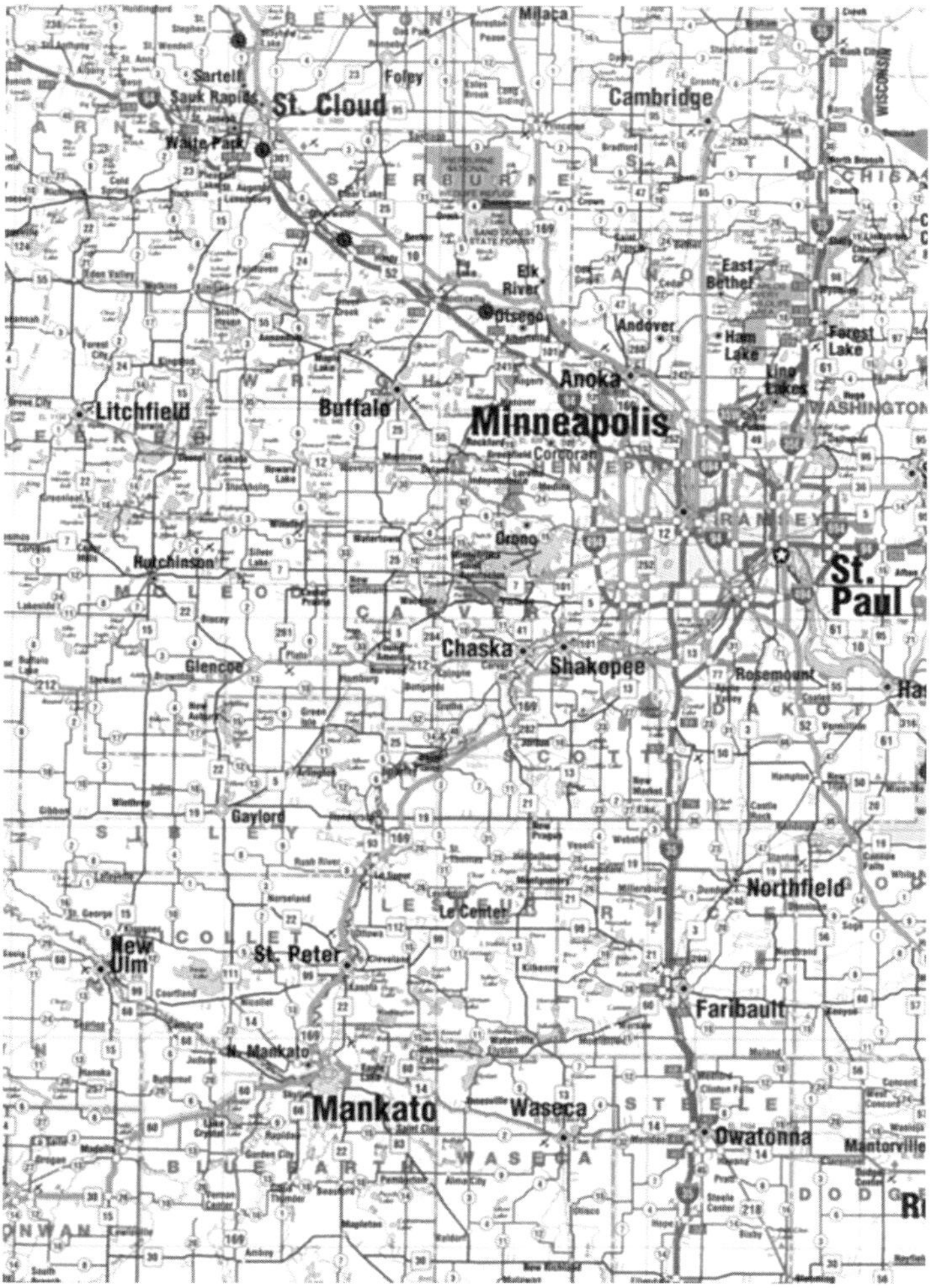
St. Cloud
Milaca
Foley
Sartell
Sauk Rapids
Waite Park
Cambridge
Elk River
Otsego
Andover
East Bethel
Ham Lake
Forest Lake
Lino Lakes
Anoka
Buffalo
Litchfield
Minneapolis
Corcoran
Orono
Hutchinson
St. Paul
Chaska
Shakopee
Glencoe
Rosemount
Gaylord
Northfield
Le Center
New Ulm
St. Peter
Faribault
N. Mankato
Mankato
Waseca
Owatonna
Mantorville
WISCONSIN
WASHINGTON

地図 1

一つのセクションがまた四等分されて（クォーター）、一クォーターが一六〇エーカー、二一歳以上の者は誰でも買えます。土地を買ったら、まず牛にやる飼料を貯めておく小屋を作ります。それから役場に行って登録をします。一エーカー当たり一・五ドルを払います。役場がそれを記録して証明書を出します。税金は五年間免除されます。(1)

ミネソタへ移民したチェコ人の新世界との遭遇が率直に語られているこの手紙が、「ボヘミアへの手紙――チェコ人植民者のオワトナからの手紙、一八五六―五八年」という論考の中で紹介された『ミネソタ・ヒストリー』誌の発行年は一九七二年であった。実はこの手紙は一九七〇年に、現在スロヴァキアの首都となっているブラティスラヴァで発行された『アメリカ合衆国に移民したチェコ人、スロヴァキア人の手紙』という本に掲載されたものの英訳であった。そしてこの本を編集したのがヨゼフ・ポリシェンスキーであった。この本が出版される三年前、一九六七年はちょうどハプスブルク帝国がアウスグライヒ（協調）とよばれる国制上の変革を行い、二重国家制を採った一八六七年の一〇〇周年に当たっていた。それを記念して、ハプスブルク帝国に関係する各地で研究会が開かれたが、そのうちチェコスロヴァキア（当時）で行われた研究会で基調報告を行ったのがポリシェンスキーで、彼は正にこの移民たちの足跡を調査研究した自分の経験に照らして、歴史記述の中心に「人間」を置くことを提唱した。それは「人間の顔をした社会主義」の実現を掲げる「プラハの春」の歴史学会におけるマニフェストであった。(2)

そしてそれはアメリカ合衆国にとっても、ベトナム反戦運動を契機に始まった既成秩序に対する疑問の一環として移民史研究にも大きな転換があった時期であった。アメリカ合衆国のイタリア系移民を研究している山田史郎は次のように述べている。「「新しい社会史」の潮流のなかで、移民史研究においても一九六〇年代後半以降に、注目すべき成果が現れた。従来の、視野をほとんどアメリカに限定していた欠点を克服するために、旧世界の背景や出移民の実態が重視されるようになる。国民的アイデンティティや同化の問題よりも、環大西洋労働力市場内の労働力移動としての側面に光が当てられ始めた。アメリカ化の問題に関しては、シカゴ学派やハンドリンが描写した苦渋に満ちた移民の適応というよりも、むしろ各集団の文化的伝統に根ざした主体的なエスニック・アイデンティティの確立が強調された(3)」。まさにその研究史的段階で「オワトナからの手紙」がアメリカ史学の中で位置づけられることになる。アメリカの歴史学とチェコの歴史学が交差した一瞬だった。そしてそれはまたミネソタに移り住んだチェコ系の人たちによってもっと目に見える形で表現されていた。

3　ニュウ・プラーグ（新プラハ）の壁画

ミネソタ州の州都セントポールから南西方向に五〇キロメートルほど行くと、ニュウ・プラーグという町がある。町のメインストリートにシューマッハーという名のホテルがあって、その中にチェコ風の料理を出すレストランがある（図1）。この町で目を引くのは、建物の壁面にこの町の歴史が表現されていることである。ホテル・シューマッハーの左隣の建物に描かれているのがポンプ車の前に立つ八人の消防団員の図である（図2）。火事があればバケツ・リレーによる消火が普通だった時代に、ニュウ・プラーグは手動のポンプ車を買った。火災が発生すると市役所の塔にある鐘がならされ、消防団員が駆けつけて四―五人でチームを組んでこのポンプ車を引っ張りだして、火災現場に近い貯水槽から水を汲んで消火にあたった。そのまま少し歩くと次に現れる壁画はニュウ・プラーグの町の医療に尽くした二人の人物の肖像で、チェコ語で「薬局」とある（図3）。その隣にある壁画は一九〇六年の写真を元に描かれたボヘミア・ブラスバンドの図である（図4）。このブラスバンドはチェコ人が好きなポルカの演奏が得意で、団員は昼間はそれぞれ製粉所や煉瓦工場で働きながら、夕方になるとダンスパーティーに招かれて演奏した。この建物から三ブロック離れたところにある壁画は、一九〇〇年に作られた初めての発電所をテーマにしている（図5）。この壁画が描かれた建物のメインストリートをはさんで向かいには、チェコの聖人の名を冠したヴァーツラフ教会が建っていて、教会前の広場はプラハの繁華街と同じヴァーツラフ広場の名で呼ばれている。今度はメインストリートをヴァーツラフ教会から左方向に向かって歩くと二ブロック離れたところに、ニュウ・プラーグの最初の植民者であるバイエルン出身のアントン・フィリップの肖像画がある（図6）。その左隣のブロックにあるのがニュウ・プラーグで一九〇〇年に初めて設立されたハイ・スクールの図である（図7）。さらにもう

図 1

図 2

図 3

図 4

図5

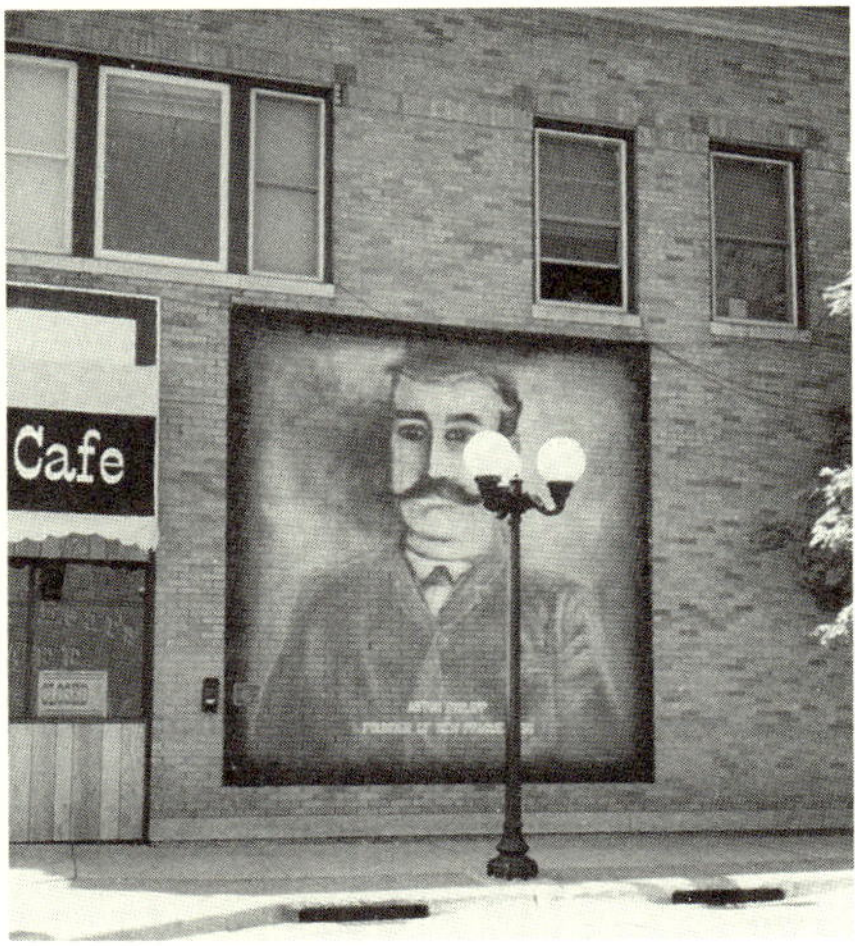

図6

Education in the ...
Early 1900's
"Education is helping the child realize his potentialities"

図7

NEW PRAGUE PHILHARMONIC ORCHESTRA
Z.C.B.J. HALL MARCH 14, 1911
ROTARY INTERNATIONAL
New Prague
SCHUMACHERS
VIDEO

図8

一ブロック行って、ちょうどシューマッハー・ホテルの向かいに位置するのがニュウ・プラーグ・フィルハーモニー・オーケストラの壁画である(4)(図8)。

4　ドヴォルジャーク「アメリカ」の誕生

このオーケストラの指揮者の位置にはヨーゼフ・コヴァジークがいる。コヴァジークはミネソタの南隣のアイオワ州出身でチェコ系移民の子だったが、一八九〇年代にプラハ音楽院に留学し、アントン・ドヴォルジャークに師事した。ドヴォルジャークがアメリカ合衆国に招かれて渡米すると、コヴァジークも案内役を兼ねて帰米した。ニューヨークで生活していたドヴォルジャークは、一八九三年の夏にアイオワ州スピルヴィルのコヴァジークの家で過ごし、そこで弦楽四重奏曲「アメリカ」を作曲することになった。

スピルヴィルもニュウ・プラーグと同じようにチェコ系移民の村で、日曜日の礼拝はチェコ語で行われた。ドヴォルジャークはスピルヴィルを訪れる少し前に交響曲第九番「新世界より」を完成させていた。それはアメリカで出会った先住民の歌や黒人霊歌にヒントを得ていたが、ドヴォルジャークはスピルヴィルで初めて実際に先住民の音楽に接することになった。ドヴォルジャークの「アメリカ」は、アメリカ合衆国でのドヴォルジャークの経験と故郷への思いが総合して作られたものだった。その事情をコヴァジークは次のように書いている。

一八九三年六月五日のある晴れた日、ドヴォルジャークの一行はこの小さなスピルヴィルの町にやって来ました。ここの自然の美しさが偉大な作曲家に気に入ったことはもちろんですが、同胞の人たちの中にあって国に帰ったような気がして寛いだ気持ちになったことも事実でしょう。しかし寛いだのは束の間で、作曲家魂がすぐに頭をもたげ、三日後の六月八日にはもう弦楽四重奏曲の第一楽章に取り掛かっていました。翌朝の早い時間には第一楽章を完成させて、すぐに第二楽章に取り掛かり、その夜にはもう第三楽章に取り掛かり、翌日には第四楽章という具合で、一〇日にはもう四重奏曲は完成していました。ドヴォルジャークは最後の楽章の末尾に「神に感謝。満足で一杯。全て迅速に」と記したが、それは彼の晴れやかな気持ちと満ち足りた思いの表現だったのでしょう。

ドヴォルジャークが自分の曲について語りたがらないのは事実です。ドヴォルジャークは自分の曲についてあれこれ言うことはあまりしたくないようです。私も蛮勇をふるってドヴォルジャークに直接そのようなことを聞いたことはないので確かなことは言えませんが、ドヴォルジャークが先住民に関心を払っていたことは確かです。ある日スピルヴィルの町に先住民の一団が薬草のハーブを売りにきたことがあります。その一団はイロコイ族の一つのキカプー族ということでしたが、彼らは夜になると音楽や踊りを披露してくれました。ドヴォルジャークは毎晩欠かさずそれを見ていました。

ドヴォルジャークが関心を示したもう一つがスピルヴィルの教会音楽です。スピルヴィルに着いたその日にドヴォルジャークは教会を訪ねましたが、それはちょうど朝のミサにみんなが集まってきている時でした。ドヴォルジャークは何の躊躇いもなしに聖歌隊の所に行って、賛美歌「汝陛下の御前の神よ（Bože Před Tvou Velebnosti）」の前奏曲を指揮し始めたのです。それはボヘミアからの移民なら誰でも知っている曲だったので、皆が唱和しはじめました。ドヴォルジャークは自分の国で教会音楽を歌っているようで、とっても気に入っていました。それ以来、毎朝教会のミサにはドヴォルジャークの姿がありました。(5)

コヴァジークは後にニュウ・プラーグでヴァイオリンとピアノを教え、ヴァーツラフ教会で聖楽隊を率いるとともにニュウ・プラーグ・フィルハーモニー・オーケストラを指揮することになった。ニュウ・プラーグの町の壁画に描かれた図を合わせて考えてみると、チェコという共通項である程度くくれる出自の人たちがアメリカ中西部のミネソタの地に切り開いた町が、ニュウ・プラーグというアメリカの町になっていくプロセスが見えてくる。様々の出自の人たちが、歴史を積み重ねながら「アメリカ人」になっていく、その総合がアメリカ合衆国だとすれば、ニュウ・プラーグの町の壁画に描かれたコヴァジークはまさに「アメリカ」の誕生を象徴している。

5　物言わぬ移民たち

ニュウ・プラーグから南西に五〇キロメートルほどのところにニュウ・ウルムという町がある。ボヘミアからこの地への移民たちを描いた『ドイツ系ボヘミア人たち』が出版されたのは一九九五年だったが、その本の副題は「物言わぬ移民たち」と付けられていた。彼らはなぜ「物言わぬ」移民たちだったのだろうか。

「物言わぬ」移民たちが初めて発言したのは、一九九一年七月、ニュウ・ウルムのダウンタウンにあるドイツ公園に自分たちの記念碑を建立して、お披露目した時だった。その記念碑が彼らの来し方と、彼らがなぜ「物言わぬ」移民たちだったのかを如実に示している。この記念碑は夫婦と子どもの三人の像と台座から成っていて、その台座にはボヘミアすなわち現在のチェコ共和国の西端、ドイツとの国境付近の地域からミネソタに移民してきた三五〇家族の名前が記されている。台座の東側面には彼らの出身地であるボヘミア西部の歴史が次のように記されている（地図2）。

この記念碑は現在〔一九九一年〕のチェコスロヴァキアのドイツ語を話す西端の地から当地に移民してきた者たちを記念するものである。〔……〕彼らがその地を発ったとき、そこはオーストリア＝ハンガリーの一王国ボヘミアと呼ばれていた。二〇世紀にはチェコスロヴァキア国家のかなり広い地域を占める周辺地域としてのズデーテン地方の一部となった。地元の人たちはそこを「ボヘミアの森」と呼んでおり、その尾根はドイツとの自然国境に接していた。

移民たちの多くは小さな村の出身で、一番多かったのはホスタウ、ムタースドルフ、ロンスペルクを中心とした地域だった。農民たちは農村共同体の一員で、家畜を飼って、いくつかに分かれた農地に毎日行って耕していた。たいていの村には教会があって、話す言葉はボヘミア訛りのドイツ語だった。新年からクリスマスまでの一年間に様々の行事があったが、その間に結婚式や葬式があってそんな時には村の人が総出で駆り出された(6)。台座の西側面にはそのボヘミアの森から移民してきた人たちのミネソタでの生活が書かれている。

ボヘミアのドイツ語地域から来た移民たちが最初にコットンウッドに入植したのは、一八五六年だった。かれらの入植地は北はセントジョージまで、西はシーゲル、スリーピーアイを越えて広がった。入植者が増えるにつれて農業に携わることができない人びとも出てきて、ニュウ・ウルムの町の南西の地区に住むようになった。そこはドイツ語でGänseviertel（鵞鳥町＝グースタウン）と呼ばれて親しまれた。若い世代の人たちは製粉所や醸造所で働いたり、大工、

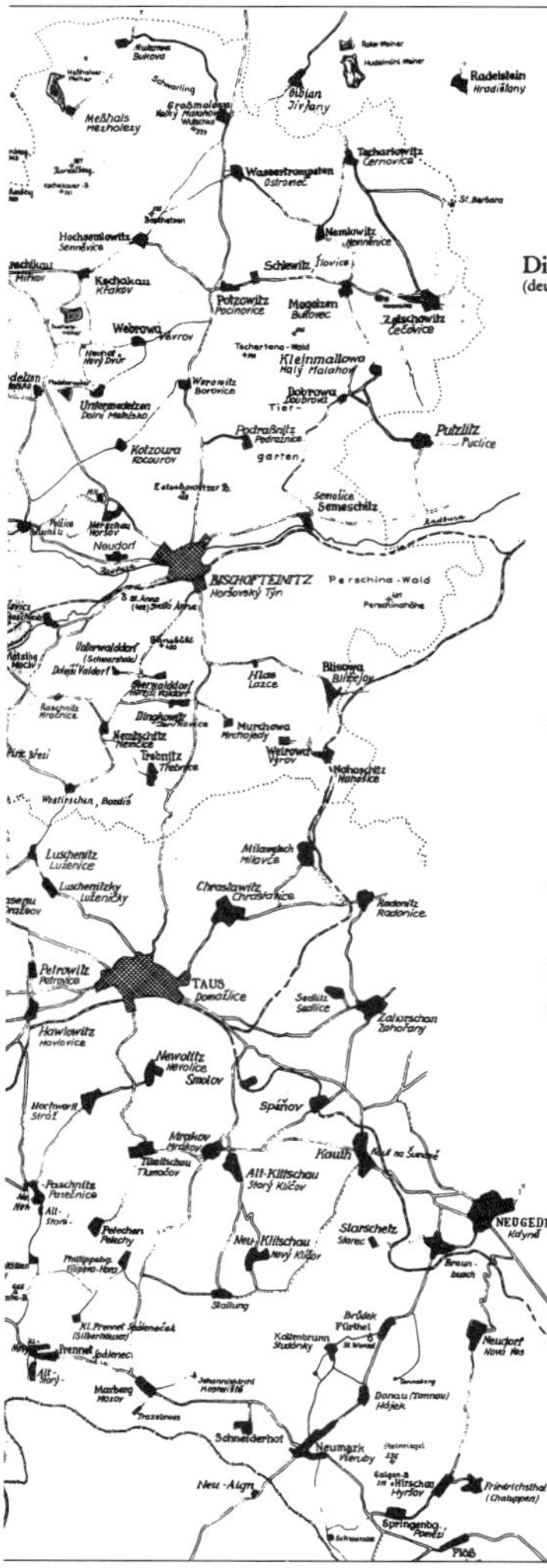

Die Orte des Kreises Bischofteinitz und Umgebung
(deutsch–tschechisch)

A	Althütten	Stará Huť
	Amplatz	Oplotec
	Anger	. . .
B	St. Barbara	. . .
	Berg	Hora sv. Václava
	Bischofteinitz	Horšovský Týn
	Blisowa	Blížejov
D	Dehenten	Dehetná
	Dingkowitz	Jenikavice
	Dobraken	Doubravka
	Dobrowa	Doubrova
E	Eisendorf	Žlenzná
F	Franzelhütte	Frančina Huť
	Frohnau	Vránov
G	Garassen	Skařez
	Gibian	Jivjani
	Glaserau	Skláře
	Grafenried	. . .
	Gramatin (Alt-)	Starý Kramolín
	Gramatin (Neu-)	Nový Kramolín
	Großgorschin	Velký Horšín
	Großmallowa	Velký Malahov
H	Haschowa	Hašov
	Haselberg	. . .
	Heiligenkreuz	Újezd sv. Kříže
	Hirschsteinhäusel	Herštejnské Chalupy
	Hlas	Lazce
	Hochsemlowitz	Semněvice
	Holubschen	Holubeč
	Horouschen	Horoušany
	Horschau	Horšov
	Hoslau	Hvoždany
	Hostau	Hostouň
K	Kleinmallowa	Maý Malahov
	Kleinsemlowitz	Zámělič
	Kotzoura	Kocourov
	Kschakau	Křakov
	Kscheberscham	Chřebřany
L	Liebeswar	Libošvary
	Linz	Mlýnec
M	Maschowitz	Mašovice
	Medelzen	Metelsko
	Meeden	Medná
	Melmitz	Mělnice
	Meßhals	Mezholezy
	Metzling	Meclov
	Mirkowitz	Mirkovice
	Mirschikau	Mířkov
	Mogolzen	Bukovec
	Mukowa	Bukova
	Murchowa	Mrchojedy
	Muttersdorf	Mutěnín
	Münchsdorf	Mnichov
N	Nahoschitz	Nahošice
	Natschetin	Načetín
	Neid	Závist
	Nemlowitz	Nemněnice
	Nemtschitz	Nemčice
	Neubäu	Novosedly
	Neudorf	Nová Ves
	Nimvorgut	Nuzarov
O	Oberhütten	Homí Huť
P	Paadorf	. . .
	Pabelsdorf	Pavlikov
	Parisau	Pařesov
	Pematitz	Pematice
	Pirk	Březí
	Plöß	Pleš
	Podraßnitz	Podražnice
	Pollschitz	Polžice
	Potzowitz	Pocinovice
	Pössigkau	Postřekov
	Pscheß	Přes
R	Radelstein	Hradištany
	Raschnitz	Mračnice
	Rindl	Korytany
	Rosperg	Poběžovice
	Ruhstein	Ruštejn
S	Sadl	Sedlec
	Schiefernau	Šibanov
	Schilligkau	Šidlákov
	Schlattin	Slatina
	Schlewitz	Šlovice
	Schmolau	Smolov
	Schüttarschen	Štítary
	Schüttwa	Šitboř
	Schwanenbrückl	Mostek
	Schwarzach	Švarcava
	Semeschitz	Semošice
	Sichrowa	Sychrov
	Sirb	Srby
	Stockau	Pivoň
T	Tannawa	Ždánov
	Taschlowitz	Tašnovice
	Trebnitz	Trěbnice
	Tscharlowitz	Čemovice
	Tschemahora	Čemá Hora
	Tutz	Dubeč
U	Unterhütten	Dolní Huť
W	Wabitz	Babice
	Waier	Rybník
	Walddorf (Ober-)	Valdorf (Horn.)
	Walddorf (Unter-)	Valdorf (Doln.)
	Waldersgrün	Valtířov
	Wasserau	Bezvěrov
	Wassertrompeten	Ostromeč
	Webrowa	Věvrov
	Weirowa	Výrov
	Weißensulz	Bělá n. R.
	Wenzelsdorf	Václav
	Wiedlitz	Vidlice
	Wilkenau	Vlkanov
	Wistersitz	Bystřice
	Wittana	Vítání
	Wonischen	Ohništovice
	Worowitz	Borovice
	Wostirschen	Bozdíš
	Wottawa	Otov
Z	Zeisermühl	Sezernín
	Zemschen-Pössigkau	Třemešné-Bezděkov
	Zetschin	Čečín
	Zetschowitz	Čečovice
	Zwingau	Svinná
	Zwirschen	Svržno

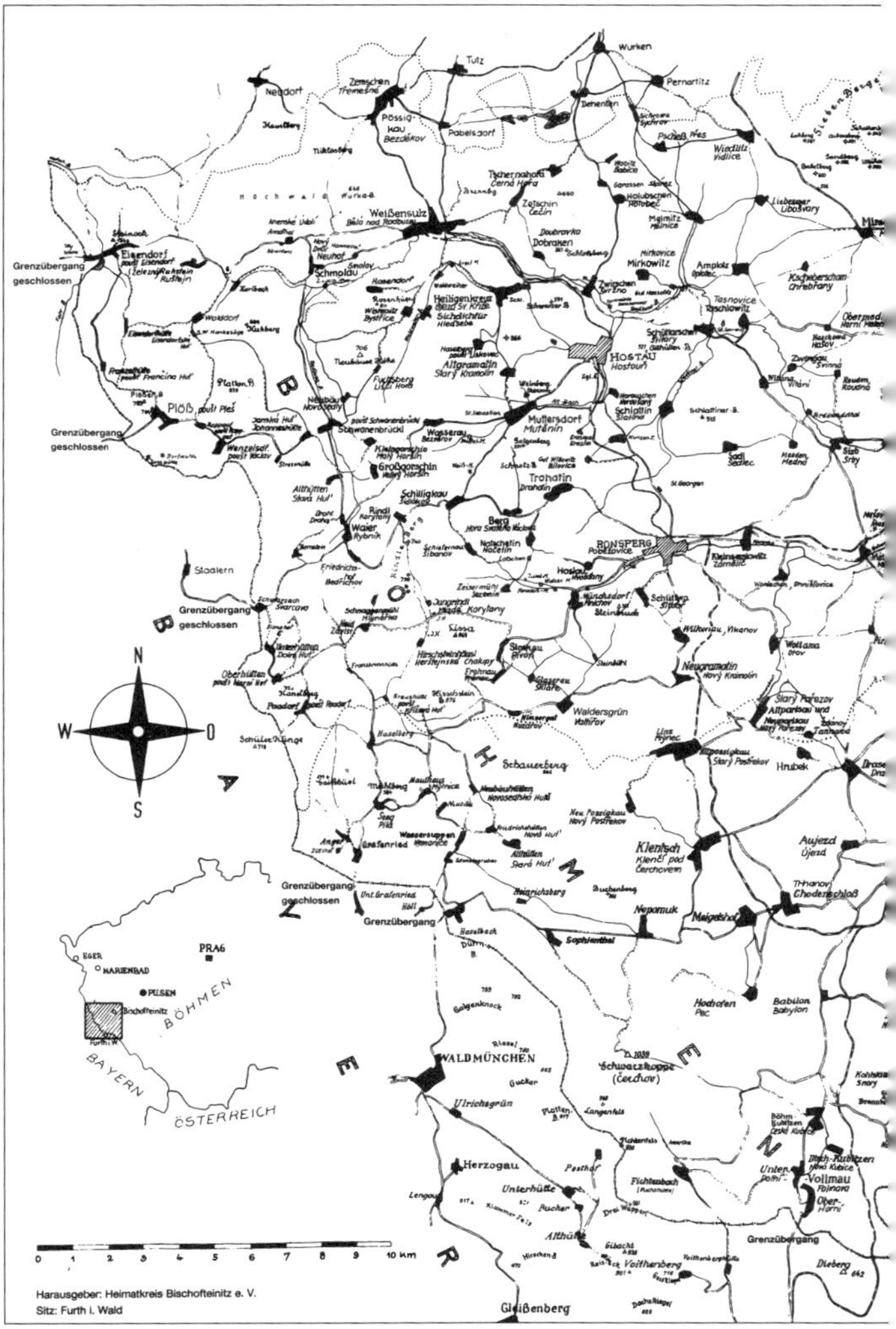
Wurken
Tutz
Pernartitz
Neudorf
Zemschen
Pössigkau
Bezděkov
Pabelsdorf
Weißensulz
Eisendorf
Grenzübergang geschlossen
Schmolau
Neuhof
Heiligenkreuz
Altgramatin
HOSTAU
Hostouň
Mirkowitz
Zwirschen
Plöß
Platten
Schwanenbrückl
Wenzelsdf.
Muttersdorf
Mutěnín
Schlattin
Großgorschin
Trohatin
Schilligkau
Waier
Rindl
Berg
BONSPERG
Staatern
Schwarzach
Oberhütten
Paadorf
Schüler-Klinge
Jungrindl
Waldersgrün
Schauerberg
Grafenried
Wassersuppen
Klentsch
Neuern
Neugramatin
Heinrichsberg
Nepomuk
Grenzübergang
Sophienthal
Hochofen
Babilon
WALDMÜNCHEN
Schwarzkoppe
(Čerchov)
Ulrichsgrün
Herzogau
Unterhütte
Fichtenbach
Vollmau
Dieberg
Voithenberg
Gleißenberg
B
Ö
H
M
E
N
B
A
Y
E
R
N
S
O
W
0 1 2 3 4 5 6 7 8 9 10 km
EGER
MARIENBAD
PRAG
PILSEN
Bischofteinitz
BÖHMEN
BAYERN
ÖSTERREICH
Harausgeber: Heimatkreis Bischofteinitz e. V.
Sitz: Furth i. Wald

地図 2

石工、煙草工になったりした。後には医者、画家、音楽家、肉屋、鍛冶屋などになる者も出てきた。女性たちはレース編みや羽毛布団作りで稼いだ。ボヘミアの伝統が最もよく表れているのが南ミネソタで盛んな古き良き時代のバンド演奏である。(7)

ボヘミアの森からミネソタへの移民を一人の人物を通して、具体的に見てみよう。ゲオルゲ・レヴィツァーはドイツ・バイエルンと境を接するノイボイを出て、ブレーメン港を経て一八六九年にニューヨークに到着した。当時一七歳だったゲオルゲはニュウ・ウルムにやって来て、ミハエル・グルーバーの農場で働いた。一八七二年にフランチェスカ・グロースマンと結婚した。フランチェスカはムタースドルフの出身で、この町の中心で製粉業を営んでいた父につれられて一八六八年にニュウ・ウルムにやって来た。ゲオルゲはコットンウッドというニュウ・ウルム近郊の農場を手に入れたあと、一八八六年にはシーゲルで三二〇エーカーの農場を経営するまでになった。しかし一九〇二年に心臓発作に襲われ、それ以降は農場は娘婿のヨーゼフ・ヘルゲートに譲った。ヘルゲートの家族も同じボヘミアの森、ロンスペルク近郊の出身で、まずヨーゼフの兄弟ヴェンツェルが一八七〇年にニュウ・ウルムに来て農場労働者として働きはじめた。ヴェンツェルは同じボヘミアの森出身のバーバラ・キーフナーと結婚してニュウ・ウルムのグースタウンに住んだ。ヴェンツェルとバーバラの間には三人の子どもが生まれたが、成人したのはヨーゼフ一人だった。そのヨーゼフがゲオルゲ・レヴィツァーの娘マティルダと結婚していた。ゲオルゲは一九一三年には故郷のノイボイに名前の由来となった聖人ザンクト・ゲオルゲの名を冠した教会を建てることに貢献した[8]。

彼らドイツ系のボヘミア出身の移民たちが、「物言わぬ」移民であった一つの原因は彼らが統計上表に出にくい存在だったことにある。オーストリア（一八六七年以降はオーストリア＝ハンガリー）のボヘミア地方の出身で、ドイツ語を話す彼らはアメリカ合衆国への入国時に、「ドイツ人」とも「チェコ人」とも分類されなかった。ミネソタ州ブラウン郡のアメリカ国籍取得記録によれば、彼らの多くは自分たちの出身地を「オーストリア」と考えていたことが伺える[9]。しかし第一次世界大戦が終わって、オーストリア＝ハンガリー帝国は解体され、彼らの出身地はチェコスロヴァキア国家の一部を形成するようになった。彼らと故郷の絆はそれで切れるわけではなかったが、「チェコスロヴァキア」出身という意識は持ちえなかった。

6　もう一つの失われた故郷

ミネソタに移民したボヘミアのドイツ系の人びとの故郷にはさらに厳しい運命が待っていた。一九三八年のミュンヘン会議でこの地域はドイツに併合された。住民はドイツ軍を歓迎した。一九四五年、今度はドイツが敗戦するとドイツ系住民はドイツへの協力者として追放されることになった。

一九四六年四月九日、ボヘミアの森のゼメシッツでは、立ち退きを強制されたドイツ系住民たちは、朝六時に自宅前で待機していなくてはならなかった。立ち去る家は掃除をして、鍵はつけたままにしておかなければならなかった。持っていくことが許された荷物は一人当たり五〇キログラムまでで、たいてい長持ちや木箱に入れたり、マットにくるんだりして荷馬車に積み込まれた。彼らは一団になって、ビショフタイニッツの城に向かった。その中庭でそれぞれの荷物の横に立たされた。中に何か隠していないか調べるために、荷物を開けさせられたり、マットは長い棒で突かれたりした。宝石など貴重品を保持している人は身体検査をされた。身分証明書の類は提示しなければならず、「チェコスロヴァキア共和国より何月何日に退去」と記入して返された。預金通帳は事前に取り上げられていたが、まだ持っている人はその場で取り上げられた。そこから一五キロメートル離れたホライシェン駅までトラックや馬車で運ばれた。その時ゼメシッツ出身の人びとはもう一度故郷の野原、森、家・屋敷を目にした。故郷から追放されて、何世代にもわたって営々と築き上げられてきたものが失われていく、それが現実に起こっていることが彼らには信じがたかった。彼らはホライシェンの駅から貨車に詰め込まれて、ドイツ各地に移送された。(10)

一九九一年にニュウ・ウルムに作られた記念碑の家族像を作ったレーオポルト・ハフナー自身、一九四五年にボヘミアの森のノイエルンから逃れた被追放者の一人だった。記念碑の台座には「レーオポルト・ハフナーの手になるこの作品は、ニュウ・ウルムの住民と故郷の伝統を結ぶ絆を示している」と記されている。さらに一九四八年にチェコスロヴァキアで共産党政権が成立すると、ゲオルゲ・レヴィツァーも寄付者に名を連ねたノイボイの教会は破壊され、ノイボイの町自体、ドイツとの緩衝地域として無人化された。(11) 故郷を失ったボヘミア出身のドイツ系移民たちは沈黙を深くすることになる。

7　おわりに

同じボヘミア出身でアメリカに渡り、ミネソタに落ち着いた移民たちだったが、ニュウ・プラーグのチェコ系移民たちは、アメリカ社会に溶け込んでいった自分たちの歴史を町の建物の壁に表現していった。「古い世界＝故郷」と「新世界＝アメリカ」との幸せな結合だった。それは同じボヘミア出身の作曲家ドヴォルジャークが弦楽四重奏曲「アメリカ」を作曲した軌跡と一致した。しかし他方で同じボヘミア出身でもドイツ系の移民たちは二〇世紀の経過とともに故郷を喪失していき、沈黙を深くしていった。彼らが沈黙を脱して語り始めるのは一九九〇年代に入ってからであり、それは東欧の共産党体制が崩壊し、あらたな枠組みの中で第二次世界大戦後の東欧からのドイツ系住民の追放が語られることが可能になったことと関連しているだろう。アメリカを鏡にして映したときに、ボヘミアの歴史に新たな光が投影される。

注

(1) Esther Jerabek (tr. & ed.), "Letters to Bohemia: A Chech Settler Writes from Owatonna, 1856-1858," *Minnesota History* (Winter 1972).

(2) L. Holotik (Hrsg.), *Der östereichisch-ungarische Ausgleich 1867, Materialien der internationalen Konferenz in Bratislava 28. 8-1. 9. 1967*, Preßburg, 1971.

(3) 山田史郎「ホワイト・エスニックへの道――ヨーロッパ移民のアメリカ化」、山田史郎ほか『移民』ミネルヴァ書房、一九九八年、二四四―二四五頁。

(4) *New Prague, Minnesota: Walking Tour and Recreation* (New Prague Chamber of Commerce; New Prague, MN).

(5) Alec Robertson, *Dvořák* (London: J. M. Dent & Sons Ltd., revised ed. 1964), 68-69.

(6) La Vern J. Rippley & Robert J. Paulson, *German-Bohenians: The Quiet Immigrants* (Northfield, Minnesota: St. Olaf College Press, 1995), xiii-xiv.

(7) *German-Bohemians*, xiv.

(8) *German-Bohemians*, 60-64.

(9) *German-Bohemians*, 36-47.

(10) *Heimat in Böhmen: Semeschitz-Kreis Bischofteinitz* (Regensburg:Erhardi Druck, 1988), 307-311.

(11) *German-Bohemians*, 65.

多言語的な東欧と「ドイツ人」の文学

西　成彦

「オオカミは森へ帰りたがるもんだよ」（I・Y・ジンゲル）

1　東欧人の故郷喪失／Joseph Roth (1894–1939)

第一次大戦の敗北で独墺軍の武装が解かれた後、東欧は一時的な無政府状態に陥った。なかでも複雑に錯綜した三つ巴・四つ巴の内戦を経験したのがウクライナだった。北からは皇帝《ツァーリ》護持派の白軍、革命派《ボリシェヴィキ》の赤軍がそれぞれに南下。他方、ウクライナ独立派もまたこれを千載一遇のチャンスとみなし、全土制圧に向けて作戦を展開。さらに、ピウスツキ将軍が率いるポーランド軍が「平定」の名の下に侵攻。そうしたなかを、旧独墺軍兵士は、三々五々、帰還をはかったが、彼らはまっしぐらに郷里をめざしたわけではなかった。

ヨーゼフ・ロートの『果てしなき逃走』（一九二七年）は、何年ものあいだ、シベリアからウクライナにかけて、動乱の中をさまよいつづけた旧オーストリア軍兵士を主人公とする帰郷忌避者の物語である。作家みずからは奥深い前線を経験したわけではなかったが、第一次大戦後、ジャーナリストとして、作家として、時の人となったロートは、旧ハプスブルク帝国領ガリツィアの多言語的な環境のなかで生まれ育った経験を活かし、両大戦間期東欧の秩序再編の背後にひそむアナーキーな世界を描かせては右に出るもののいない、独自の境地を切り開いたのだった。

出世作となった『サヴォイ・ホテル』(一九二四年)は、とあるポーランドの地方都市にあるホテルが舞台である。主人公は両親が「ロシア系ユダヤ人」だと自称するオーストリア人で、いちばんの腹心はクロアチア出身の同じ帰還兵(ズヴォニミール)だ。ハプスブルク帝国軍の多民族的構成から見て、これはべつだん奇怪なことではない。しかも、二人は郷里への帰還をいつまでも先延ばしにしている。帰還兵の時間は、いかにも無意味に流れていくが、ベルサイユ体制の下、東欧に反共的な国民国家体制が組みあがる歴史的な時間は、彼らの精神を容赦なく蝕んでいく。いにしえの多民族国家ハプスブルク帝国が、小さなオーストリア共和国へと「収縮」[1]した以上、彼らには帰るべき「故国」がないのだった。

ギリシア人の経営になるというホテルには、ルーマニアのユダヤ人や、ロシアから流れついた大道芸人の夫婦、パリから来た踊り子らが住みついている。さらに、ユダヤ系アメリカ人の富豪がベルリンから高級車を飛ばして到着する。墓参が目的らしい。

舞台となった都市がどこなのか、小説は名前を明かさない。繊維工業が盛んな様子からウッチと見るのが普通だが、西はベルリン、東はかつての戦場という、東西交通の要衝に位置するという地理的条件を重視するなら、カトヴィーツェやオシフィエンチム（【独】アウシュヴィッツ）をイメージすることも可能だ。周辺に炭坑を擁する高地シロンスク（【独】シュレージェン）は、当時、労使争議はもとより、ドイツ＝ポーランド間の国境確定をめぐって民族派どうしの攻防が絶えない政情不安定なゾーンだった。オシフィエンチムは、ポーランド軍の兵舎がナチスの強制収容施設へと改造されて、はじめて世界に名を轟かせたわけではない。中世にはボヘミア地方との交易で栄え、オーストリア領時代には鉄道の要衝としても知られた。でなければ、ここにあれほどまでの施設が建設されるはずもなかったのである。「サヴォイ・ホテル」と「アウシュヴィッツ」——東西一円の多様なヨーロッパ人が移り住み、多様なヨーロッパ諸語で喜怒哀楽を表現しあったという、その多言語状況だけを考えれば、この二つは恥ずかしいくらい似通っている。サヴォイ・ホテルの宿泊客が、そこを去ることができるはずなのにその自由を行使したがらないという点が、両者を決定的に分かっているだけなのである。

「治外法権《エクストラテリトリアル》」——多言語・多文化主義を国是とするハプスブルク帝国のような大国が崩壊した後のヨーロッパで、ロートのような東欧人がわずかなりとも安らぎを得られる場所はきわめて限られていた。『ある殺人者の告白』（一九三六年）や『聖なる酔っぱらいの伝説』（一九三九年）などで、東方からの移住者（亡命ロシア人も含む）が旧交を温めあうパリの居酒屋「タリバリ亭」は、まさしくこれにあたる。東欧からフランスまで、故国喪失者ロートは、小説の舞台を探しもとめたばかりでなく、みずからにふさわしい安らぎの場を求めて、ヨーロッパじゅうを放浪しつづけたのだった。その小説はくそまじめなくらい徹底してドイツ語で書かれているが、これらの治外法権的空間で、ドイツ語に出番がまわってくることは稀れだった。ロシア語やポーランド語などのスラヴ諸語、ハンガリー語、イディッシュ語に、わずかばかりのフランス語や英語、これらのヨーロッパ諸言語の隙間をたまに埋めるくらいがせいぜいだった。このような無国籍空間を、ベルリンやパリにつぎつぎに現出させたのが両大戦間期のヨーロッパだった。

東欧系棄郷者・失郷者の流入による西欧都市の急激な「東欧化」は、ロシア帝国やハプスブルク帝国の崩壊という災厄に呑みこまれた彼らにとって、せめてもの救いだった。しかし、ドイツやフランスのマジョリティ市民にとって、こうした治外法権的な空間の蔓延は、民族の純潔を汚す衛生学的な危機そのものだった。(2)『サヴォイ・ホテル』は、一九二〇年代前半の一東欧都市を扱ったものにすぎなかったが、ロートを読むドイツ人読者に、これは来るべき新しい災厄の予兆のように受け止められた可能性がある。

ナチスのポーランド侵攻まであと二カ月あまりを残すばかりとなった一九三九年六月、パリの片隅で生涯を閉じたロートは、アウシュヴィッツへの移送を免れはしたが、彼のような失郷者が東欧に里帰りを果たすとしても、そこは「ガス室」に近い何かでしかありえないだろうという予感が、ロートのなかではもう耐え難いまでに膨れあがっていたことだろう。

2　東方ドイツ人の故郷喪失／Johannes Bobrowski（1917-1966）

ドイツ語使用者の東欧移住は、中世後期まで歴史を遡ることができる。チュートン騎士団の東征、東方植民、さらにはハンザ同盟都市のバルト海制圧。ちょうど十字軍の熱狂と時代的に重なり合ったこれらの人口移動は、ドイツ諸都市における反ユダヤ主義に恐れをなしたユダヤ教徒の東方移住とも無縁ではなかった（イディッシュ語は、中世高地ドイツ語を話していた彼らの言語文化の発展形である）。

その後、東方帝国として急成長を遂げたオーストリアやプロイセンの圧力は、一八世紀、ついに「ポーランド分割」という華々しい戦果を得た。ドナウ河流域制覇を視野に収めつつも、同じく黒海へと注ぎこむドニエストル河流域への進出をも睨んだオーストリアの目論見に対して、シュチェチン、グダンスク（【独】ダンツィヒ）、カリニングラード（【独】ケーニヒスベルク）、クライペダ（【独】メーメル）、リガなどの港湾都市を拠点とし、主要河川（オドラ、ヴィスワ、プレゴリア、ネムナス、ダウガヴァ）を中上流へと遡る形で「後背地」の拡大をめざしたのがプロイセンだった（地図1）。

第二次大戦後、第三帝国の純血主義と手を切るべく、「ドイツ人」概念の脆弱性を描いた作家として、ギュンター・グラスと並び、双璧をなすヨハネス・ボブロフスキは、東プロイセンのテ

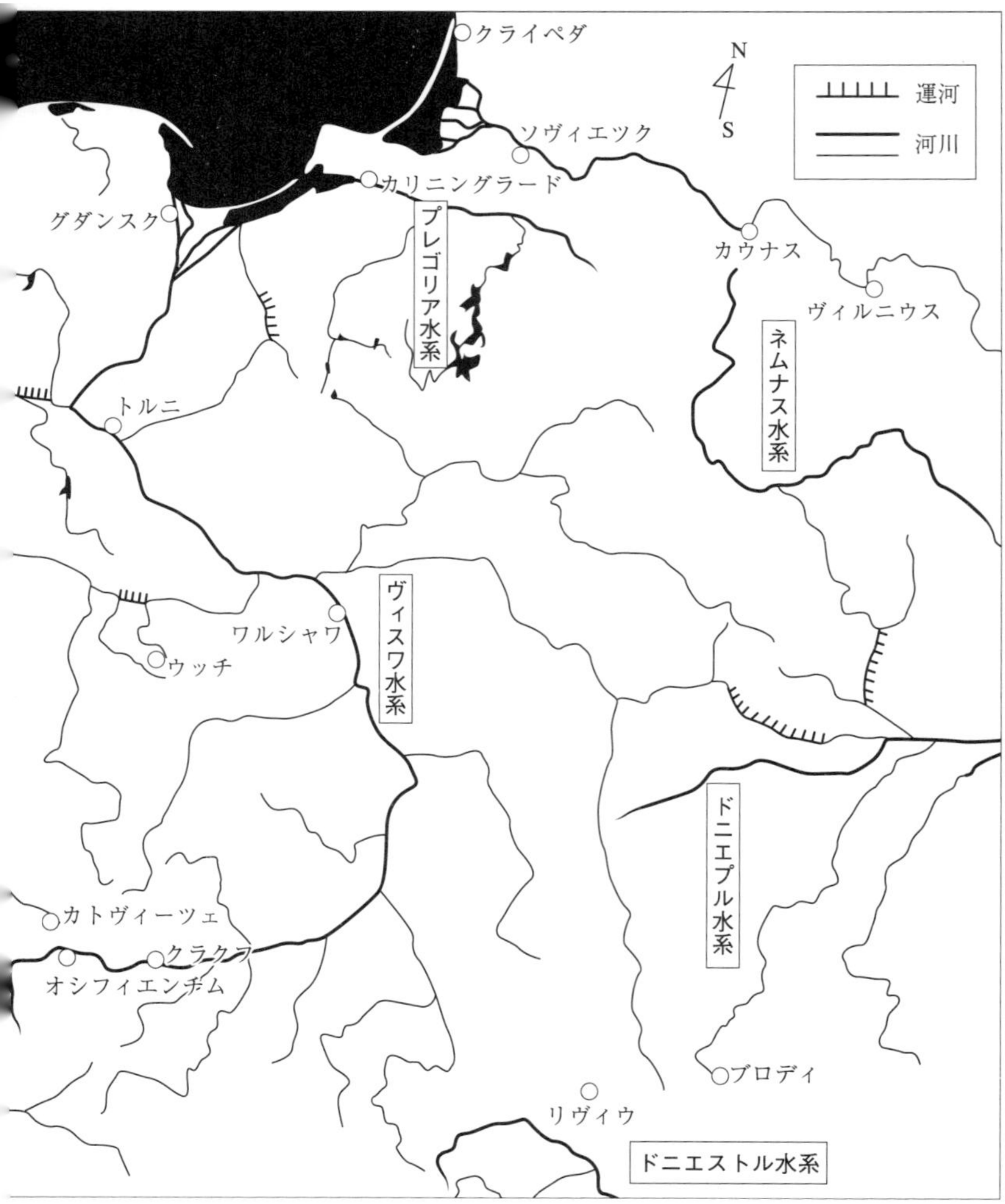
クライペダ
N
S
運河
河川
ソヴィエツク
カリニングラード
グダンスク
プレゴリア水系
カウナス
ヴィルニウス
ネムナス水系
トルニ
ワルシャワ
ウッチ
ヴィスワ水系
ドニエプル水系
カトヴィーツェ
クラクフ
オシフィエンチム
ブロディ
リヴィウ
ドニエストル水系

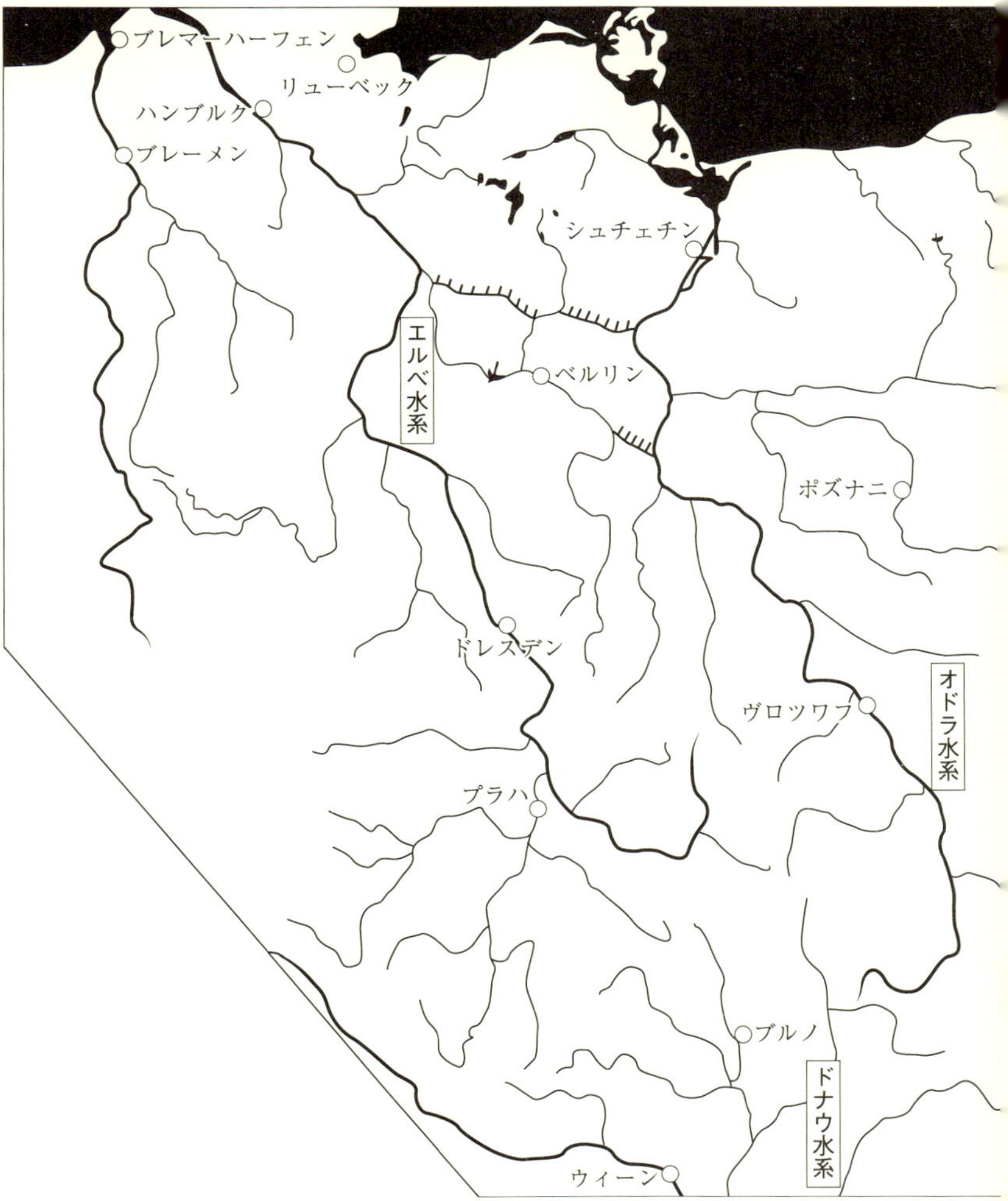
ブレマーハーフェン
リューベック
ハンブルク
ブレーメン
シュチェチン
エルベ水系
ベルリン
ポズナニ
ドレスデン
ヴロツワフ
オドラ水系
プラハ
ブルノ
ドナウ水系
ウィーン

地図 1

イルジット（現在のソヴィエツク）に生まれ、第二次大戦ではドイツ兵として東方を転戦。中央アジアでの抑留生活の後、帰還の途についたとき、東プロイセンはすでに失われ、彼は東ベルリンに移り住んだ家族の許へともどるしかなかった。

第一次大戦後のドイツは、東部戦線からの帰還兵や難民への対応に追われたが、第二次大戦後は、引揚者の受け入れという難題が東西ドイツ両国の上にさらに重たくのしかかった。ナチス政権がかつて「在外ドイツ人（Volksdeutsche）」という受け皿を提供して祖国復帰の夢を説き、その身柄確保を戦争遂行の大義名分にかかげた周辺国のドイツ人マイノリティは、ドイツの敗北にともなう国土の「収縮」とともに、こんどは強制的な「再定住」という道を歩まされることになった。第二次大戦中、「在外ドイツ人」を自称したなかには、ドイツ占領軍による「敵国民」あつかいを免れるため、日和見的に「ドイツ人」を自称したものが少なくなかったが、「再定住」の圧力と戦うことはそんな彼らにとってさえ困難であった。

戦後第一世代に属するＤＤＲ（東独）詩人として、ボブロフスキの名を一躍有名にした「プルシア悲歌」は、チュートン騎士団によるキリスト教化によって、その生活基盤を踏みにじられたばかりか、ドイツ人の東方帝国によってその名をすら簒奪された先住プルシア民族に対する追悼の意味合いを強く持つ考古学的な作品である。(3)

そして、このボブロフスキが手がけた第一小説『レヴィンの水車』（一九六一年）は、舞台を一九世紀後半の「西プロイセン」（第三次ポーランド分割でプロイセンが獲得したヴィスワ河中下流域）

に求めた。ロシア領ポーランドとの国境を画するヴィスワ水系のドルヴェンツァ(【独】ドレーヴェンツ)河は、一八六〇年に竣工したオバーラント運河を通ってバルト海に抜ける水運の新拠点として注目を浴びた。また、コペルニクスの生地として知られるトルニ(【独】トーン)は、グダンスクからポズナニ(【独】ポーゼン)を経てベルリンへと抜けるドイツの国有鉄道と、ワルシャワから西へと延びるロシアの国有鉄道とが連結する交通の要衝を占め、この地域の役割はいっそう高まった。(4) 当時の国境は、国境を越える交易や労働力の移動に関して比較的監視の目が粗く、むしろ一八六三年にロシア領・プロイセン領・オーストリア領をまたいで一斉蜂起したポーランド人愛国者の動きを牽制するための治安上の連携が、列強の間では不法越境者の警備よりもはるかに重視される時代だった。

当時の「西プロイセン」におけるドイツ人とポーランド人の共生状況を、ボブロフスキはこんなふうに描いている。

ドイツ人たちはカミンスキとかトマシェフスキだとかコサコフスキとかいう名前で、ポーランド人の方はレープレヒトだのゲルマンだのという名前がついていた。(山下肇・石丸昭二訳、河出書房新社、四頁)

多少の誇張はあるだろうが、一七世紀の宗教戦争で新教《プロテスタント》側につき、ドイツ人としての利権を得ることをよしとしたポーランド人領主が、なにごとも聖母マリアの庇護の証だと理解する時代遅れのカトリック信者を、もろもろの利権から遠ざけながら、プロイセン領内では幅をきかせはじめたということらしい——「むかしポーランド人だったドイツ人たちは、今ではもうできるだけ長くドイツ人でいたいし、ドイツ人の感情をもっている。いや、この連中はもっとそれ以上かもしれない」」(邦訳、二八頁)というのである。

しかし、かといって「西プロイセン」はポーランド分割後のたった一〇〇年間に完全にドイツ化されたのかというと、それはありえないことだった。ドイツ語作家ボブロフスキは、小説のなかでポーランド語を用いないが、小説の登場人物がいかにポーランド文化に依存していたかに関しては、要所要所で強調している。この土地で「ドイツ人」を自称することは、たしかに政治的・経済的な特権を保証しただろう。しかし、言語的に見てさえ、彼らは純然たる「ドイツ人」ではなかった。外からやってきた新着の役人衆を除けば、ドイツ系住民の大半はバイリンガルであったし、対岸のロシア領からやってくるポーランド人労働者やユダヤ人の水車経営者も、イディッシュ語を含め、かたことのドイツ語ならば話すことができた。まして、盛り場や移動サーカスの会場では、ドイツ語よりポーランド語がはるかに人の心を和ませた。そこは、「ドイツ人」という肩書にしがみつこうとするヘゲモニー志向と、ポーランド文化に対する依存的嗜好とが共存しあう、文字通り、コロニアルな空間だったのである。

ヨーゼフ・ロートの生地、オーストリア＝ロシア国境の町ブロディが、ポーランド語、ウクライナ語、イディッシュ語など、地域言語の上に、「モスクワのロシア語」や「ウィーンのドイツ語」が超社会的に君臨する多言語空間であったように、いにしえの東欧は、エリートであれ、非エリートであれ、住民たちにはあろうことならポリグロットであることが期待され、奨励されさえした多言語空間であった。こうした空間に「国語」という権威が君臨するようになり、「国語」以外の言葉に精通しない不器用な人々にとって、一言語使用者であることの不都合が最小限に食い止められるシステムが起動するのが、第一次大戦後だった。もちろん、グダンスク＝ダンツィヒ自由市に象徴されるような二重言語空間が国際的に保障されはしたが、第二次大戦後にソ連主導で始まった新たな再定住政策と国民教育は、動き出した状況にさらに追い討ちをかけ、最終的には、東欧世界という多言語的な社会に、後戻りできない決定的な止めの釘を刺したのである。

『レヴィンの水車』のボブロフスキは、手のこんだ説話技法を用いている。話者は物語の主人公である一九世紀ドイツ人にとっては孫にあたる戦後ドイツ人だ。祖父を敬うでも庇うでもなく、姑息としか言いようのない人柄の持ち主として語り継がれてきた祖父をひたすら否定的に思い起こそうとする回想の主体である話者は、「西プロイセン」の過去を「負の遺産」としてふりかえるための「自虐的」な語り口を模索する。

大まかなあらすじは、姑息な祖父が策を弄して、商売上のライバルであったユダヤ人レヴィンを追い落とし、結果的にはドイツ人仲間からさえ信望を失っていくというものである。ユダヤ人レヴィンが、ロマの父を持つ恋人とともにロシア領ポーランドへと立ち去っていく場面を感動的に描くことで、「ホロコースト」に対する償いまで狙った観もあるが、主眼はあくまでも「西プロイセンのドイツ人」という薄っぺらな存在様態に反省的な表現を与えることに置かれた。

しかし、ボブロフスキが小説という虚構の芸術を通してノスタルジーに耽るときには、過去に対する郷愁よりも何よりも、現実に対する絶望がその推進力になっている。「西プロイセン」におけるドイツ人のヘゲモニー支配は、なるほど発展的に乗り越えられるべき「負の遺産」であっただろう。しかし、この「負の遺産」を乗り越えるのに、国民国家的な均質性の導入という以外の道はありえなかったのだろうか？　ロートがそうであったように、ボブロフスキはドイツ語を用いながら、多声的な東欧空間をノスタルジックに描こうとした。それは十分に開花しえないまま、歴史の舞台から退いた観のある「ドイツ語が数ある東欧言語のひとつであった過去」に対する追憶であった。

3　「ドイツ人」のアメリカ行き／Franz Kafka（1883–1924）

ポーランド分割とナポレオン戦争のあと、ドイツ語圏ではユダヤ教徒の同化・解放が進んだ。とりわけ、モーゼス・メンデルスゾーンを節目に、ドイツ語圏でユダヤ教の改革が並行的に進んだことが、ドイツ・ユダヤ人の先進性を決定づけた。そもそも中世のライン地方にルーツを持つアシュケナージ系ユダヤ人は、一九世紀になると、「西ユダヤ人」と「東ユダヤ人」のあいだに重大な亀裂を産むようになる。強いて弁別的に両者を定義するなら、イディッシュ語には訣別してドイツ語（アルザス方面ではフランス語）を話すようになったのが「西ユダヤ人」、逆にイディッシュ語に深く依存し、スラヴ諸語を話すキリスト教徒との不断の接触にさらされていたのが「東ユダヤ人」であったということである。一九世紀のベルリンは、「西ユダヤ人」と「東ユダヤ人」の雑居空間として知られ、これはナチスの台頭までベルリンのユダヤ社会をきわだたせる特徴となった。

この点、プラハは、ドイツ人領主による長い支配の結果、現地のチェコ語使用者たちと不断の接触にさらされながらも、とくに一九世紀なかば、ユダヤ教徒の政治的・経済的解放が現実化してからは、ユダヤ教徒の「西ユダヤ人」化が一気に進んだ都市である。一九一一年、イディッシュ語劇団と劇的に遭遇したカフカが「東ユダヤ人」の存在に、電撃的に目を醒まされたのも、それがワルシャワでもリヴィウ【独】レンベルク）でも、ベルリンでもウィーンでもなく、プラハだったからこそである。

もっとも、『変身』（一九一五年）から『城』（一九二六年）まで、「東ユダヤ人」のことを片時も忘れられないカフカではあったが、彼が作中に「東ユダヤ人」はおろか、「西ユダヤ人」をさえ明示的に登場させることは一度もなかった。

ドヴォルジャークという「チェコ人のアメリカ」を象徴する愛国者の存在や、モラビアのポルナーで冤罪事件へと発展したユダヤ人殺人容疑者のアメリカ脱出の事例など、かずかずの史実を念頭に置いて書かれたに違いない未完の小説『失踪者』(一九二七年)の場合も同様である。

第一章「火夫」の舞台は、大西洋横断航路の船内である。プラハからハンブルクまでベルリン経由で鉄道が一本に繋がったのが一八五〇年。ハンブルク＝アメリカ海運(HAL)が、ドイツ系企業の大西洋進出に先鞭をつけたのも同じ一八五〇年のことである。すでにナポレオン戦争のどさくさのなかから、続々大西洋を渡ったユダヤ系を含むドイツ人の存在は、合衆国の西部開拓期を特徴づける一大現象と化していた。それが一八五〇年代になると、ドイツからの移住者の出身地がしだいに「後背地」へと東進しはじめる。これには前にも触れた鉄道網の延伸が役立った。ハンブルクやブレーメンに拠点を置く移民斡旋業者の暗躍も、東欧からの移住熱を考える上で忘れてはならない。そして、一八八〇年代には、ロシアのユダヤ人がヨーロッパ系アメリカ移民の顔となる。『失踪者』の主人公であるカール・ロスマンは、まさにこのような広義の東欧系移民のひとりとして、ニューヨーク航路の下層船室に乗りこんだのだった。

カールは同じ船室をあてがわれたスロヴァキア人の存在が気になって仕方がない。鞄が狙われているという不安から夜もろくろく眠れない。それればかりか、誰の入れ知恵か、ニューヨークに着いたら、こんどはアイルランド人に気をつけなければならないと、何度も自分に言い聞かせている。であればこそ、彼は下船寸前に鞄を見失ってしまうのだが、いったいこれは何なのか?プラハで日常生活を送るなかで、すれちがうひとりひとりに疑心暗鬼で接し、相手がドイツ人かチェコ人かをまず判別しないことには一歩すら踏み出せないという生活習慣が身についてしまっ

図1　ハンブルク駅でかならず携帯すべく指示された乗船票。詐欺やとりちがえが頻発したと見られる

ていたのだろうか？　そんな彼がプラハ中央駅からハンブルク行きの列車に乗りこむことで、そのアンテナはますます研ぎ澄まされたのだろうか？

ニューヨーク港に入ったばかりの船内で、カールは火夫《ボイラーマン》と、あられもなく意気投合するが、この二人を繋ぎ止めていたのは、二人がそろって「ドイツ人」であったという事実である。火夫《ボイラーマン》は、ドイツ船なのにルーマニア人の一等機関士が大きな顔をしているという現実に、許しがたい不正を感じている。カールがこの現実に一瞬義憤を覚えるのも「ドイツ人」の名においてである。『失踪者』は、アメリカ行きの船のなかで、病的なまでにドイツ人アイデンティティにしがみつこうとした一六歳の物語だ。

ニューヨークで最初にカールの面倒を見てくれることになった母方の伯父（ヤーコプ・ベン

デルマイヤー）は、すでにニューヨーク生活が長い。倉庫業から始めて成功し、上院議員という肩書までふりかざして、「エドワード・ジェイコブ」を名乗っている。カールが渡米するきっかけを作った年上の愛人から事前に連絡を受けとっていた伯父は、みずからカールの身元引受人を任じ、実用的な助言や協力を惜しまない。何よりもまず英語を習得して「アメリカ人」になること。郷里の愛人を呼び寄せるにせよ、新しいパートナーを見出すにせよ、新天地に根を下ろすことが何よりも先決だ。いっときも早く「ドイツ系アメリカ人」になれと言うのである。

ところが、ちょっとした行き違いから伯父の庇護を解かれることになったカールは、ニューヨーク郊外で二人の道連れを得る。胡散臭いフランス人とアイルランド人（！）の新参者だった。アメリカで職にありつきたいなら、新参同士で助け合ってゆくしかない。カールがならずもののアメリカに近づくことになるのは、この二人を通してだ。ここではいくら「ドイツ人」風を吹かせたところで意味がない。

一方、たまたま道連れ二人から使い走りを命じられたホテルの食堂では、思いがけずプラハ出身であるという出自がものを言った。ウィーン生まれというだけでなく、プラハで料理店の女給をした経験があるというベテラン女性の口利きで、エレベータボーイのポストをあてがわれたカールは、幼いころ、母親に手を引かれて、ポモージェ（【独】ポメルン）からやってきたという若い女性タイピストと、寸暇を惜しんで逢引きをはかるようになる。同郷人《ランヅロイテ》の相互扶助が、個々の職場のなかでは、予想外に生きていた。

W Berlinie Nikomu nie dać Zadatku na szifkarte!!!

F. Missler, Bremen.

Upozornenja!

Každiho cestujuciho nato napominam na ceste do **Bremen znikim** sa do reči nepustit, od nikoho karti zjálne neprymnuť, lebo pridete do ruk faktorskych.

Prijmite moju radu, a ukažte túto kartku ked pridete do **Bremen** na železnici.

Ked sa Vás okrem toho spitaju, ku komu chcete ist, odpovecte hnet:

„Missler, General-Agent“.

Przestroga!

Ostrzegam każdego, ażeby się podczas podróży do **Bremen** bezwarunkowo z **Nikim** nie wdawał i żadnych kart od nikogo nie przyjmywał; gdyż w przeciwnym razie dostanie się w ręce faktorów i pożałuje tego.

Niechaj każdy usłucha mej rady! a przybywszy na dworzec kolejowy w **Bremen** niechaj trzyma tę kartę w ręce.

W Berlinie Nikomu nie dać Zadatku na szifkarte!!!

図2　同じくブレーメンからの乗船客への警告文。左，スロヴァキア語。右，ポーランド語

ところが、このホテルでもトラブルに巻きこまれたカールは、同胞の口添えもむなしく、失職。そんなカールに新しい希望をいだかせたのは、団員募集中の「オクラホマ自然劇場」なる謎の人材雇用組織だった。『失踪者』は内陸部へと向かう列車のなかで終わっているが、雇用時の面接で、カールは「旧大陸で教育を受けたもの」というカテゴリーに括られて、あらためて過去を呼び覚まされることになる。これからさき、カールはアメリカ大陸でどのような「旧大陸人」と、どのように出会うことになるのだろうか？

カフカの小説にはいきなり奇怪なオブジェが登場することが少なくない。カールが伯父の家で見た最新型の書きもの机も、カールがアメリカで味わうアイデンティティの揺らぎを予感させる一種の寓意である。

この机の上には、さまざまな大きさの百の引き出しがあり、合衆国大統領その人でも一つ一つの文書にふさわしい場所が見つけられるだろうし、その他、一方の側面に調整の装置がつけられていて、ハンドルを廻すと、いろいろな方法で必要に応じて望み通りに引き出しを組み変え、新しい配列ができるようになっていた。（千野栄一訳、『決定版カフカ全集④』新潮社、三二頁）

この事務器具は、カールに対し、まず郷里プラハの聖誕祭《クリスマス》の風物であったからくり人形を連想させるのだが、そもそもは生まれたばかりのイエスを祝福に訪れる動物たちの入場・退場を調節するはずのハンドルが、アメリカ式の机では、人間ひとりひとりのアイデンティティ切替装置として役立つというわけだ。

のちにヨーロッパを逐われて、一九四一年、ニューヨークへとたどりついたハナ・アーレント（東プロイセン生まれ）は、「難民文学」としてのカフカ解読に道を拓いた先駆者だが[5]、ある朝、有罪者としての宣告を受けて逮捕される『審判』の主人公も、謎の測量師として村を踏破する『城』の主人公も、彼らはいずれも「一市民」としての地位から滑り落ちた存在ばかりである。存在の堅牢な基盤から根こぎにされた主人公たちの危うさは、ヨーロッパのユダヤ人だけにのしかかった例外状況ではなかった。ロートやボブロフスキが描こうとした東欧人らも、新しい国民国家の時代には、いつなんどき再定住を強要されてもおかしくなかった。『失踪者』を書くカフ

カは、この点に関して、アメリカという土地もまた例外ではないと考えていたようである。(6)

ちなみに、ロートは再三渡米を計画する東欧人の姿を描いている。また、ボブロフスキが『レヴィンの水車』を書くにあたって下敷きにした実在の「自称ドイツ人」も、「西プロイセン」で基盤を失った後に、一路アメリカをめざしたのだという。(7)ヨーロッパという場に留まりたい意志とアメリカ大陸の誘惑とが東欧人を引き裂いたのが、二〇世紀東欧だった。

東から西へ。一九世紀なかばから第二次大戦の前夜まで、ドイツの国有鉄道と海運業は、第二次大戦時に強制収容所に送られたきり生き延びられなかった犠牲者の数にまさるとも劣らない、何百万人ものドイツ人や東欧人を大西洋の彼方へと送り出した。『失踪者』はそういった移住者の群れを前提にしないかぎり、カフカの孤独な妄想に終わりかねなかったのだが、現実は、カール・ロスマンに対して、それぞれの時代にふさわしい対応物をその後に至るまで供給しつづけたのだった。

アメリカに到着した新移民は、いったい何ものを名乗ればよいのか？　この問いの前では、カールばかりではなく、すべての新移民が選択を迫られた。ヨーロッパにあってさえ、アイデンティティの揺らぎや硬直にかかわるがわる苦しめられた東欧人は、アメリカ大陸に渡ってから後も、少なくとも掛け値なしに「アメリカ人」を自称できるようになる日まで、この揺らぎや硬直から解放されることはなかったはずである。

4 ユダヤ系ドイツ人の苦悩／(1893-1944) י. י. זינגער

ここまで、ドイツ語で書かれた二〇世紀文学を取り上げてきたが、ドイツ人であり、東欧人でもあった近代人を描くのに、かならずしもドイツ語だけが特権的な言語でなかったことは言うまでもない。とりわけ一九三三年以降、市民権を剝奪され、亡命を強いられることになったユダヤ系ドイツ人の生を描くという役割には、ドイツ語そのものが背中を向けたに等しい。

最後に取り上げたいのは、後のノーベル賞作家イツホク・バシェヴィス（【英】アイザック・バシェヴィス・シンガー）の兄であるイスラエル・ヨシュア・ジンゲル晩年の小説『カルノフスキ一家』（一九四三年）である。

ロートと同じ「東ユダヤ人」とはいえ、ロシア領ポーランド生まれのイスラエル・ヨシュアは、一九一八年から二一年までは内戦期のキエフでイディッシュ語作家と交わるが、ワルシャワに戻ってからはむしろニューヨークのイディッシュ語日刊紙『フォルヴェルツ』との関係を深め、しだいにニューヨークに活動の拠点を移すようになる。その彼が、一九三〇年代なかば、ドイツからニューヨークへと漂着するユダヤ系ドイツ人に対する気がかりを強くし、ニューヨークのナチ党員のプレゼンスに対する警戒を強めるなか、ぎりぎりの選択として構想した大作がこれである。

「第一部」は、ヴィスワ河を股にかけた筏乗りの家系に属するユダヤ人インテリ、ドヴィド・

図3　イスラエル・ヨシュア・ジンゲル（左）とイツホク・バシェヴィス・ジンゲル（右）

カルノフスキのベルリン行きから始まる。一九世紀末のことである。ユダヤ教徒のなかでも近代的な世俗主義を排するハシディズムが強い影響力を示したロシア領ポーランドの小村で、モーゼス・メンデルスゾーン訳の『聖書』を通じてユダヤ教徒としての道を究めようとする、その奇行を煙たがられた彼は、結婚後まもなく、ベルリンで貿易業に着手。ヨーロッパの新帝都ベルリンには、さまざまなユダヤ人が入り乱れ、さらにロシアで革命思想にかぶれて、地下活動をするインテリ・ユダヤ人の姿もちらほら散見されるようになっていた（ローザ・ルクセンブルクなどもそのひとりであったといえるだろう）。そんなベルリンで、ドヴィドは改革派ユダヤ教徒として信仰を全《まっと》うしたいという夢を実現させる。ベルリンは改革派のユダヤ学者に事欠かなかった。他方、ベルリンに来た以上はドイツ語以外は話したがらない夫に対し、妻のレアは不満をいだきつづけるのだが、「東ユダヤ人」の集住地区（ドラゴナー通り界隈）へ行けば、イディッシュ語を話す仲間を見出すのはいとも簡単なことであった。

「第二部」の主役となる二代目——ベルリン生まれの息子ゲオルク＝モーゼス——は、第二帝政末期のドイツに育ち、医師免許を得たところで、第一次大戦への従軍を促され、東方戦線に向かう。復員後は、同じユダヤ人の恋人、エルザが左翼運動に専念したいといって彼からの求愛を拒絶。産婦人科医ゲオルクは、やむをえず、キリスト教徒の看護婦テレーゼと結婚。

三代目のヨアヒム＝ゲオルク（イェゴール）は、両大戦間期のドイツで、みずからのユダヤ人性から目を背ける。ユダヤ人の義兄を疎ましく思う母方の叔父が、反ユダヤ主義的な思想を彼のやわらかい頭に吹きこんだからだ。

そして、一九三三年以降の破局がやってくる。祖父ドヴィドの商売は立ち行かなくなり、父ゲオルクのところには「アーリア系」の妊婦がひとりも訪ねてこなくなる。なかでも、致命的な外傷を負ったのは孫のイェゴールだった。ある日、教壇の上で服を脱ぐよう命じられた彼は、アーリア人教師や生徒のモルモットとされ、下腹部に至るまでその眼で舐めつくされたのだった。無神論者ではあったが、医師免許を持つ父は、この「半ユダヤ人」の息子に対しても割礼の儀式を施していたのである。

「家の中ではユダヤ人でも、一歩外に出れば異教徒《ゴイ》」——ドヴィドが子孫へと伝え遺そうとした家訓は、このときすっかり根拠を失った。「家の中では異教徒《ゴイ》でも、一歩外に出ればユダヤ人」でしかなくなった一家には、もはやドイツを棄てる以外の選択肢しか残されていなかった。「第三部」に入って、許されるだけの家財道具と現金をたずさえ、ドイツをあとにした一家は、渡米後のニューヨークで新生を図る。ところが、普通なら若い者から順番に新天地への同化を受け入れるはずが、彼らの場合は違った。

祖父ドヴィドは、すでにニューヨークに根を下ろしていた「東ユダヤ人」仲間と難なく打ち解けて、妻に向かってさえ、それこそ何十年かぶりにイディッシュ語で愛を囁けるようになった。一方、ゲオルクの場合は、高学歴が災いした。殺到するドイツ人医師の到来に既得権を侵されるのを嫌った米国の医師会は、時間稼ぎをするばかりで、いつまでたってもゲオルクに開業を許可しない。多くの「東ユダヤ人」が最初はそうであったように、彼はあてのないセールスマン稼業で、何とか食いつなぐ。

しかし、誰よりも鬱々とした日々を強いられたのはイェゴールである。ベルリンのギムナジウムでの屈辱的な経験があって、ますますユダヤ人性を受けいれられなくなった彼は、高校のユダヤ人教師からどんな励ましを受けても、頑として打ち解けない。なにより彼はニューヨーク市民にみられる衛生観念の欠如に、嫌悪感を抱くのである。しまいに、登校を拒否し、父親からも逃れようと家を出たイェゴールは、マンハッタン東部のドイツ人地区（ヨークヴィル）に潜伏し、ドイツ領事館の諜報員に見こまれて、ニューヨークで反ナチ・キャンペーンを展開するドイツ系難民の政治行動を監視する仕事を依頼される（じつは、こうしたストーリー展開に真実味を持たせるべく、イスラエル・ヨシュアはニューヨークでのナチの集会にお忍びで何度も潜入したという[8]）。最後にイェゴールは自殺をはかり、まだ医師免許を交付されてもいない父親と、元看護婦の母の救命努力によって事なきを得るのだが、はたしていつになったら、イェゴールにとってアメリカが永住の地たりうることになるのか、予断を許さない。小説は、そうした不安のなかで幕を閉じる。

祖父ドヴィドにとってのドイツは、モーゼス・メンデルスゾーンに始まり、モーゼス・メンデルスゾーンに終わる啓蒙主義のドイツだった。ベルリンの中央部に立つその銅像がナチス親衛隊によって破壊・撤去された日、彼にとってその国はもう「ドイツ」ではなくなっていた。しかし、ユダヤ人であるというよりどころにはいっさい疑念をはさむことがなく生きてきたドヴィドの場合、祖国喪失はかならずしもアイデンティティの危機を呼びこむものではなかった。

一方、ゲオルクにとって、ドイツは母国だった。ニューヨークに移り住んでからも、彼はユダヤ人であるよりドイツ人であることを望んだ。ひとまずはドイツ人以外のなにものでもありえない妻を持った以上、これが彼にとってただひとつの合理的判断だった。

しかし、ドイツ人であることを誇るばかりか、純血主義的なドイツをさえ信奉した「半ユダヤ人」のイェゴールにとって、一九三〇年代から四〇年代までの世界は、どこにあろうとも、地獄でしかなかった。

イディッシュ語で書かれるかぎり、小説はどこまでもユダヤ人一家の物語に留まっている。これを書き始めてまもなくに第二次大戦の勃発を知り、ヨーロッパ・東ユダヤ人の悲劇的な運命を知らされたイスラエル・ヨシュアは、戦争の進行につれて、「ユダヤ人国家」の建設以外にヨーロッパ・ユダヤ人を救い出す道はないと確信するようにすらなった。

しかし、小説は、たとえ一時的にでも「ドイツ人」としてのみずからをそれぞれに誇ろうとしたドイツ人一家の物語でもあるのである。まがりなりにも一度は「国民」として登録された存在をすら、国家はいともたやすく国外に追放できる。そんな全体主義国家の残酷さを描いたという点で、この小説は、ハナ・アーレントの政治論集と並んで、第二次大戦下、ニューヨークのユダヤ系知識人がなしとげた偉大なる達成である。

〔……〕戦争が勃発する前、われわれは亡命者（refugees）と呼ばれることに対しもっと神経をとがらせていた。われわれは、自分たちがふつうの移住民（immigrants）にすぎないことを証明しようと全力を尽した。自分自身の自由な意志で自分の選んだ国にやって来たのだと断言した。また、自分たちの問題は「いわゆるユダヤ人問題」とは関係ないのだと主張した。そう、われわれは、ある晴れた日、居心地が悪くなったり、あるいはたんに経済的な理由で、自分たちの国をあとにした移住民あるいは新参者（newcomers）であった。われわれは自分の生活を建て直したかったたし、ただそれだけだった。（「われら亡命者」寺島俊穂訳、前掲書、一〇頁）

「ユダヤ人亡命者」であることを心情的には隠したがり、「ドイツ人移民」を気取りたがったユダヤ系ドイツ人難民の物語は、イスラエル・ヨシュア以外のユダヤ系作家が関心を寄せる対象ではそもそもなかった。かといって、イェゴールのような漂泊ドイツ人の姿を描く責任を、二〇世紀ドイツ語文学が積極的に果たしたわけでもなかった。それでも敢えてその責任をみずから背負いこもうとしたドイツ語作家を誰かひとり挙げろといわれれば、『失踪者』のカフカこそが、早きにすぎはしたが、その人だったのかもしれない。ヨーロッパで辱めを受けた主人公は、新大陸を舞台に無垢な存在としての再起を図ろうとするが、ここでもまた精神をすりへらし、すりきれてゆく。

真珠湾攻撃以降、合衆国（とくに西海岸）のドイツ人は、日本人とともに「敵国民」として厳重な監視下に置かれた。彼らは「ユダヤ人」であること、もしくは「亡命者」であることを事あるごとに強調しないことには、負の烙印から逃れることは難しかった。イスラエル・ヨシュアはそんな「カルノフスキ一家」の未来を案じながら、一九四四年、他界した。

5　最後に

ここにとりあげた四人の作家のうち、ボブロフスキを除く三人は、今日では「ユダヤ作家」のリストに挙がる作家たちである。一九三〇年代以降、カフカの著作はもっぱらニューヨークで刊行されるし、ロートは『ヨブ』（一九三〇年）が翌年に英訳されて後、北米で流行作家となる。一九三〇年代ニューヨークの文壇は、ヨーロッパのユダヤ人の動向にきわめて深い共感とともに注意を払いつづけていた。イスラエル・ヨシュアら、東欧ユダヤ系の知識人がこういった傾向を主導していたことは言うまでもない。

しかし、ここで私が追跡したかったことは、「ユダヤ人にとっての東欧」という地獄をめぐる文学的蓄積の大きさと拡がりばかりではなく、これら二〇世紀作家たちのなかで、つねに意識されつづけた「東欧」とは何であったのかということである。それは多民族・多言語がせめぎあい、相互的な連関のなかでしか個々人のアイデンティティが決定されえない、きわめて輻輳した文化的総体としての「東欧」に他ならなかった。そして、そんな「東欧」をふりかえろうとする作家たちは、まさにそうした言語的複合状況に対する郷愁を抜きには、作品世界にリアリティを与えることができなかった。

ＥＵの拡大とともに「東欧」という地政学的呼称は、有用性・有効性を失いつつある。また二〇世紀に支配的だった一言語主義的な国民国家の政治もまた、ＥＵ理念の導入とともに終焉を迎えようとしている。しかし、かつて「東欧」がロシアやプロイセン、ハプスブルク、オスマンといった諸帝国によって分割されていた時代の残響を聴き分けるには、諸文学を使用言語や作家ひとりひとりの出自によって区分（＝山分け）するのではない広域的な視点の導入がどうしても必要だろう。

本論では、「ドイツ人」というポジションを作中にとりこんだ具体例として、四人の「東欧作家」のケースを検証した。「ドイツ文学」をみるときに「東欧」を度外視できないように、「東欧文学」をふりかえるときにも「ドイツ語文学」を度外視することはありえないし、あってはならない。

注

（1）多民族帝国の国民国家への「収縮」という歴史的過程は、敗戦後のドイツや日本の「収縮」の例や、植民地主義列強の脱植民地化まで合わせ、二〇世紀史の大きなモメントの一つとしてとらえなおす必要がある。

(2) ユダヤ系ポーランド人のコミュニスト作家、ブルーノ・ヤシェンスキは、近未来小説『パリを焼く』(一九二八年)を書くことで、パリ市民の東欧人恐怖症を嘲笑い、センセーションを巻き起こした。

(3) こうした考古学的な歴史文学の試みは、『流刑の神々』のハイネに遡るよりも、シェイマス・ヒーニーやデレク・ウォルコットら、二〇世紀末の現代詩人の試みとの連関で見るべきだろう。

(4) 第二次大戦でワルシャワがドイツ軍の占領下にあった時代、とある地下室で、膨大な書簡の山が発見された。その後、『移民書簡(*Listy emigrantów z Brazylii i Stanów Zjednoczonych*)』(一九七三年)として刊行されることになるそれは、一八九〇年代初頭、ドルヴェンツァ河流域のアメリカ移民が、郷里の知人・肉親に向けて道中または移住地で書き綴った書簡からなっている。残された封筒のいくつかにロシア語で「要保管(задержать)」と手書きされていることから、ロシアの手で没収されたものであったとわかる。これらの書簡は、ポーランド語、イディッシュ語、ドイツ語、リトアニア語など、さまざまな言語で書かれていた。「ブラジル熱」の時代と呼ばれた当時の移民事情を知る一級の史料だ。ポーランド系移民の研究は、シカゴ学派社会学を率いたポーランド人、フロリアン・ズナニェツキ以来の伝統(ウィリアム・トーマスとの共著『ヨーロッパとアメリカのポーランド農民(*The Polish Peasant in Europe and America*)』一九一八年はその金字塔)が、ポーランド国内にも早くから受け継がれ、人民共和国時代にも途絶えることはなかった。

(5) ハンナ・アーレント「フランツ・カフカ」(『パーリアとしてのユダヤ人』寺島俊穂・藤原隆裕宜訳、未來社、一九八九年)。なお、アーレントのカフカ解釈について、筆者は「難民文学の希望と夢」(『岩波講座/文学⑧ 超越性の文学』岩波書店、二〇〇三年)のなかでふれたことがある。

（6）一九二七年版の『アメリカ』のなかで、編者のマックス・ブロートは、カフカが構想していた後半部分では、カフカ自身が「職も、自由も、人からの支援も、いやそれのみか故郷や両親までまるで楽園の魔法によるかのようにもう一度登場するであろうとほのめかしていた」（千野訳、二四〇頁）と伝えている。

（7）邦訳『レヴィンの水車』の「解説」のなかで山下肇は、この小説が作家と同じボブロフスキを名乗る一九世紀人の醜聞をもとにした点を強調しつつ、水車小屋をめぐるユダヤ人との抗争の後、ついに某ボブロフスキ家は「貧窮化し、一家ばらばらに土地も家も売ってアメリカに渡らざるをえない悲惨な運命を辿る」（前掲書、三二九頁）ことになったと、歴史的背景を紹介している。

（8）イスラエル・ヨシュアの息子は、父の思い出を次のように語っている――「父は百パーセントのドイツ野郎《クラウト》に見えました。父はよくヨークヴィルのナチスの決起集会に出ました――一九三〇年代のアメリカのナチス運動についての作品を書く資料を集めたのです――そして、そこにいる連中とつき合い、話し合っています。つまり、父はドイツ語を知っていたので、彼らと一緒にビールを飲んだという意味ですが、すこしも怪しまれないのです」（クライヴ・シンクレア『ユダヤ人の兄弟――アイザック・B・シンガーとその兄』井上謙治訳、晶文社、一九八六年、二一七頁。ただし、そもそもの典拠は、Paul Kresh, *Isaac Bashevis Singer: the Magician of West 86th Street*, Dial, 1979, p. 146）。シンクレアの同書は、日本で出ている本のなかではイスラエル・ヨシュアについて現時点で最も豊富なデータを含んでいる。

III 問われる〈国民の歴史〉

——体制の転換と記憶の転換

隣人の記憶

——ポーランドにおける「過去の克服」とドイツ

近藤孝弘

1　はじめに——拡張する「過去」

一九八九年一一月九日のベルリンの壁の開放は、歴史を語る枠組みを大きく揺さぶるものだった。それは、特に社会主義時代に各国で形成された歴史理解の抜本的な見直しを要求し、その既存の国民史を修正ないし修復しようとする努力の中心に、過去の克服と呼ばれる歴史政策が位置することになる。

すなわちナチス第三帝国の時代、あるいはその間に主としてドイツ人が犯した非人道的行為を指していた「過去」という言葉は、もはやドイツ人に対してのみ使用されるものではない。東欧革命以降のヨーロッパにおいて、その言葉は、かつてナチスと戦わなければならなかった被害者まで、その射程におさめるにいたった。

こうした変化がもたらす影響を最も強く受けた国家の一つがポーランドであることは間違いな

いだろう。

社会主義時代には、何の疑いもなく自らを第三帝国による最大の被害者と規定し、同時にワルシャワ蜂起に象徴される抵抗運動を誇り、さらにこうした歴史解釈に異議をはさむ国外からの微かな声は黙殺して当然としてきたのに対し、多大な政治的努力を経て言論の自由を獲得した結果、このような悲劇的で美しい自国史に安住するという選択肢は失われてしまった。不都合な過去は語らないという態度に責任を負ってくれる抑圧的な政府は、もはや存在しない。ポーランド国民は、言わば手にした自由を証明するために、自国の歴史が持つ加害者としての側面に目を向けるよう迫られている。

その一方で、自国の過去の批判的再検討という政治課題がかつて被害者とされてきた諸国の人々のあいだで浮上したことは、ナチズムをめぐって長らく追及の視線を集中的に浴びてきたドイツ側にも影響を与えた。とくに（西）ドイツが進めてきた過去の克服は、外交政策としてはもちろん、マスメディアや学校を通じた教育活動としても近隣諸国との関係のなかで進められてきたのであり、隣国の歴史への姿勢が変化すれば、新たな対応が求められることになる。

こうして東欧革命は政治経済面だけでなく歴史理解においても、戦後のヨーロッパに築かれてきた均衡を一変させた。

近現代世界における国民国家と歴史理解のあいだの緊密な結びつきを考えれば、それはむしろ当然のこととも言えるだろう。しかし、現実には人々の歴史意識はそれほど柔軟ではない。とくに被害者としての特権的地位を追われ、加害者としての責任に目を向けるよう促されるにいたった人々にとって、歴史理解の転換は大きな苦痛を伴う。そして、こうした状況下において、より公正な――同時に新しい国際環境により適合的な？――歴史理解の普及を試みる人々と、旧来の理解の維持を図る人々とのあいだで、歴史（教育）政策論争が繰り広げられることになる。

以下、本稿では、とくに一九八九年以降にドイツで紹介されてきたポーランドにおける過去への取り組みに注目することにより、現実の国際関係の変化が両国における広義の現代史教育に及ぼした影響を追跡したい。この作業は、歴史理解をめぐる今日のヨーロッパの国際関係に対する一定の認識をもたらすだけでなく、冷戦時代からの移行期にさしかかりつつある東アジアの一面にも光をあてるものとなろう。

2　歴史教科書対話の新展開

ドイツにおける過去への取り組みとして日本でも広く知られるようになった歴史教科書対話は、過去の克服をめぐる両国関係を示す指標としても重要な意味を持っている。

この（西）ドイツとポーランドの歴史家による対話は、東側諸国との関係改善を目指した西ドイツのブラント政権の外交政策によって可能性が開かれ、さらには必要とされたものであった。一九七〇年に彼がワルシャワ・ゲットーでひざまずくことがなかったなら、活動の開始は大きく遅れていたであろう。そして、この対話は実際にドイツの歴史教育に少なからぬ影響を及ぼしてきた。

しかし、前節で述べたように、「過去」はすでに多義的な言葉になってしまった。これは、ドイツ・ポーランド対話の性格に変化が生じつつあることを示唆する。

一九九〇年以降も、共同教科書委員会の歴史家は定期的に協議の場を設けてきたが、そこでの議論はやはり以前とは異なっている。一九七六年にまとめられた共同教科書勧告に典型的に見られるように、初期の活動では西ドイツの歴史教科書の批判的分析に重点が置かれていた。もちろん勧告にはポーランドの教科書に対する改善の提案も見られるが、それらは少数である。[1] これは、当時のポーランドの社会主義政府が、自国の歴史家に対し、政治的に都合の悪い歴史的事実、つまりポーランド自身はもちろんソ連の歴史上の汚点と考えられる事実を語ることを禁じていたからにほかならない。彼らは、多数のポーランド人の将校らがソ連の内務人民委員部によって銃殺され、ドイツ軍に責任が転嫁されていたカティン事件についても――その責任転嫁を知りながら――公式の場で言及することはできなかった。

むしろ、こうしたポーランドの歴史家が置かれた難しい立場を西ドイツの参加者が理解し、その弱点をいたずらに攻撃するのではなく、まずはポーランド側の指摘に耳を傾けることにより自らの教科書の向上を目指すところに意義を見出したことが、この対話を可能にし、またその世界的な評価につながったのでもあった。

それに対して東欧革命後の活動では、むしろポーランドの教科書に批判的な関心が注がれている。

ソ連末期の情報公開政策を機に歴史の再検討が進められてきたポーランドでは、体制転換とともに、新たな政治状況に対応すべく教育課程基準が改訂され、それに対応した教材も次々と作成されている。しかし、両国間においてポーランド側の教科書に関心が集中するに至ったのは、必ずしも新しい教科書が登場したからだけではない。対話を進めてきた歴史家の目に、それらの教科書にも問題が多い――従来の問題点が解決されていない――と映ったのである。

この点では、強力なカトリック教会の存在や連帯の活動などもあり、ポーランドでは他の旧社会主義国に比べて早くからイデオロギー的な自由化が進んでいたことが、むしろ歴史教育におけるナショナリズムを強化する結果をもたらしたとも言われる。両国間の歴史教科書対話に長く関わってきたミュンスター大学のヤーコプマイアーは、一例として一九九一年にワルシャワで刊行された教科書に見られる次のような記述に問題を見ている。(2)

ポツダム会談での決定が、わが国の西部・北部のドイツ人住民の運命を決めた。戦前、この地域には八五〇万人が住んでいた。ドイツ人住民の悲劇は、一九四四/四五年の冬にナチス・ドイツ当局の命令で東プロイセン、ポメルン〔=ポモージェ〕、シュレージェン〔=シロンスク〕の住民の一部に対する強制疎開が行われたとき始まった。犠牲者の数は二〇〇万ほどにのぼると見られる。ポーランド解放の後、回復された地域には約三〇〇万のドイツ人と一〇〇万のポーランド系原住民の存在が確認された。一九四五年一一月、ドイツの連合国管理理事会はポーランドのドイツ人をソ連とイギリスの占領地域に移住させる決定を下した。計画的な移住策は一九四六年から四九年のあいだに三三〇万人に適用され、そのほかに七〇万人ほどが非組織的な形でポーランドを去った。ポーランドの官吏は、国内の困難な状況にもかかわらず、出国する人びとが必要とする交通手段の確保に努力し、禁じられていた財産と食糧の携帯を認めた。さらに医療の手配まで行った。移住は困難な状況下で行われた。ドイツ人住民のあいだでは、「ヴェーアヴォルフ」のような妨害・サボタージュ組織の活動も見られた。こういうドイツ人はポーランド人入植者を襲い、機械や工場施設を破壊し、また空から鉄道や橋を攻撃し、ポーランドの行政施設を徹底的に破壊した。「ヴェーアヴォルフ」の活動は移住計画の終了とともに終わった。


この教科書に対してヤーコプマイアーが批判するのは、主に次の三点である。

第一に、戦後のドイツ人の強制移住について、ポツダム決議を一種の隠れ蓑にしていること。

第二に、その移住策の実行に際してポーランド当局による過酷な扱いがなかったかのように描いていること。

そして最後に、ヴェーアヴォルフのような活動を止めるには、移住という手段しかなかったかのように捉えられていることである。彼によれば、ヒトラー・ユーゲントの残党にすぎない彼らが戦闘機を持っていたことにしてまで、ドイツ人住民の強制移住を正当化しようとするのは驚くべきことだという。

終戦期における現在のポーランド西部地域からのドイツ人住民の「追放」あるいは「移住」という問題は、一九七六年の勧告をまとめる際にも激しい議論を呼んでいた。西ドイツでは、これを一般にドイツ領土からのポーランドによる不法かつ非人道的な追放と見ていたのに対して、ポーランドでは、本来の国土の回復とポツダム決議に基づく合法的な移住措置と理解していた。こうした対立を背景に、勧告は次のように述べている。

〔ポツダム〕会議以前に国家主権は事実上ポーランド当局に移っていた。西側連合国はポーランドの行政は承認したが、会議から年月が経過しても、国際法上は同国境線を承認することはなかった。しかし、第一三条（ドイツ人住民の秩序ある移転）に関する合意と駐独連合国管理理事会による受入れ案の提示が一九四五年一二月に同時に実現するにともない、連合国は旧ドイツ領に対するポーランドの支配は修正可能な暫定的状態ではありえないとの判断を示した。
（勧告二一「領土変更」）

ポーランドに譲渡されたオーデル・ナイセ川以東の旧ドイツ領には、一九三九年に約八五〇〇万人が住んでいた。その約半数と、さらにグダンスクのドイツ人住民およびポーランドに住んでいたドイツ人の過半数は、大きな損害を被りながら、すでに戦争終結以前にオーデル・ナイセ川以西のドイツ領に疎開させられるか、避難していた。オーデル・ナイセ地域に残ったドイツ人住民の大部分は、一九四五―四七年に立ち退かされたか、連合国の移転協定によって強制移住させられた。(勧告二二「住民移動」)

勧告はドイツの教科書に対して、いわゆる旧ドイツ領土の事実上の放棄を確認し、さらに「追放」という言葉で当時のプロセス全体を指し示す代わりに、命令された疎開、避難、移転協定に基づく強制的移住、加えて協定によらない強制移住に分けて記述することを勧めている。これは、追放という曖昧な言葉によって、自発的または当局の命令による疎開まで、その後の強制移住と一緒に想起される状況を問題視するものだった。

しかし同時に、勧告は、旧ドイツ領土と呼ばれる地域が少なくとも国際法の観点からはポーランド領土とは断定できないものだったこと、したがって先の教科書が記しているように単純に「回復された地域」とは言えないことも主張している。さらに、ここに見られる「立ち退かせる」あるいは「強制移住」といった言葉遣いは、ポーランド当局のドイツ人住民に対する対応が非常に過酷だったことを確認するよう、その教科書に促すものだった。

つまり、先に見た一九九一年にワルシャワで発行された教科書は、少なくとも引用部の記述に関して、明らかに勧告と衝突しているのである。

しかも、その教科書はポーランドにおいて必ずしも例外的な存在ではないと考えられる。教科書対話のドイツ側窓口であるゲオルク・エッカート国際教科書研究所のマイアーは、一九九四年の時点でポーランドの各種の学校で使用されていた一八冊の歴史教科書を若干のテーマにしぼって分析したが、その結果、一九七六年の勧告の期待に応えるものは一冊もないとの結論に到達している。(3) また、ワルシャワ在住の歴史家でジャーナリストのバハマンも、現地のメディアを分析した結果、多くのポーランド人がいまも、「追放」はポーランド議会や政府が決めたのではなく連合国がポツダムで決めたのであって、自分たちはそれを実行しただけだと考えており、ポツダム会議以前の暴力行為は無視されているという結論に到達した。(4)

一方、ポーランドの研究者も、そもそもポーランドでは一部の歴史家を別にすれば、共同教科書委員会の活動自体が（西）ドイツにおけるほどには知られていなかったことを認めている。一九七六年の教科書勧告はポーランド語でも発行されたが、その発行部数は限られたものだった。さらに教科書対話を知っていた人々も――ドイツ語の読める歴史家・教員のあいだにはドイツ語版を読んでいた者さえ存在したという――、その多くが、漠然と、対話は加害者であるドイツの歴史教育の歪みを是正することを主目的としていると考えていたため、そこから自らの歴史理解・教育を批判的に振り返る上での有効な契機を導き出すことができなかった。

なお、ポーランドには、もう少し楽観的に「ほとんどの教科書に、戦後史に関するポーランド＝ドイツ教科書勧告が及ぼした影響の跡が見られる」と述べるコズウォフスカのような歴史家も存在している。しかし、自ら歴史教科書を著している彼女も、ポーランドの歴史教科書には「戦後のドイツ人の移住の事実についての十分な記述が見られない」と述べている。[5]

もちろん例外もある。一九九七年という比較的新しく出版されたワルシャワ大学のガルリツキによる高校用現代史教科書は、この点で注目すべき記述を行っている。[6]

他の問題では激烈に対立しあう政界も、反ドイツ的民族主義という一点では一致を見ていた。〔……〕こうした排他的愛国主義をさらに悪質に表した例もあった。まず指摘できるのは〔……〕〔ポーランド各地の〕収容所に抑留されていたドイツ人に対する振舞いである。収容所司令部や警備人の中には、強制収容所の元囚人だった者もおり、彼らは仕返しに同じ方法でドイツ人に屈辱と迫害を与えた。致死事件も生じた。

ドイツ系住民はならず者に殺害され、その財産が強奪されることもあった。それは犯罪分子によるものであったが、実質的に訴追されなかった。ドイツ人はしばしば肉体的能力の限界を超えるような清掃作業に駆り立てられた。〔……〕こうした退去（ドイツの用語によれば「追放」）は、残酷かつ容赦なく行なわれることが多かった。退去させられる人々を非人間的に扱った例も多く、閉ざされた貨車内に食料も水も与えずに置いておくこともあった。（三〇四―三〇五頁）

この教科書の記述に対してもポーランド人歴史家により、ここではドイツ人が出国したことにより、その地域に数百年にわたって存在したドイツ文化が終わりを告げたということが指摘されていないと批判されている。ヴロツワフ大学のルフニェヴィチによれば、ドイツ人が明け渡さなければならなかった土地に移り住んできたポーランド人が、自分たちとは異なる文化に直面せざるを得なかったということこそが重要なのだという。(7)

しかし、こうした厳しい評価にもかかわらず、ガルリツキのような教科書が登場したという事実は、やはり確認しておく必要があろう。一九七六年の勧告の期待に応える歴史教科書が、ようやく二〇年あまり後にあらわれたのである。

さらに、これまで紹介してきたところから明らかなように、ドイツ人歴史家だけでなく、少なくないポーランド人研究者が、自国の教科書に批判的に対峙している事実を見落としてはならない。冷戦の終結は、教科書対話における議論の配置を根本的に変えたのであり、そこにはポーランドにおいて過去の克服が始動しつつある様子を認めることができる。

3　イェドヴァブネをめぐる論争

一九四六年七月四日、キェルツェでユダヤ系住民が虐殺された。それより早く、虐殺はクラクフ、パルチェフ、その他十数の土地で起きていたが、キェルツェほどの規模に達したことはなかった（二七四頁）。

ガルリツキが注目するのは、ドイツ人の隣人に対する加害行為だけではない。ナチス・ドイツが敗れ去ったあとのポーランドで、地元住民に警察や軍関係者が加わって数十名のユダヤ人を虐殺したキェルツェの事件に対し、この教科書は、その経緯と政治的・宗教的背景――すなわちカトリシズムと結びついた国民の反ユダヤ主義――を含めて多くのページを割いている。ポーランド・ナショナリズムの犠牲になったのは、故郷を追われたドイツ人だけではないのである。そしてドイツ人に対しては、加害者としての面があったことを認めながらも、基本的には被害者としての立場を主張し続けることができるのに対して、ユダヤ系の隣人との関係において生じた出来事は、歴史理解の上でも、また政治的にも極めて重要な意味を持つことになる。

この点では、とくにワルシャワの北東に位置する小さな村イェドヴァブネが、現代史の中でポーランドが置かれた困難な位置を象徴する存在となった。

二〇〇一年七月一〇日、当時のクファシニェフスキ大統領は六〇年前にポーランド人の手で殺されたユダヤ系市民を追悼するためにこの村を訪れ、追悼式典に集まった一〇〇〇人以上の人々を前に次のように語った。

私たちはこの犯罪について多くを知っています。すべてではないにしてもです。もしかしたら完全な真実を知ることはないのかもしれません。しかし、そのことは今日ここで明確な言葉で語るのを妨げるものではありません。〔……〕私たちは、加害者のあいだにポーランド人がいたことを知っているのです。ここイェドヴァブネで、ポーランド共和国の市民がポーランド人の市民によって殺されました。

六〇年前の当時、ポーランドはヨーロッパの地図に存在していませんでした。ポーランド国家は、ナチスが許し、促した殺人からその市民を守ることができる状況にありませんでした。しかしポーランド共和国はポーランド人の心のなかで生きていなければならなかったのです。

〔……〕

今日のポーランドは、歴史の一部に影を落とす戦慄を引き起こす事実を直視する勇気を持っています。〔……〕私は人間として、ポーランド共和国の市民として、大統領として、そして私の名前と同時にポーランドの名前において赦しを乞います。(8)

この親米派の大統領の言葉は一九八五年五月八日のドイツのヴァイツゼッカー大統領による「荒れ野の四〇年」演説を思い起こさせるものである。いずれも国民に対して、自らの過去を反省的に想起するよう訴えている。しかし、両者が拠って立つ歴史観あるいは世界観には隔たりがあると言わなければならない。

クファシニェフスキの追悼文ではポーランド国家が前面に出されており、市民に対し、その国家への責任として過去を直視するよう求められている。ここに、個人——あるいは人間として——の良心に訴えの基礎を置いたドイツの大統領の演説とは異質な面がある。

もちろんヴァイツゼッカーの場合にも、憲法愛国心という形で個人に対して市民あるいは国民としての責任を期待する。しかし、彼が考える国家は民族性よりも政治性（民主主義、人権尊重、法治主義といった普遍的価値）に基礎を置いており、それは演説を締めくくる言葉に表れている。

自由を尊重しよう。
平和のために尽力しよう。
法を遵守しよう。
正義については内面の規範に従おう。
今日五月八日にさいし、能うかぎり真実を直視しようではありませんか。(9)

ナチズムという極度の民族主義に対する反省に立つ戦後ドイツ国家において、正義の基準を民族に置くことは許されない。過去を直視する際には、民族や国家といった党派的な視点ではなく、普遍的な価値観に基づく判断を可能にする一人ひとりの内面が立脚点として求められる。

それに対してクファシニェフスキの論理は、ポーランド人であるなら過去を直視しなければならないという形をとっている。ポーランド国家はつねに善であるという前提の上で、国民に向けて国家への忠誠を訴えていると言うこともできよう。

こうした違いには、近現代史における加害者と被害者の立場や意識、それに起因する国家理解の異質性、あるいは素朴なナショナリズムからの離脱の程度の差といったものを見ることができる。そして歴史的に形成された状況の相違は、二人の思考に影響を与える以前に、彼らの演説が行われる社会的背景をすでに決定していた。すなわち「荒れ野の四〇年」演説がドイツ連邦議会で行われ、保革を問わず全ての会派から拍手をもって迎えられたのに対し、クファシニェフスキはイェドヴァブネに赴く前に、すでに国内で激しい批判を浴びていた。世論調査は、国民の半数が謝罪に反対していることを示し、「われわれは謝罪しない! やったのはドイツ人だ!」といった貼り紙に、その村は埋めつくされることになる。式典当日は厳重な警備によりデモこそ行われなかったものの、そこに村人の姿はほとんどなく、数少ない参加者の一人である村長は、村民の意思に反する行動を取ったとして、後に辞職を求められている。

人々のこうした反応については、政治的・社会的に大きな影響力を持つカトリック教会の姿勢がとくに問われなければならない。地元司祭は、その虐殺に責任を負っているのはドイツ人であるとの立場を崩さず、ポーランドのカトリック教会の頂点に立つグレンプ大司教も、すでに五月にワルシャワでイェドヴァブネの死者のために祈ったとして、追悼式典への出席を拒否した。

そもそも今回の論議の発端は、ニューヨーク在住のユダヤ系ポーランド移民である社会学者のグロスの著書『隣人』であったと言われる。実際には、この本のポーランド語版が刊行される前に彼の主張は知られており、『ジェチュポスポリータ』紙などにイェドヴァブネの虐殺についてのルポルタージュが掲載されていたが、同書が激しい論争の火付け役となり、その焦点に位置することになったのは間違いない。生き延びたユダヤ人の証言をもとに虐殺の様子を描いたグロスの書は、ポーランドの人びとから、多大な犠牲を出しながらナチス・ドイツと戦い、ユダヤ人を助けたという歴史的自己像を奪い、当惑と憤りをもたらしたのだった。

歴史家ゴンタルチクによれば、その本は発行当初、専門家のあいだではほとんど注目を集めておらず、「ドイツにおける国防軍展示や〔ユダヤ人絶滅策はドイツの国民的プロジェクトだったと主張した〕ゴルトハーゲンのように単にメディアうけをねらったもの」と見られていたということである。(10) しかし、その彼も、正にポーランドのメディアがそれを大きく取り上げ、国内に罪意識が広まっていったことから、歴史家としてグロスを批判しなければならないと感じるようになったという。

彼だけではない。知識人のあいだから、「虐殺を指示・実行したのはドイツの部隊であり、ポーランドの隣人は手伝わされただけ」、「グロスは資料調査を十分に行っていない」、「ユダヤ人であるグロスに客観的な研究はできない」、「ニューヨークのユダヤ人弁護士を儲けさせようというのか」といった非難が噴出した。

こうした論争のなかで、事実を究明することによって大統領をサポートしたのが一九九八年に設立された国民記憶院である。

一九三九年九月一七日（ソ連のポーランド侵攻の日）から一九八九年一二月三一日までのあいだにポーランド国民に対してなされた不法、具体的にはナチスと共産主義者による非人道行為と戦後政府による弾圧の解明と法的追及、そしてこの期間の歴史についての教育活動を使命とする国民記憶院の創設は、かつて社会主義政権の一員だったクファシニェフスキが必ずしも支持するところではなかった。しかしイェドヴァブネのケースでは、一定の客観的事実を明らかにすることで、ポーランドが過去に真剣に取り組んでいる様子を対外的にアピールすると同時に、国内的には反ユダヤ主義を含む感情に走りがちな議論に歯止めをかけることで、同機関は大統領を助けることになった。

具体的なイェドヴァブネへの取り組みは二つの部局により並行して進められた。一つは犯罪追及部であり、もう一つは教育部である。前者における調査が検察官の手で犯行状況の再現を目指して行われたのに対し、後者は主として歴史家により、事件の社会的背景の解明を目的として行われた。

検察官イグナチェフによれば、国民記憶院の捜査は、殺人および市民への残虐行為をはたらいたファシストとポーランドへの反逆者に関する一九四四年八月三一日の政令に基づき、二〇〇〇年九月に開始された(11)。つまり、法律的にはナチス・ドイツの犯罪に協力した疑いでポーランド人に対する捜査が行われたことになる。ポーランド人によるポグロムが想定されたのではない点に注意が必要であろう。

捜査の出発点は一九四九年の裁判記録の調査であった。この殺人事件については、すでに戦後初期に一連の裁判が行われており、そこで二七人が起訴され、一〇人が有罪判決を受けていた。しかし当時の捜査はずさんで、判決も「特殊な状況」を配慮して軽微なものになりがちだったという。

これが意味するのは、グロスによって明らかにされるまでイェドヴァブネの加害者以外に誰もこの虐殺を知らなかったというのではないということである。むしろ、この事件は意識的に隠されて――ドイツ人に責任転嫁がなされて――きたと言う方が正確だろう。一九六七年にはイェドヴァブネの別の殺人について新たな捜査が開始されたが、ビャウィストクの地方検察局は根拠のないままドイツ人の憲兵によるものだったと断定し、ドイツに犯人捜査の協力要請を行っている。こうしたなか、ポーランドの退役軍人会は、イェドヴァブネに今回の騒動で撤去されることになる追悼碑を設置した。そこには、「ユダヤ人住民の処刑の場所。一九四一年七月一〇日、ゲシュタポとナチの憲兵が一六〇〇人を生きたまま焼き殺した」と刻まれていた。

こうした記憶の圧殺の諸事実を明るみに出し、人びとの意識にのぼらせたところに、すでに論争の意義が認められるが、では今回の捜査結果はどうだったのだろうか。

文書の調査のほか、ポーランド国内外で一〇〇人以上に聞き取りを行い、さらに遺体が埋められた場所を掘り返して調査した結果、イグナチェフが到達した結論は、この犯罪は広義にはドイツ人にも責任があるが、狭義にはイェドヴァブネと周辺のポーランド人によって行われた、というものである。つまり虐殺にドイツ人は関わってはおらず、犯行はもっぱらポーランド人によるものだったとされた。実際に殺されたユダヤ人の数は、グロスも主張した一六〇〇人というのは多すぎであり、数百人、少なくとも三〇〇人以上と推定されている。

さらに、この結論を教育部の調査結果で補うと、次のようなことになる。

イェドヴァブネの事件は、一九四一年の夏、ナチス・ドイツがソ連を攻撃した後、リトアニアからベッサラビアにいたる前線に沿って各地で発生したポグロムの一つである。

その付近は第二次世界大戦の前にはカトリック教会と結びつく形で反ユダヤ主義政党がとりわけ強力だった地域であり、一九三三年にもすでに同じ地域でポグロムが発生していた。開戦後、まずソ連に占領された同地域では、抵抗するポーランド人と、ソ連軍を歓迎し、また厚遇され（ているように彼らの目に映っ）たユダヤ系市民とのあいだの溝がさらに深まり、そのことがソ連の撤退後にポーランド人によるユダヤ人への暴力事件を増加させることになった。

もう一つの動機は略奪である。ポグロムが起きたところでは、どこでも近隣から農民が略奪にやってきたことが記憶されている。

しかし、このような背景があったとはいえ、一九四一年に各地でしかも大規模なポグロムが発生したのは、ナチスがユダヤ人に対するいわゆる「大衆ポグロム」あるいは「自己浄化作業」を促していたことが関係していたと考えられる。ゲシュタポが地元住民によるポグロムを手伝ったことが明らかになっている町もある。イェドヴァブネでも、ドイツ人憲兵が虐殺を「見て」いた。

国民記憶院の調査は、二〇〇二年末に教育部による二冊の報告書の刊行をもって事実上終結する。犯罪追及部は一人も新たに起訴することなく、二〇〇三年六月三〇日、これ以上の捜査を行わないことを公式に宣言した。戦後初期に判決を受けた者以外に生存する被疑者を特定できないというのが理由である。ポグロム六二周年を前に、論争に曖昧な終止符が打たれたのである。

しかし、今回の事件の結果、イェドヴァブネは歴史教科書に痕跡をとどめることになった。ガルリツキは述べる。「ユダヤ人虐殺はポーランド人も行っていた。〔……〕ラジウフでポーランド人は数百人の地元ユダヤ人を納屋に押し込め火を放った。まったく同じことが三日後の七月一〇日イェドヴァブネで繰り返された」（一二三頁）。「戦後、虐殺した張本人は裁判にかけられ、判決も出ていたのだが、その後の数十年間、ドイツ人が罪を犯したのだと信じられてきた。〔……〕グロスの書籍が引き起こした議論によって、ポーランドのすべての病的嫌悪感とコンプレックスとが明るみに出された」（七三三頁）。

二一世紀初頭のポーランドにおける歴史の見直しは、強力な反対派の存在を確認しただけではなかったのである。

4　おわりに――冷戦の超え方をめぐって

「強制移住」させられたドイツ人や虐殺されたユダヤ系市民といった、かつての隣人のことをポーランドの人々が真剣に考えざるを得なくなった原因が冷戦の終結にあるのは間違いない。戦後のポーランドで形成された社会主義体制とナショナリズムの結びつきが、いわゆる民主化革命によって断ち切られたことで、社会主義のために——すなわちソ連への配慮から——語られてこなかったカティン事件のような歴史的事実だけでなく、これまで美しい自国史を保つために排除してきた事実までもが、公の議論の対象となってしまった。ポーランドの国家指導者はいまも、ロマン主義的な民族意識の自己主張と国際社会の要求のあいだで、どのように折り合いをつけるのか、つまり、どの程度まで民族意識を抑制し、他方で国際社会において自己主張が許されるのかを探っている最中と言ってよいだろう。対ＥＵ・対米交渉は、政治・経済の世界にとどまらないのである。

　ところで、イェドヴァブネをめぐるポーランド国内の論争を、ドイツのメディアはどのように伝えていただろうか。

　各社の論調は一様ではないが、おおむねいまだに反ユダヤ主義を清算できないカトリック教会の頑迷な態度と、可能な限り多くの責任をドイツ人に割り当てることで自らの責任を少しでも免れようとする多くのポーランド国民に対する、ややもすると軽蔑的な論調を背景としつつ、それでもクファシニェフスキに代表される過去を直視する試みに着手されたことを高く評価していたと言える。こうした報道姿勢は、かつて日本の歴史教科書問題を報じる際に、家永三郎に希望を見出していたことを思い起こさせると同時に、戦後半世紀以上にわたって、現実的にも倫理的にも過去の克服に取り組まざるをえなかったドイツの知識層の正直な気持ちをよく表すものである。クファシニェフスキの言動は、ドイツのジャーナリストにとって戦後の自分たちの歩みに倣《なら》おうとする姿勢を示しており、その正しさを証明すると同時に優越感を与えてくれるものなのである。

歴史理解に関する限り、ドイツ人が冷戦体制の崩壊から受ける影響がポーランドの隣人よりも遙かに小さいことは間違いない。確かに、統一により、過去の克服に消極的だった旧東ドイツの人々を新たに抱えたことは、政治教育としての歴史教育に新たな課題をもたらしはしたものの、(12) 歴史（教育）政策の目標そのものに変化はなく、そもそもあってはならない。

しかしながら、詳細に検討するとき、現実には不変ではいられない部分も存在している。(西)ドイツはナチズム犯罪の絶対性という理解に基づく反ナチ・コンセンサスの上に築かれてきたが、ポーランド人によるユダヤ人虐殺のような事実の認識が一般化するとき、従来の国家を支える基礎理解は少なくとも右翼からの挑戦を受けずにはいられない。規模と計画性においてドイツ人とポーランド人による虐殺が比較不可能なのは自明だとしても、少なくとも、そのように述べる必要が生じるのである。

この点で、ドイツ・ポーランド共同教科書委員会が両国の歴史教員に向けて作成した教材に次のように記されていることは興味深い。

ドイツの学校では、反ユダヤ主義はドイツの例に基づいて教えられるべきである。そうであってこそ、生徒たちに行動のための指針を与えることができる。なお、ドイツで広まっているポーランド人全般が反ユダヤ主義者であるといったステレオタイプに対しては、明確な否定の言葉が必要とされる。(13)

ここには、統一ドイツ国家の精神的基礎を反ナチズムに求め続けることへの期待と意思が表れている。言わば冷戦の崩壊が、こうした一種の宣言を促したのである。

他方、これは同時に、ポーランドの人々に対するメッセージとも理解される。ドイツ人はドイツの例に基づいて反ユダヤ主義について学ぶべきであるというなら、ポーランド人はポーランドの例にもっと目を向ける必要がある。冷戦終結後もドイツが従来の路線を歩み続けるよう促すことが、ポーランドにおける改革派の支援につながるのである。

いまも財産返還要求を続けるドイツの追放民と、手にした土地を失うのではないかと心配するポーランドの人々のあいだには、当然のことながら厳しい感情的対立が存在している。それを解決するのは容易ではない。しかし、以上が示しているのは、歴史理解における対立を緩和する関係、あるいはともに対立から抜け出すための回路が、両国間にはすでに存在しているということである。それが、冷戦体制崩壊の際に民族感情の高揚を抑制し、ヨーロッパの統合と安定に貢献した部分は小さくないと思われる。

そして東アジアに目を転じるなら、まさにこの回路の不在が私たちの思考を冷戦構造の維持へと導いている様子が見てとれるだろう。そこでは、各国が厳しい言論統制を行い、国境を越えた人間と情報の交流が少なかった時代、つまり歴史理解をめぐる国家間の対立を外交的に「処理」できた時代が懐かしく思い出されるのである。

ポーランドとドイツの「記憶の文化（Gedächtniskultur）」は、数世代にわたって対抗的関係の中で形成されてきた。そして戦後の両国は、必ずしも手を取り合って一緒に過去の克服を進めてきたわけでもない。むしろ冷戦の前も後も、歴史理解をめぐるきしみが聞こえてくる。しかし、絶えざる摩擦のなかでも、歴史理解における両国関係は政治的な国際関係の現実に対応し、しかもその変化は基本的には知のあり方として肯定できる方向に進められてきたと言ってよいだろう。それを可能にしたのが、まさに隣人としての記憶なのかもしれない。

注

（1）両国間の歴史教科書対話および共同教科書勧告については、拙著『国際歴史教科書対話』（中公新書、一九九八年）などを参照していただきたい。

（2）Jacobmeyer, Wolfgang, Rezension; Historia 4. Polska i świat współczesny von Andrzej Pankowicz. Warszawa, 1991., in: *Internationale Schulbuchforschung*, 14. Jg. 1992, Nr. 3, S. 314f. より。

（3）Maier, Robert, 26. Deutsch-polnische Schulbuchkonferenz der Historiker（24.-28. Mai 1994 in

Bautzen), in: *Internationale Schulbuchforschung*, 16. Jg. 1994, Nr. 3, S. 379.

（4） Bachmann, Klaus, Die Vertreibung der deutschen Bevölkerung aus den Gebieten des heutigen Polen im Spiegel der Geschichtsschreibung und der öffentlichen Meinung, in: *Transodra*, Nr. 12/13, 1996, S. 49.

（5） Kozłowska, Zofia T., Ausgewählte Probleme der polnisch-deutschen und der polnisch-jüdischen Beziehungen in polnischen Schulbüchern, in: Maier, Robert u. Georg Stöber (Hrsg.), *Zwischen Abgrenzung und Assimilation-Deutsche, Polen und Juden*, Hannover, Verlag Hahnsche Buchhandlung, 1996, S. 252.

（6） この教科書の二〇〇一年版が渡辺克義氏らにより日本語訳されている。A・ガルリツキ『ポーランドの高校歴史教科書・現代史』（明石書店、二〇〇五年）。以下、本文中の引用頁は、この訳書からのものである。

（7） Ruchniewicz, Krzysztof, Die Geschichte Deutschlands und der polnisch-deutschen Beziehungen nach 1945 in polnischen Geschichtsbüchern der Oberschule, in: Stöber, Georg u. Robert Maier (Hrsg.), *Grenzen und Grenzräume in der deutschen und polnischen Geschichte*, Hannover, Verlag Hahnsche Buchhandlung, 2000, S. 300f.

（8） Henning, Ruth, Die „Jedwabne-Debatte“ in polnischen Zeitungen und Zeitschriften. Kalendarium, in: *Transodra*, 2001, Nr. 23, S. 12f. より。

（9） R・V・ヴァイツゼッカー『荒れ野の四〇年』岩波ブックレット、一九八六年、三六頁。

（10） Gontarczyk, Piotr, Geschichte oder Propaganda, in: *Życie*, 9. 7. 2001. (http://www.naszawitryna.

pl/jedwabne–de–5.html、二〇〇五年九月二八日採取）

(11) 捜査についての以下の記述は、二〇〇二年一二月二九日から二〇〇三年一月一日にエルサレムで開かれた国際会議 Confronting History: The Historical Commissions of Inquiry でのイグナチェフの報告 Information on final findings of investigation S1/00/Zn in case of killing of Polish citizens of Jewish origin in Jedwabne on 10 July 1941 による。

(12) 東部ドイツにおける歴史認識の問題については、拙著『ドイツの政治教育』（岩波書店、二〇〇五年）の第四章「政治教育としての歴史教育」などを参照していただきたい。

(13) Maier, Robert, Didaktische Überlegungen II, in: Becher, Ursula A. J., Włodzimierz Borodziej u. Robert Maier (Hg.), *Deutschland und Polen im zwanzigsten Jahrhundert*, Hannover, Verlag Hahnsche Buchhandlung, 2001, S. 75f.

ノスタルジーか自己エンパワーメントか

――東ドイツにおける「オスタルギー」現象

木戸衛一

1　はじめに

一つの妖怪がドイツにあらわれている、――「オスタルギー」の妖怪が。

「オスタルギー」とは、「東（Ost）」と「ノスタルジー（Nostalgie）」を重ね合わせた造語で、「ドイツ統一」後比較的早い時期に人口に膾炙した。これは、特に西では、いわばアカがかったメガネでＤＤＲ（旧東独＝ドイツ民主共和国）を見、資本主義の汚染から免れた国として理想化する一種の選択的アムネスティだと嫌悪された。

ところが、「統一」から一三年目の二〇〇三年、この「オスタルギー」がドイツ中を席巻したのである。六〇〇万人もの観客を動員した映画『グッバイ、レーニン！』、七月二五日から三カ月間首都ベルリンの新国立美術館《ノイエ・ナツィオナールガレリー》で開催された「ＤＤＲにおける芸術」展、「ＤＤＲ」の文字やハンマーとコンパスを麦の穂が囲む国章を印刷したＴシャツなど、当時の象徴的図柄をかたどった商品の爆発的な売れ行き（図1）、第二テレビ局（八月一七日）を皮切りに、地方局や複数の民放で手を変え品を変え制作された「オスタルギー・ショー」（図2）――。

かつて「民族自決」を達成し、「冷戦の終結」を世界史に刻印したはずのドイツで巻き起こった「オスタルギー・ブーム」は、いったい何を意味するのだろうか。そして、「統一」を熱望した東独市民は、往時の歴史と記憶にどう向き合っているのだろうか。

2 「統一」後東独「部分社会」の困難

DDR時代の非政治的・日常的側面、ましてその肯定的な要素をテーマ化することは、これまでタブーであった。その原因は、二つに大別できる。[1] まず、「統一」直後の困難な生活が、一般の東独市民から、過去を省察する姿勢を失わせたことがある。

一九九〇年一〇月三日の「ドイツ統一」は、言うまでもなく、西の連邦共和国によるDDR併呑であった。国名はもちろん、国旗・国歌といったナショナル・シンボルも、西独のものが踏襲された。「統一条約」の準備会合で、より対等な形の合併を希望するロータ一・デメジエール東独首相に向かって、ヴォルフガング・ショイブレ西独内相は、「ここでは、対等な二国家が統一するのではない。同等の出発点に立って、最初から始めるわけではないのだ」と言い放った。[2] 旧DDR領は、官庁用語で「編入地帯」と呼ばれ、冷戦たけなわの頃西独がしきりに訴えていた

図1 「オスタルギー」商品で最も人気のあるアンペルメンヒェン（DDR時代の歩行者用信号をデザイン化したもの）

図2　民放RTLで放送された「オスタルギー・ショー」(*Berliner Zeitung*, 22. 8. 2003, S. 12)

「単独代表権」は、ついにここに結実した。

なるほど、この早期「編入」は、「ベルリンの壁」崩壊後西独のきらびやかな消費生活を目の当たりにし、自らも同水準の暮らしを渇望した東独大衆が、「われわれが人民だ！（Wir sind das Volk!）」から「われわれは一つの国民だ！（Wir sind ein Volk!）」へと宗旨替えし「平和革命」を変質させたことに由来する。

ところが、「統一」の実態は、彼らの期待を大きく裏切った。最初の二年間で職場を半減、工業生産を三分の一に激減させた「ショック療法」は、婚姻・出生に至るまで、市民生活に多大な負の影響を及ぼした。「統一首相」ヘルムート・コールが約束した「華々しい光景」が見られるどころか、ヴォルフガング・ティールゼ連邦議会議長によれば、東独の経済・社会状況は「剣が峰」に立たされたのである。(3) その現状は、おおむね以下のとおりである。(4)

（1） 経済成長は一九九五年以降再び後退し、九七年からは西の成長率を下回っている。一人当たりのGDPは、西の六割そこそこにすぎない。

（2） 就業状況は、「統一」直後の数年間に、三分の二が職場を移り、三割が離職した。(5) 特に、八割以上だった女性の就業率は、一九九一年には五割に落ち込んだ。

（3） 収入は当初西独水準に急速に近づいたが、その後鈍化し、現在手取り賃金は西の八五パーセント程度である。ただし、自家用車・電化製品・コンピューターの所有は、数年前から西独並になった。

（4）議会を除き、エリート層に占める東独出身者の比率は非常に低い。特に、経済界や軍ではゼロに等しい。

（5）東独人が所有する生産資産は、「統一」以前を一〇〇とすれば、今日は二〇—二五パーセントにすぎない。他の種類の資産は、西独の価値水準の三—六割台である。

（6）政治的態度として、個人的自由より社会的平等が重視される。(6) その傾向が、旧支配政党SED（社会主義統一党）を後継するPDS（民主社会主義党）への根強い支持に繋がっている。(7)

（7）「統一」過程に関し、自分を「統一の敗者」と見る東独市民が二八パーセント、DDR時代との違いを見出さない人が三五パーセント余りに達している（一九九八年）。社会的アイデンティティに関しては、七五パーセントが自分たちを「二級市民」と見なしている（一九九九年）。(8) 六八パーセントがまず東ドイツ人ないし東独州民（ザクセン人、ブランデンブルク人など）としての自己意識を持ち、「ドイツ人」は三二パーセントにとどまっている。

しかし、だからと言って、東独市民がDDRへの回帰願望を抱いているわけではない。「統一」を「喜び」と感じる東独市民の割合は、それに「懸念」を覚える人々の割合をつねに大きく引き離している。二〇〇二年一一月の時点で、この数値は、それぞれ五八パーセントと一八パーセントであった（西では四七パーセントと二六パーセント）。(9)

民主主義と市場経済という国家形態も、規範としては、東独市民の圧倒的多数が承認している。だが、実態としての統治形態に対する評価は別である。[10] 現実における民主主義の問題解決能力について、東独市民は三一パーセントしか信頼せず、三九パーセントが疑問視している（二〇〇一年七月。西ではそれぞれ六〇パーセントと一四パーセント）。経済の実情についても、東独市民は六八パーセントが「不公正」と答え、「公正」は一三パーセントにすぎない（同年一一月。西ではそれぞれ四二パーセントと三六パーセント）。[11]

こうした意識状況は、ＤＤＲで社会化された年長者に限らない。その点で興味深いのは、一九八七年、当時のライプツィヒ県とカール＝マルクス＝シュタット県に住んでいた一三歳の生徒を対象に始められ、「統一」後も続行している社会意識調査である。二〇〇三年（第一七回調査）、被験者は三〇歳で、「統一」前と後の年月が同じになった。この世代もまた、「転換《ヴェンデ》」や「統一」自体は肯定しつつ、新しい社会体制の現状を厳しく捉えている。現在の経済秩序に満足しているのは四六（一九九四年）→二九（一九九八年）→二六パーセント（二〇〇三年）、現在の政治体制についても三三→二〇→二二パーセント（同）と低下した。現在の社会体制の永続を望むのは一一パーセント、それが唯一の将来モデルと考えるのは六パーセントにすぎない。彼らは、連邦共和国市民と旧ＤＤＲ市民としての二重のアイデンティティを有しているが、二者択一的に問われると、現連邦共和国（三五パーセント）より旧ＤＤＲ（四七パーセント）を優先させるのである。[12]

このように、経済・社会構造の原初的差異、社会空間《ミリュー》や心性の違い、冷戦期の体制対立から、ドイツでは、「二元的統一社会」が生まれたのである。[13] そして、東の「部分社会」では、住民の五八パーセントは、東西間で相違点の方が共通点より多いと感じている（西では三九パーセント）。かつての「われわれは一つの国民だ！」のスローガンに今は共鳴しないとする人は、近年四三（二〇〇〇年）→六一（二〇〇一年）→六三パーセント（二〇〇二年）と増大している。[14]

元来、ＤＤＲ市民運動家は、「統一」とは別の「オルタナティヴ」を追求していた。[15] しかし、現実の「統一」は、東独市民の自由な自己決定を排除し、以前存在した社会文化的・歴史的遺産の破壊、征服者の価値への被征服者の同化、勝者の歴史への敗者の統合を通じて、外在的に過去とアイデンティティからのラディカルな断絶をもたらす植民地主義的な方法で進められた。歴史政策——自らの政治行動を正当化し、政治的・歴史的アイデンティティを与えるために、歴史の意味づけを行う政策——は、その端的な例である。

3　東独市民からの「歴史の没収」

積極的なＤＤＲ像がテーマ化されなかった第二の原因は、「統一」以来、西独主導の政界・学界・メディアが、東独市民の過去の意味づけを独占的に管理してきたことにある。その言説は、ひたすらＤＤＲの犯罪・抑圧・支配構造・欠陥に焦点を当て、東独住民の歴史的生活体験を全国民的な集団的記憶に統合しようとはしなかった。

日常的場面における「歴史の没収[16]」は、道路名の改変に窺える。東独地域では、「スターリン主義の暴力支配、DDR政体、他の共産主義不法政体の精神的・政治的先覚者ならびに擁護者にちなんだ道路名を排除」することが、各地で行政的に断行された[17]。左翼・反ファシストの人名は、「SED独裁」を正統化したとの理由で抹消され、多くはDDR時代以前の名称に回帰することで、伝統主義的な歴史意識が促された。

連邦議会では、第一二立法期（一九九〇―九四年）に「ドイツにおけるSED独裁の歴史と帰結を総括するための調査委員会」、第一三立法期（一九九四―九八年）に「ドイツ統一過程においてSED独裁の帰結を克服するための調査委員会」が設けられた[18]。

もともと、DDRの史的総括については、フリードリヒ・ショルレマーが、全独的な「DDRの過去を総括するための法廷《トリブナール》」の設置という先駆的提案を行っていた[19]。しかし、政治階級はもっぱら形式面の議論に傾いたため、彼は一九九一年一二月、「われわれ東ドイツ人は、ますます発言力を失っている。もう口を開く者はほとんどいない。われわれはまたもや、自国のなかでバカ者、よそ者にされた」と失望の念を示した[20]。

シュタージ（旧DDR国家保安省）文書法の発効で、文書の政治的道具化が懸念されたことも手伝い、連邦議会は、一九九二年三月一二日、調査委員会設置に向けた連立与党とSPD（社会民主党）の共同動議を採択した。この調査委員会に専門家の立場から協力した歴史学者は、大半が西独出身者であった。DDR出身の歴史家は、かつての「国家への近さ」や「シュタージとの関わり」を理由に排除され、委員会に関与したごく少数の東独出身者は、旧体制時代の自らの道徳的無欠さを顕示し、厳格主義を隠さなかった。[21]

たしかに、調査委員会は非常に多岐にわたるテーマ群を取り扱った。[22] しかし、そもそも委員会の設置には、学問的な真理探究と政治的な意思形成という二重の意図が込められていた。つまり、DDRの歴史分析は、あくまで「自由で民主的な法治国家」連邦共和国の優位性の確認に寄与すべきものとされたのである。[23] そこで表明されたDDRの史的意味づけに関する支配的言説は、体制およびそのイデオロギー的基盤の誤りゆえ、破綻は最初から定められていたとする決定論であった。[24] 政治的・経済的・道義的欠陥にもかかわらずDDRが四一年間存続したのは、ソ連の後ろ盾を得ていた外交的・軍事的枠組みと、国内における抑圧、教化、(支配を安定させるための)社会的欲求の充足によって説明された。こうしてDDRは、ソ連に保護され、住民の間で正統性のない「不法国家」の烙印を押されたのである。

だが、このような捉え方には問題点が多い。たとえば、DDR史の基本的な前提である冷戦はまともに論じられない。ナチズムとDDRを同列に置かないという建前とは裏腹に、「机上の犯人」といった語法が散見する。DDRと事実上等値される「SED独裁」が、いかなる次元(二三〇万党員、中央委員会、政治局、あるいは書記長)の独裁なのかは放置される。「指導的役割」を担ったSEDに単独責任が負わされ、「国民戦線」に結集していたブロック政党への評価は甘い。[25] DDRの国是であった「反ファシズム」は、「SED独裁」正統化のイデオロギーとして矮小化される。[26]「転換《ヴェンデ》」の実相、DDR最後の一年における解放主義的運動、「統一」に反対した知識人の動向はことごとく等閑視され、「平和革命」は「統一」の下位に意義づけられる。
トゥツィング政治教育アカデミー講師のユルゲン・ヴェーバーが編集した『SED国家』は、序文「DDR――最初からの全体主義独裁」で、こうした十把一からげの歴史把握を如実に示している。[27]「史料に基づいたDDR史への学問的取り組みは緒についたばかり」と述べ、「イデオロギー的先入見」を排すと言いながら、「加害者と被害者」という単純な二元論、没落を運命づけられた独裁国家という決定論に立脚する編者にとって、DDR史研究の目的とは、その「不法国家」性の告発以外なにものでもない。[28]
このように、「統一」ドイツでは、冷戦期政治的闘争概念だった全体主義論が国家イデオロギーとして再発見され、DDR史の断罪と政治的道具化に利用されてきた。[29]ザクセン州の州都ドレスデンには、一九九二年一一月の州議会決議で、その名も「ハナ・アーレント全体主義研究所」が設立され、「ナチ独裁とSED政体の政治的・社会的構造およびドイツ統一形成にとっての帰結の分析」(一九九五年四月五日付規約)が進められている。[30]「共産主義の撲滅」という政治的思惑から誕生したこの研究所は、研究のあり方をめぐって、理事会と研究員との間で摩擦も生じている。[31]
「壁」崩壊・「統一」一〇周年の記念事業もまた、旧DDR市民不在のまま進められた。一九九九年一一月九日、旧帝国議会議事堂での「壁」崩壊一〇周年式典に、ティールゼ連邦議会議長から式辞を述べるよう招待されたのは、ゲアハルト・シュレーダー首相のほか、往時のゴルバチョフ・ソ連共産党書記長、ブッシュ米国大統領、コール西独首相だけであった。翌年一〇月三日の「統一」一〇周年では、その間にCDU（キリスト教民主同盟）闇献金スキャンダルが発覚し、コールの扱いをめぐる党派的な泥仕合のみが際だった。一連の事態は、「西独政治エリートが登場するずっと以前、厳に非暴力的な蜂起での自己解放がなければ、二〇世紀のドイツ分裂の終結は軌道に乗らなかった」（イェンス・ライヒ）という省察を欠いており、「転換《ヴェンデ》を本当に行った人全員への侮辱」（ベアベル・ボーライ）すら意味した。[32]

さらに、二〇〇一年一〇月二一日のベルリン市議会選挙では、投票日の二カ月半前、不正融資疑惑で劣勢のCDU陣営が、SEDベルリン県第一書記だったギュンター・シャボウスキと反体制の側にいたボーライを抱き込んで、東ベルリン票の掘り起こしを図るというあまりにも露骨な歴史の政治利用が試みられた。

たしかに多元主義社会における歴史政策は、「真理」を独占する党を頂点とした政治社会のそれと同質ではない。そこでは、歴史の意味づけをめぐるヘゲモニー闘争が展開され、政治エリートは、集団的歴史意識を付与し、対立の先鋭化や政敵の信用失墜のために歴史的議論を利用する。しかし、歴史が、政治的な観念・規範・価値・象徴を形作る道具と化す問題性は、体制の如何を問わず、基本的に残ると言わねばならない。

いずれにしても、「不法国家」・「全体主義独裁」というレッテル貼りでは、「現代の国家組織全体を適切に把握できない」し「広範な承認も得られない」[33]。人種主義の非合理主義に由来するファシズムと、啓蒙主義というヒューマニスティックな合理主義を淵源とする社会主義とでは、歴史的根源があまりに異なる。「全体主義」という静態的歴史把握では、DDR内部の史的ダイナミズムが捨象され、抑圧・迫害と抵抗、加害者と被害者という二元論に帰着する。こうして、言葉の正しい意味で被害者でも加害者でもなかった多数派東独市民は、支配的言説の「DDR史」から疎外されたのである。

4　東独知識人たちの異議申し立て

DDRの歴史を「SED独裁」に還元し、これを全面否定しようとする支配的思潮に対し、DDR出身の歴史学者たちは、一九九三年一月三〇日、「ドイツ現代史オルターナティヴ調査委員会」を発足させ、独自にDDR史の批判的検証を進めた[34]。座長は、かつて一九五七年三月「反革命集団」を形成した咎で最高裁より懲役一〇年の判決を受けた哲学者ヴォルフガング・ハーリッヒ、名誉座長は、五一年「チトー主義者」として党から除名された歴史学者ヴァルター・マルコフであった。その活動を引き継いだベルリン・オルターナティヴ歴史フォーラムのほか、東ドイツでは、ほとんど財政援助を受けず、もっぱら関係者の熱意に支えられた各種団体が、非公式的なコミュニケーション・ネットワークを形成し、周辺的存在とはいえ独特の歴史的サブカルチャ

ーを生み出している。(35)

エリート層のなかで圧倒的に少数の東独出身者も、遅れて、DDR史の扱い方への異議申し立てを行った。一九九八年一〇月二六日、政権交代を経て連邦議会議長に指名されたティールゼは、開会演説で、「内なる統一が本当に成功するには、〔東西〕相互の承認、異なる経歴への敬意を通じて初めて可能となる対等性が前提」だと強調した。(36) しかし、公的言説や世論を作り出すメインストリームの姿勢は、容易に変化しなかった。

一九九四年から八年間、ザクセン＝アンハルト州首相だったラインハルト・ヘプナーは、否定面のみ寄せ集め、犯人探しに明け暮れるDDR史のあり方を批判、「きわめて劣悪な条件にもかかわらず、いかなる積極的成果があったのかという、ある歴史的時代を評価する際歴史家の間で当たり前の問題が後景に退いた」と述べ、より緻密なDDR社会史への取り組みを要請した。(37) 彼は、教育・労働・日常民主主義の例を挙げながら、「DDRには利用可能な独自の政治的・文化的実体がまるで欠如していたので、ドイツは経済的にも社会的にも政治的にも実質的に変わる必要がないと、転換《ヴェンデ》二一三年後西独政治学者たちが下した評価は、破滅的な重大誤審だった」と論じている。(38)

作家ダニエラ・ダーンは「支配的な世論の作り手たちの間では、DDRの過去の反資本主義的部分がそもそもの不法とされている。他方、東独人の多くは、資本の支配が排除されたことを謝る必要はないと考えている」と基本的な認識のズレを指摘し、「共産主義研究とは、もっぱら反

共主義的な研究だ」と手厳しく批評している。(39)

一般に、DDR(東独)研究は、一九九二—九六年頃の氾濫期を経て、その後急速に退潮した。九〇年代終わりには、八〇年代半ば西独のDDR・社会主義研究を彷彿とさせる片隅のテーマと化した。(40)しかし、「研究し尽くされた」という印象は、錯覚にすぎない。たとえばダーンは、未開拓の研究課題として、以下の諸点を列挙している。(41)

・人民所有が人間関係に与えた影響
・協同組合所有が農村での生活様式に与えた影響
・土地私有・不動産市場の不在が住宅政策や都市中心部の建築に与えた影響
・女性の完全雇用が彼女たちのアイデンティティや家族関係に与えた影響
・DDRの保健制度・統一健康保険の体験。〔妊娠中絶を禁止した〕刑法二一八条撤廃への反応
・多くの発展途上国で模範とされ一部取り入れられた家族法典の取り扱い。平明に書かれた法律。民事訴訟の労組紛争調停委員会への置き換え
・無神論教育の道徳(たとえば性道徳)への影響
・競争の制限という条件下での価値観。東欧の心性・文化の影響
・第二の家族としての作業集団
・消費思考の(必要に迫られての)サボタージュ。本来の資本としての金銭の二義性

概括的に言って、DDR史研究には、日常史の観点や西独および他の東欧諸国との比較考察が著しく欠落している。前者については、DDRでの排除・抑圧とは反対の視点から、四一年の歴史のなかで、特定の時期、特定の社会空間《ミリュー》・世代にとって、社会的統合力がどう機能したのかに関する具体的検証が始まっている。(42)

5　ゲリラ的な「オスタルギー」

当初東独市民が抱いていた楽観的な「統一ユーフォリア」は、早くも一九九〇年末から翌年初頭にかけて、「体制転換・統一ショック」へと一転した。(43) かつての労働社会には大量失業が現出し、西とは異なる経歴、人生設計、資格、業績、学歴、職歴、個人的・社会的価値志向を否定する「無価値化症候群」が席巻した。支配的な西の言説において、東独市民は、「全面的な知識不足」の「社会主義的人格として諦め、完全に順応した人間」で、「五〇年代の連邦共和国」並の価値態度を有していると決めつけられ、「命令受理者から自立的・自覚的に行動する勤労者への転換には時間がかかる」と評された。(44)

一九九四年末頃になって、個人的な順応、社会的な距離・批判、承認獲得の闘いと自己主張が混在する新たな省察の気運が起こり、東独住民の間で「われわれ」という意識・感情が強まった。

そこで前面に出てきたのが「オスタルギー」現象である。もともとそれは、東独市民が社会的激変のなかでの拠り所・方向づけを求めることから発生し、さらに、DDRでの自己の生活体験が公的言説や支配的政治階級に表明されない「言説上の無人地帯」で、その間隙をつく試みとして展開した。[45]そこには、ノスタルジー・遮断・よそ者嫌い・自己エンパワーメントなど、多様な要素が含まれ、その担い手も幅広い。[46]

「オスタルギー」はまず、東独製品への再評価で顕在化した。かつて自ら背を向けたDDR時代からの各種商品の宣伝文句が、人々の東独帰属意識を表象する先駆けとなった。DDR時代とその急速な解体を、アクチュアルな体験のもとで捉え直そうとするこの行為は、単なるノスタルジーというより、体制転換ショック後のいわば自己治療であり、過去と現在、自己解釈と「権威」ある他者言説との緊張関係を取り持とうとする素人的な営為であった。

東独市民の自己理解では、彼らは、党の独裁が貫徹したかに見える社会で誠実な生き方を追求し、自己のささやかな自由空間を守り、できる限り統制されない活動領域を創出しようと努力した。「壁」に囲まれた社会では、それすら妥協や譲歩なしには不可能だった。そうした状況を知ろうともせず、外部から声高に浴びせられる道徳的厳格主義や、自分たちの経歴の全面的な無価値化に対し、正面切っての反論は許されなかった。

公的・支配的言説のDDR史叙述に対する東独市民の違和感・抵抗感は歴然としている（表1）。[47]DDR時代の生活を回顧して、「自分にとってよい歳月だった」という評価が三九・一

	1995年			1999年		
	○	△	×	○	△	×
完全に真実に沿っている	4.4%	31.9%	57.1%	5.1%	43.9%	46.9%
一方的に否定的だ	44.7%	39.1%	11.1%	39.3%	38.4%	16.5%
人の感情を傷つける	32.5%	40.7%	20.6%	28.1%	44.4%	21.1%
こんな短期間で正当な評価は無理だ	28.9%	37.1%	25.4%	–	–	–
DDR がどう評価されようと構わない	8.9%	11.6%	72.1%	7.1%	15.3%	69.6%

表1　支配的メディア・政治家のDDR史像に対する東独市民の反応（1999年はメディアのみ。○は肯定，△は一部肯定，×は否定を示す）

パーセント、「自分はこの時代に最善を尽くそうとした」が五四・一パーセントで、「自分にとって失われた歳月だ」はごく少数で、三・〇パーセントにすぎない（一九九九年）[48]。

支配的言説のＤＤＲ史叙述に対抗し、近年では、インターネット上で草の根の文化的テキストが生み出されている。検索エンジンを使って'DDR-Webring, DDR-im-Web.de, DDR-im-WWW, DDR-Suche といったページを参照できるが、ＤＤＲに関連するウエッブサイトのうち、六七パーセントはＤＤＲの肯定的な面に着目する「オスタルギー」系サイト、二三パーセントがＤＤＲに否定的なサイト、一〇パーセントがその他に分類できるという[49]。

「オスタルギー」系ウエッブサイトは、(1)バーチャルＤＤＲ（一七パーセント）、(2)「オスタルギー」的回想（七四パーセント）、(3)非政治的副産物（九パーセント）にさらに区分できる。(1)は、「亡命ＤＤＲ国家政府公式インターネット機関紙」のように、まさにノスタルジックなＤＤＲ回帰願望を思わせたり、ことさらに戦闘的・イデオロギー的だったりする。だが、実際に東独国家再建や革命準備が本気で目指されているわけではなく、資本主義の現状批判に重点が置かれている。(2)は、イデオロギー的で理想化したＤＤＲ像ではなく、自分自身の個人的過去を保存し、一般に流布するＤＤＲ史像の修正を図る、日常史に焦点を当てた自己存在証明と解釈できる。(3)は、切手収集や自動車など趣味の世界に関係する。

とりわけ(2)は、「不法国家」・「指令経済」・「全体主義」・「暴力支配」・「独裁」といった外在的術語では到底捉えきれない東独人の体験を内側から復元する試みと言える[50]。自分たちの生活史、個々の記憶文化を回復し、それぞれの経歴という相続財産を冷静かつ建設的に表現しようとする営みは、文化的にも有意義で、書物の形でもまとめられている[51]。

ＤＤＲ時代の社会的記憶は、一部の歴史博物館でも可視化されている。一九五三年「スターリンシュタット」の名で建設されたアイゼンヒュッテンシュタットには、九三年「ＤＤＲ日常文化記録センター」が設立され、生活世界の視点からＤＤＲ史を記録・展示している。マルティン・ルターゆかりのヴィッテンベルクには、日常史の研究グループの主宰で、「歴史の家」の内部に「家の中の文化　ＤＤＲにおける住まい」展が常設されている。また、一九九九年一〇月に開設された「ライプツィヒ現代史フォーラム」の常設展「ＤＤＲにおける独裁と抵抗」も、日常生活に一定程度目配りをしている。ただしこちらは、東独人がその歴史のうち何を守るに値するかを西の選択的な視点で示しているという印象が否めない[52]。

「自由な自己決定。これこそが、DDRにいる同胞の願いであり憧れだ。〔……〕彼らが私生活に閉じこもり、政治について何も知ろうとしないというのは、もはや正しくない。彼らに後見人は必要ない――」。

「壁」崩壊前日、連邦議会でコール首相が表明した高邁なDDR市民観とは裏腹に、現実の「統一」過程で東独市民は、新たな「後見人」から指令される客体としての役回りに甘んじた。彼らは政治的には、コールとの社会契約の解消に成功した。(53) だが、経済とともに文化面・心性面の亀裂は未解決のままである。二〇〇一年一二月、旧DDR市民運動家は声明を発表し、基本権解体、公安強化、軍事化、戦争と、「権力獲得と利潤のため、死活問題での人々の利益を簡単に無視する経済・軍事・政治構造に対する無力感の増大」を訴えた。(54)

6　おわりに

安定した民主主義と機能的な市場経済を有するドイツ連邦共和国へのDDRの編入は、当初、経済的繁栄と政治社会の近代化を目指す旧東側諸国における体制転換の特権的事例と目されていた。だが、制度やエリートの一方的導入による「モデル」の移植は、外面的な同化は達成しても、東独の人的・物的ポテンシャルの排除・制限・封殺を意味した。今こそ、多数派の基準や習慣に少数派が無条件に順応する「統合」概念そのものが再考される必要がある。

テレビで「オスタルギー・ショー」が始まると、保守系の『フランクフルター・アルゲマイネ』紙などは、DDR政体の「娯楽的無害化と表面下の美化」をさっそく非難した。[55] しかし、いったい誰が独裁を擁護・美化したというのであろうか。むしろ一連のオスタルギーは、大がかりな資産および価値の没収であり、一部は自己放棄でもあった「統一」過程を根本的に省察し、民衆レベルの個人史、等身大の経歴にこだわった、しかも皮肉とユーモアを込めた、大文字の歴史教理への対抗戦術と解すべきなのである。[56]

それは、積極的な自己を創造し、全独的な文化・社会・政治・経済状況の変革主体を形成できる自己エンパワーメントでもある。[57] 東独市民の「われわれ」意識と自己主張は、ドイツ全体における参加と対等な平等への架橋の役割を果たし、文化面・心性面の解放と統合への進展に不可欠の要素と言えるのである。

しかも、東独市民の喪失体験は、グローバル化のなかで社会的安全を脅かされる西独市民にとっても他人事ではなくなっている。それは、「平等」重視派が「自由」派に迫りつつある西の政治的態度の変化にも反映しており、東独市民は、全独的価値転換のいわば「前衛」の役割を果たしているのである。[58] こうした現実は、DDRおよび他の社会構想の否定、ドイツ史の「王道」としての連邦共和国の称揚、「統一」政策の誤りの矮小化といった歴史観の相対化にも繋がろう。ここにおいてようやく、「全ドイツ人の歴史の前での平等」[59] が展望できると言えようか。

注

（1） Vgl. Thomas Ahbe, Arbeit am kollektiven Gedächtnis. Die Fernseh-Shows zur DDR als Effekt der vergangenheitspolitischen Diskurse seit 1990, in: *Deutschland Archiv*, 6/2003, S. 918f.

（2） Wolfgang Schäuble, *Der Vertrag. Wie ich über die deutsche Einheit verhandelte*, Stuttgart 1991, S. 131. Vgl. Peter Bender, "Willkommen in Deutschland", in: Wolfgang Thierse/Ilse Spittmann-Rühle/Johannes L. Kuppe（Hrsg.）, *Zehn Jahre Deutsche Einheit*, Opladen 2000, S. 13.

（3） フリッツ・フィルマー編著『岐路に立つ統一ドイツ――果てしなき「東」の植民地化』青木書店、二〇〇一年、訳者あとがき参照。なお、このティールゼの見解に、東で六五パーセント、西で三一パーセントの人が賛同した（二〇〇一年八月。反対はそれぞれ九パーセントと三〇パーセント）。Elisabeth Noelle-Neumann/Renate Köcher（Hrsg.）, *Allensbacher Jahrbuch der Demoskopie 1998–2002*, Bd. 11, München/Allensbach 2002, S. 504.

（4） Vgl. Raj Kollmorgen, Das Ende Ostdeutschlands? Zeiten und Perspektiven eines Forschungsgegenstandes, in: *Berliner Debatte Initial*, 2/2003, S. 12f.

（5） 本稿脱稿直前、二〇〇四年二月の失業率は一九・四パーセントであった（西独は八・九パーセント、ドイツ全体では一一・一パーセント）。

（6） 二〇〇二年一一月の時点で、「平等」派が六三パーセント、「自由」派が二七パーセントであった（西ではそれぞれ三八パーセントと五三パーセント）。Elisabeth Noelle, Geteilte Freude, in: *Frankfurter Allgemeine Zeitung*（＝*FAZ*）, 27. 11. 2002, S. 5.

（7） 二〇〇四年三月の同党支持率は二一・五パーセントであった（西では一・三パーセント）。*FAZ*, 17. 3. 2004, S. 5.

（8） 二〇〇二年五月の別調査では、五七パーセントと記録されている。Noelle-Neumann/Köcher (Hrsg.), a.a.O., S. 521.

（9） Noelle, a.a.O.

（10） ロルフ・ライスィヒ「転換一〇年後の東独市民――その態度、価値モデル、アイデンティティー形成」、フィルマー編著、前掲書所収。Rolf Reißig, *Die gespaltene Vereinigungsgesellschaft. Bilanz und Perspektiven der Transformation Ostdeutschlands und der deutschen Vereinigung*, Berlin 2000, S. 73-78.

（11） Noelle-Neumann/Köcher（Hrsg.), a.a.O., S. 596 und S. 630.

（12） Peter Förster, Die 30―Jährigen in den neuen Bundesländern: Keine Zukunft im Osten!, in: *Deutschland Archiv*, 1/2004, S. 28 und S. 30f.

（13） Reißig, a.a.O., S. 56f.

（14） Noelle, a.a.O.

（15） Vgl. Bernd Gehrke/Wolfgang Rüddenklau, *»...das war doch nicht unsere Alternative«. DDR-Oppositionelle zehn Jahre nach der Wende*, Müünster 1999.

（16） Vgl. Christoph Dieckmann, Freiheit für 1:0! Die wahre Kränkung der Ostdeutschen ist die Enteignung ihrer Geschichte, in: *Die Zeit*, 14. 1. 1999, S. 16.

（17） 拙稿「道路名に見るベルリン史」、拙編著『ベルリン――過去・現在・未来』三一書房、一九九八年、二一九頁。

(18) Deutscher Bundestag (Hrsg.), *Schlußbericht der Enquete-Kommission »Aufarbeitung von Geschichte und Folgen der SED-Diktatur in Deutschland«*, Drucksache 12/7820 bzw. *Schlußbericht der Enquete-Kommission »Überwindung der Folgen der SED-Diktatur im Prozeß der deutschen Einheit«*, Drucksache 13/11000. Vgl. *Materialien der Enquete-Kommission »Aufarbeitung von Geschichte und Folgen der SED-Diktatur in Deutschland«*, 9 Bände in 18 Teilbänden, Baden-Baden/Frankfurt M. 1995 bzw. *Materialien der Enquete-Kommission »Überwindung der Folgen der SED-Diktatur im Prozeß der deutschen Einheit«*, 8 Bände in 14 Teilbänden, Baden-Baden/Frankfurt M. 1999.

(19) ショルレマーはヴィッテンベルクの牧師で、一九八九年九月「民主的出発」の発足に加わった。彼の真意は、和解に向けた真相究明委員会の設置にあったが、「法廷」の名称は「人民裁判」のような誤解を与えた。

(20) Petra Bock, Von der Tribunal-Idee zur Enquete-Kommission. Zur Vorgeschichte der Enquete-Kommission des Bundestages »Aufarbeitung von Geschichte und Folgen der SED-Diktatur«, in: *Deutschland Archiv*, 11/1995, S. 1171-1183.

(21) 彼らの歴史叙述には、「社会主義体制の全般的危機」といった把握（Armin Mitter/Stefan Wolle, *Untergang auf Raten. Unbekannte Kapitel der DDR-Geschichte*, München 1993）や抵抗運動の英雄への集中（Ehrhart Neubert, *Protestantische Revolution*, Osnabrück 1990）など、公定マルクス＝レーニン主義の単純な裏返しが目につく。

(22) 第一二立法期のテーマは、(1)ＳＥＤ国家における権力構造・決定メカニズムと責任の問題、(2)ＤＤＲ

の国家・社会におけるイデオロギー・統合的要素と規律化の実践の役割と意義、(3)ＳＥＤ国家における法律・司法・警察、(4)ドイツ内関係と国際的条件、(5)ＳＥＤ独裁の諸段階における教会の役割と自己理解、(6)逸脱的・抵抗的態度と反対行動の可能性と形態、一九八九年秋の平和革命、ドイツ再統一と独裁の構造・メカニズムの影響、第一三立法期は、(1)ドイツ統一過程においてＳＥＤ独裁の結果を克服する際の法治国家・ドイツ連邦共和国の構造的遂行能力、ＳＥＤ独裁の犠牲者／公務におけるエリート交代／司法による総括、(2)経済・社会・環境政策、(3)教育・科学・文化、(4)ＤＤＲと新州における日常生活、(5)文書館、(6)二つのドイツの独裁とその犠牲者たちへの追想の全独的形態、(7)中欧・東欧・南東欧における全体主義独裁の総括に際しての国際協力の展望、(8)ＳＥＤ独裁を将来総括するための課題、(9)分割された欧州における分割されたドイツ、であった。

(23) Vgl. Manfred Wilke, Die deutsche Einheit und die Geschichtspolitik des Bundestages, in: *Deutschland Archiv*, 4/1997, S. 613.

(24) Amelie Kutter, Geschichtspolitische Ausgrenzungen in der Vereinigungspolitik. Das Beispiel der Enquête-Kommission, in: Stefan Bollinger/Fritz Vilmar（Hrsg.）, *Die DDR war anders. Eine kritische Würdigung ihrer sozialkulturellen Einrichtungen*, Berlin 2002, S. 33f.

(25) Vgl. Christian von Ditfurth, *Blockflöten. Wie die CDU die realsozialistische Vergangenheit verdrängt*, Köln 1991.

(26) Jochen Černý, Erkunden oder aufarbeiten? Un/Arten des Umgangs mit deutscher Zeitgeschichte, in: *Utopie kreativ*, H. 47-48/1994, S. 15.

(27) Jürgen Weber（Hrsg.）, *Der SED—Staat. Neues über eine vergangene Diktatur*, München 1994, S.

1.

(28) こうした「白黒史観」の横行は、必ずしも「統一」直後の一時的現象とは言えない。Vgl. Katja Schweitzer, *Täter und Opfer in der DDR. Vergangenheitsbewältigung nach der zweiten deutschen Diktatur*, Münster 1999.

(29) Vgl. Ralf Jessen, DDR-Geschichte und Totalitarismustheorie, in: *Berliner Debatte INITIAL*, H. 4-5/1998.

(30) ちなみに、アーレント自身は、「われわれが冷戦期から反共主義という公式の「対抗イデオロギー」を受継いだことは、理論においても実践においても事をむずかしくし」、「反共主義もまた野心においてグローバルとなる傾向を持ち、われわれはそれにそそのかされてわれわれ自身のフィクションを創ろうとする」ことから、「「全体主義」という言葉をみだりに使わないよう慎重にすべき」だと警告している。ハナ・アーレント『全体主義の起原』3、大久保和郎・大島かおり訳、みすず書房、一九七四年、viii―ix頁。

他方、哲学者マルクーゼは、「現代産業社会は、その土台としてのテクノロジーを組織している仕方のために、全体主義化する傾向がある。「全体主義化」には、テロによって社会を政治的に等質化するもののほかに、テロによらないで社会を経済的・技術的に等質化するもの――それは既得の利益に訴えた欲求操作を通じて行われる――もあるからである。現代産業社会は、このようにして全体に対する有力な反対派が出現するのをあらかじめ阻止している。特定の統治形態や特定の政党政治だけが全体主義を助長するのではなくて、政党の「多元主義」、新聞、「対抗権力」などと十分両立しうるような特定の生産・分配の体制も全体主義を助長する」と指摘している。ヘルベルト・マルクーゼ『一次元的人間』

生松敬三・三沢謙一訳、河出書房新社、一九七四年、二一頁。

(31) *Berliner Zeitung*, 6. und 9. 10. 2000.

(32) Jens Reich, Von den eigentlichen Helden kennen wir die Namen nicht, in: *Der Tagesspiegel*, 9. 11. 1999, S. 3. ＤＤＲ時代ライヒは分子生物学者、ボーライは画家の傍ら反体制活動に従事し、一九八九年九月一一日の「新フォーラム」結成に関わった。

(33) Christoph Kleßmann, Der schwierige gesamtdeutsche Umgang mit der DDR-Geschichte, *Aus Politik und Zeitgeschichte* (=*APuZ*), B 30-31/2001, S. 5.

(34) Wolfgang Harich, Zur Aufarbeitung deutscher Geschichte, in: *Neues Deutschland*, 2. 10. 1992, S. 14 und ders., Zeitgeschichte als Widerstand, in: *Das Parlament*, 17. 6. 1994, S. 4.

(35) Stefan Berger, Was bleibt von der Geschichtswissenschaft der DDR? Blick auf eine alternative historische Kultur im Osten Deutschlands, in: *Zeitschrift für Geschichtswissenschaft*, 11/2002, S. 1017–1020.

(36) ティールゼは、歌手ヴォルフ・ビアマンの市民権剥奪に抗議してＤＤＲ文化省から解雇され科学アカデミーに勤務、「新フォーラム」を経てＳＰＤに所属した。

(37) Reinhard Höppner, *Zukunft gibt es nur gemeinsam. Ein Solidaritätsbeitrag zur Deutschen Einheit*, München 2000, S. 109–124. ヘプナーは旧体制時代、福音主義教会の平和運動に関与していた。

(38) Ebenda, S. 20.

(39) Daniela Dahn, Vereintes Land—geteilte Freude. Für eine ehrliche Geschichtsschreibung auf beiden Seiten, in: Willy-Brandt-Kreis (Hrsg.), *Zur Lage der Nation. Leitgedanken für eine Politik*

der Berliner Republik, Berlin 2001, S. 23f. und S. 25. ダーンは、一九八一年ＤＤＲのテレビ局を解雇され、八九年「民主的出発」の結成に参加した。

(40) Kollmorgen, a.a.O., S. 10.

(41) Dahn, a.a.O., S. 24f.

(42) Thomas Ahbe/Michael Hofmann, „Eigentlich unsere beste Zeit." Erinnerungen an den DDR-Alltag in verschiedenen Milieus, in: *APuZ*, B 17/2002, S. 13-22.

(43) Reißig, a.a.O., S. 31, S. 48 und S. 73-78.

(44) Vgl. Thomas Ahbe und Monika Gibas, Der Osten im vereinigten Deutschland, in: Thierse/Spittmann-Rühle/Kuppe (Hrsg.), a.a.O., S. 32.

(45) Vgl. Thomas Ahbe, Ostalgie als Laienpraxis. Einordnung, Bedingungen, Funktion, in: *Berliner Debatte INITIAL*, 3/1999, S. 95

(46) Reißig, a.a.O., S. 93.

(47) Hans Steußloff, *Zur Identität der Ostdeutschen. Merkmale und Tendenzen eines Phänomens*, Berlin 2000, S. 30.

(48) Ebenda, S. 29.

(49) Paul Cooke, Ostdeutsche kulturelle Identität und Cyberspace, in: *Berliner Debatte Initial*, 2/2003, S. 36f.

(50) Vgl. Wolfgang Engler, *Die Ostdeutschen. Kunde von einem verlorenen Land*, Berlin 1999, S. 9.

(51) Felix Mühlberg/Annegret Schmidt (Hrsg.), *Zonentalk. DDR-Alltagsgeschichten aus dem Internet*,

Köln/Weimar/Wien 2001.

(52) 一九九四年、当時のコール首相は、この歴史博物館建設の意義として、「われわれは子や孫の世代に、われわれの自由な民主主義の根幹を周知させる必要がある。同時に、ＳＥＤ独裁での不法・テロの記憶を保ち続けなければならない」と述べている。Stiftung Haus der Geschichte der Bundesrepublik Deutschland. Zeitgeschichtliches Forum Leipzig (Hrsg.), *Einsichten. Diktatur und Widerstand in der DDR*, Leipzig 2001, S. 11.

(53) 拙稿「「東風は西風を圧する」か？――東独から見た一九九八年連邦議会選挙」、『ドイツ研究』第二八号（一九九九年六月）所収参照。

(54) »Machen wir endlich den Mund auf«, in: *Neues Deutschland*, 14. 12. 2001, S. 1, S. 5 und S. 8.

(55) Michael Hansfeld, Wenn das die Koreaner sehen, in: *FAZ*, 19. 8. 2003, S. 37.

(56) Christoph Dieckmann, Honis heitere Welt. Das Unterhaltungsfernsehen verklärt die DDR. Anmerkungen zu Wohl und Wehe der Ostalgie, in: *Die Zeit*, 28. 8. 2003, S. 37f.

(57) Vgl. Thomas Ahbe, Ostalgie als Selbstermächtigung. Zur produktiven Stabilisierung ostdeutscher Identität, in: *Deutschland Archiv*, 4/1997.

(58) 前掲拙稿『ドイツ研究』所収参照。Vgl. Wolfgang Engler, *Die Ostdeutschen als Avantgarde*, Berlin 2002.

(59) Vgl. Peter Bender, Die Gleichheit aller Deutschen vor der Geschichte, in: Willy-Brandt-Kreis (Hrsg.), a.a.O., S. 51.

付記

本文脱稿後、ほぼ二年が経過した。大量失業、貧困の深刻化、人口流出といった東ドイツの困難な状況に、依然変化は見られない。かつて「東欧の優等生」と呼ばれた経済力は見る影もなく、一九九五—二〇〇四年のGDPの増加は、ポーランド（四四パーセント）、ハンガリー（四〇パーセント）、チェコ（二一パーセント）を大きく下回る一二パーセントであった（ただしベルリンを除く。Wolfgang Kühn, Schlusslicht Ost-deutschland—ein Menetekel?, in: *Blätter für deutsche und internationale Politik*, 10/2005）。

週刊誌『シュピーゲル』二〇〇四年九月二〇日号は、「統一」一五年になるというのに、人々は気楽だったDDR時代にふけり、自己イニシアティヴの原則に慣れていないとして、東独を「嘆きの谷」と皮肉る特集を組んだ。同誌は、それに先立つ同年四月五日号で、東独は、総額一兆二五〇〇億ユーロもの資金移転にもかかわらず、西に寄生し続ける金食い虫だと指弾していた。

二〇〇五年一月、前年復活した「月曜デモ」の甲斐なく、「ハルツⅣ」改革が導入された（拙稿「ドイツで拡がる二重の亀裂——「統一」一四年後の「月曜デモ」」、『技術と人間』二〇〇四年一二月号および拙稿「歴史の清算から積極派兵へ？」、小田実・木戸衛一編『ラディカルに〈平和〉を問う』法律文化社、二〇〇五年所収参照）。これは、長期失業者に対する失業救済金を、生活保護の給付水準にまで下げ、「失業手当Ⅱ」として一本化する措置である。「ハルツⅣ」は、「ドイツ統一」のあおりで国営企業の職場を失った東独の失業者をとりわけ直撃した。ドイツ連邦共和国史上最悪の失業者数（五二一・六万人）を記録した二〇〇五年二月時、東独の公式失業率は、二〇・七パーセントとなった（西独では一〇・四パーセント、全国平均は一二・六パーセント）。

二〇〇五年九月一八日の総選挙を経て、一一月二二日、東独出身でプロテスタントのCDU女性党首、アンゲラ・メルケルが第八代ドイツ連邦共和国首相に就任した。彼女はしかし、東独市民の政治的代弁者とは言えない。内政面で市場原理の徹底化と個人の自己責任を強調する新自由主義、外交面で対米追随の大西洋主義を信奉するメルケルは、彼らの大多数にとって、あくまで「西」のシステムに巧みに順応して出世階段を登りつめた人物にすぎない。他方、ＰＤＳはこの選挙前、西独の「労働と社会的公正のための選挙オルターナティヴ」（ＷＡＳＧ）と提携して「左翼党」に改称したが、支持基盤はなお東独に偏っている（拙稿「「改革」に高まる不信――ドイツ総選挙が意味するもの」、『軍縮問題資料』三〇三号〔二〇〇六年二月〕所収）。

実質賃金の低下という切実な現実を背景に「オスタルギー」現象は、特に東のさまざまな催しでしぶとく続き、ドイツ以外でも注目を集めるようになった（Dominique Vidal, Peter Linden et Benjamin Wuttke, Les allemands de l'Est saisis par l'Ostalgie, in: *Le monde diplomatique*, Août 2004. 邦訳「旧東独に広がる「オスタルジー」」、『日刊ベリタ』二〇〇四年九月一八日掲載。http://www.nikkanberita.com/read.cgi?id=200409182149516〔有料〕）。

（二〇〇六年一月末日記）

社会主義国家の建国神話

——『戦艦ポチョムキン』から『グッバイ、レーニン!』まで

高橋秀寿

1 はじめに

一九八九年以後の東欧における大変動を一五年以上の歳月がたった今日から振り返ってみると、全体主義体制に対する自由=民主主義体制の勝利といった政治学的な観点だけでこの歴史的事件を説明できないことは明らかであろう。産業社会からポスト産業社会、あるいはフォーディズムからポスト・フォーディズムへの移行、国民国家の主権の衰退、情報・資本・ヒト・モノなどの国境をこえた大規模な移動といった事象を「グローバリゼーション」と呼ぶなら、硬直した官僚制と社会主義的生産管理システムとともに「鉄のカーテン」と「ベルリンの壁」を打ち砕いたのは、まさにこのグローバリゼーションだったのであり、経済変革のなかで東欧諸国はその後もグローバリゼーションに翻弄されつづけている。ところで、国民国家の主権が終焉するなかで現れるグローバルな主権形態として〈帝国〉の出現を宣言したネグリとハートは、次のように述べて

いる。

〈帝国〉は、歴史の流れのなかで一時的にその支配力を行使するのではなく、時間的な境界をもたず、その意味で、歴史の外部ないしは終わりに位置するような体制なのである。(1)

このような主権形態の存在の有無をここでは問わないが、二人のこの言葉を信じるなら、グローバリゼーションは歴史性をもたない歴史的過程、あるいは歴史的正統性を必要としない体制であるといえる。その意味で今日の国民国家とその国民はこの歴史なき主権と対峙し、歴史的正統性を構築していかざるをえない。世界規模でくり広げられているさまざまな歴史論争——外交問題にまで進展した教科書問題、ホロコーストやヒロシマの表象をめぐる論争、戦時性暴力をめぐる論争など——は、まさにグローバリゼーションに伴う現象であるといえよう。とりわけ東欧諸国は、その転換が劇的であったがゆえに、歴史意識の大転換と激しい歴史論争も経験せざるをえなかった。他の国民国家と同様に、社会主義国家もその歴史的正統化のために建国神話を作り出したが、体制が凋落するとともにその神話は唾棄され、それを表象していた記念碑は社会主義国家の崩壊とともに引きずり倒された。そして歴史の再検討がさまざまな論争を通じてくり返されている。

さて、この社会主義国家の建国神話とはいったい何であったのだろうか？　その神話が崩壊し、グローバリゼーションが進展するなかで、新たな建国神話が創り出されているのであろうか？とくに東ドイツを対象に、社会主義国家の建国神話の成立と衰退、その崩壊後の歴史的正統性の問題を、主に三つの映画を通じてこれから考察してみよう。

2 『戦艦ポチョムキン』と建国神話

一九二五年、モスクワで開催されていた「一九〇五年革命二〇周年記念式典」でエイゼンシュテインの古典的作品『戦艦ポチョムキン』が初公開された。翌年、賛否両論のなかドイツでもこの映画が公開されたが、右翼はこの映画の危険性を認識して、上映禁止を働きかけた。しかし、「それはすばらしい出来栄えです。それは比類ない映画芸術です」と、政権を掌握したばかりのナチ党の宣伝相、ゲッベルスがこの映画を垂涎のまなざしで鑑賞し、ナチス版『戦艦ポチョムキン』の製作をめざしたことはよく知られている。ユダヤ系監督による「ボルシェヴィズム」映画を、世界観のまったく異なるナチスのスポークスマンはなぜ賞賛したのだろうか？　まずは、そのストーリーを簡単に追ってみよう。

この映画は五章から構成されている。第一章「人々とうじ虫」では、水兵のワクリンチェクが一九〇五年革命への連帯行動を鼓舞するなか、水兵たちはスープに使う肉に「うじ虫」が涌いていることを訴える。しかし軍医にその事実さえも否定され、水兵たちは不満を募らせ、スープ拒否の行動に出る。第二章「甲板上のドラマ」は、司令官が総員を甲板に集合させるシーンで始まる。この司令官は水兵たちにスープへの満足の意思を確かめ、不満を表明するものを絞首刑に処すと脅すが、十数名の水兵の行動に腹を立てて、衛兵にその水兵たちの銃殺を命じる。しかし、射殺命令の瞬間にワクリンチェクは「兄弟たち！　だれを撃つのだ」と衛兵に水兵との連帯を訴える。衛兵が銃口をおろす一方、水兵全員が士官に反乱を開始し、士官たちが海に放り投げられ、蜂起は成功した。しかしワクリンチェクは、銃殺命令に際して冷笑していた士官のギリャロフスキーの銃弾に倒れ、海に落ち、水兵に担ぎ運ばれる。その遺体は汽艇でオデッサの岸に運ばれ、防波堤のテントに安置される。第三章ではこの遺体が「死者の呼びかけ」を行う。水兵の蜂起とその犠牲者の噂がオデッサ市民に広まり、ワクリンチェクの遺体の前に長蛇の列を作りながら市民が集い、その死を悼むなかで、反乱水兵との連帯と革命行動を誓い合うのである。そして映画はもっとも有名な「オデッサの階段」（第四章）のシーンへと移っていく。市民たちはヨットとボートで戦艦に向かい、食料品を次々と運び入れることで反乱水兵との連帯の意思を示し、岸辺の市民も戦艦に向かって歓呼するが、突然、「コザック騎兵」が隊列を組んで階段を下りながら、無防備の市民たちを背後から射撃し始め、大混乱のなかで容赦なく残忍な殺戮をつづける。これに対してポチョムキンの反乱水兵は、政府軍の司令部となっていたオデッサ劇場に報復の砲弾を浴びせる。そして第五章「艦隊との遭遇」では、戦艦内で議論が交わされ、オデッサ市民のもとへ上陸すべしとの意見に対して、すでに迫りつつある海軍の分遣隊を迎え撃つことが決定される。

水兵たちは戦闘準備に取りかかったが、他の艦隊もこの反乱水兵の呼びかけに応じ、互いに手を振って歓呼し、この映画は終わる。(2)

このように『戦艦ポチョムキン』では死者が重要な役割を果たしている。まず、反乱を指導し、士官の銃弾によって劇的な死を迎えたワクリンチェクは革命の殉教者として描かれ、防波堤のテントに安置されたその遺体にはオデッサの市民が――まるでレーニン廟の「参拝」のように――長蛇の列をなして集い、あるものは脱帽し、あるものは頭をたれてすすり泣き、あるものは号泣しながら、まったく未知であった一水兵の死を弔うのである。「倒れた闘士を永久に忘れまい」と誓いながら、拳が硬く握り締められ、その悲しみは怒りへと変わり、「専制政治打倒」が訴えられ、革命の闘志が渦巻いていく。こうして一人の死者をめぐって共同体が形成されていく。注目すべきことは、この共同体には典型的な「プロレタリアート」市民だけでなく、優雅に日傘をさす婦人のような「ブルジョア」市民も属していることである。この場面では、その死と弔いに冷笑する市民が登場するが、その一人が「ユダヤ人を殺せ」と叫ぶと、群衆はその男に襲いかかり、この共同体から排除していく。つまりここで形成されたのは、階級共同体というよりも、「死者の呼びかけ」に応答する者によって構成された「哀悼共同体」なのである。この共同体は戦艦の見える「オデッサの階段」に集まり、戦艦に向かい歓呼の声をあげる。哀しみから怒りへと変貌した市民の顔は、いまや歓喜の表情を見せていくのである。

この市民はやがて「コザック騎兵」による虐殺で自らが死者となっていくが、その死に今度は反乱兵士が報復を誓い、革命の意志を固めていく。このようなモチーフは、エイゼンシュテインの前作『ストライキ』のラストシーンにすでにあらわれている。この映画は、殺戮されたストライキ労働者の累々たる死体を映し出し、次の字幕で幕を閉じる。「労働者階級の肉体の上に生々しい傷あとが刻まれた。忘れるな、労働者よ！」

一八二一年、反ナポレオン解放戦争を記念してベルリンにシンケルの設計でクロイツベルク記念碑が建立され、「国王は、その呼びかけに応じて高潔にも祖国に財産と血を捧げたる国民に——倒れし者にはそれを記憶せんがために、生きのこりし者にはその功績を讃えんがために、後代の者にはそれを見習わんがために」（碑文）この記念碑は捧げられた。このような文言はその後の戦争記念碑のなかでくり返されていくが、ドイツではこの記念碑によって、国民形成と死者の追悼が明確に結びつくことになった。とくに世紀転換期に記念碑は、将軍などの功績者をたたえる形態から、戦没した一般兵士の死を追悼するものへと変化していくが、大衆社会の形成とその「大衆の国民化」は、このような死者の平等化を伴っていたのである。(3) 民主主義の理念をあらわす「人民の、人民による、人民のための政治」のフレーズで終わるリンカーンの演説が戦没者墓地で行われていたことはけっして偶然ではない。そして、国民国家内のマイノリティが戦没者を輩出することによって国民共同体に統合されていく数限りない歴史的事例をここであげる必要もあるまい。

ここに、先にあげた疑問——ゲッペルスの『戦艦ポチョムキン』礼賛——を解く鍵があるように思われる。その範疇が人種主義的な「民族」と階級的な「人民」とで異なるにせよ、両体制は――そして多かれ少なかれすべての国民国家体制は――強固な国民共同体の形成という点において共通の目的を追求していた。死者をめぐって国民共同体を形成しようとする意図において『戦艦ポチョムキン』は、文字通り「記念碑」的な作品であるといえよう。それまでの記念碑は現地を訪ねるか、絵葉書や写真で見る以外に実感することができなかったが、当時の新しいメディアであった映画が移動可能な記念碑になりうることを『戦艦ポチョムキン』は実証した。史上初の社会主義国家は、映画によって一九〇五年革命を建国神話に仕立て上げたのである。

一方、ナチスが映画による記念碑の樹立に成功したとはいいがたい。リーフェンシュタールの『意志の勝利』は、ヒトラーが慰霊碑に向かい、死者を追悼する姿を映し出しているが、けっして哀悼共同体の形成を意図しているわけではない。ナチ期に製作されたのは、ほとんどが「プロパガンダ映画」であるとしか評価できない映画か、国民の不満をガス抜きするための娯楽映画であって、『戦艦ポチョムキン』に匹敵する「記念碑」的な古典的映画をナチスは製作できなかった。(4)

詳述する紙面上の余裕はないが、一九世紀末に芸術様式としてモダニズムが確立され、主に左翼がこの様式を記念碑に適用していった。筆者は拙稿で、(5)モダニズムを便宜的に二つに区分し、表1のように整理した。この二つの様式においては死者の表象も異なる。機能主義的モダニズムは、進歩の犠牲者として死者を記憶し、その死を礎とすることによって前進していく共同体との

<table>
<tr><th></th><th>機能主義的モダニズム</th><th>主観主義的モダニズム</th></tr>
<tr><td>定義</td><td>大衆社会の現実に対応し，機械文明を直視・賛美した理知主義的な美学を追求</td><td>そのような現実がもたらす精神・心理的な実体と矛盾を本能・情動的に表現</td></tr>
<tr><td>芸術様式</td><td>キュービズム，デ・ステイル，未来派，構成主義，新即物主義《ノイエ・ザッハリヒカイト》，建築における機能主義，国際主義</td><td>表現主義，アール・ヌーヴォー，ユーゲント・シュティール，ダダ，シュールレアリスム，建築における有機主義</td></tr>
<tr><td>時間観念</td><td>現在＝未来志向，歴史的様式から霊感を得ても，基本的に反歴史主義的</td><td>反文明的，自然・神秘主義的理念を内包，手工業のような反近代的な伝統への遡及</td></tr>
<tr><td rowspan="2">建築的造形理念</td><td>装飾を排除した純粋な幾何学的形態の組合せによる大量生産可能な抽象的形態の造形</td><td>大量生産による画一性を否定し，不安定な非幾何学的な形態を用いながら，主観主義的な独創性を表現</td></tr>
<tr><td colspan="2">内部の骨組みを外に見せる鉄鋼やガラスの使用などによる，内部空間と外部空間の障壁の廃棄と透過・流動化</td></tr>
<tr><td>代表的建築物</td><td>ベーレンスのAEGタービン工場，グロピウスのバウハウス校舎，フランク・ロイド・ライトの草原邸など</td><td>ガウディのサグラダ・ファミリア教会とカサ・ミラ，メンデルゾーンのアインシュタイン塔，ペルツィッヒの大劇場など</td></tr>
<tr><td>記念碑</td><td>未来志向型記念碑（ミースのリープクネヒト・ルクセンブルク記念碑など）</td><td>警告志向型記念碑（ブレーメン革命記念碑のピエタ像など）</td></tr>
<tr><td>親和性</td><td>古典主義</td><td>ロマン主義</td></tr>
</table>

表1

同一化を求め、合理的な目的を目指すことで死の無意味さを克服しようとする。一方で、主観主義的モダニズムは、死の不合理性、痛ましさ、無意味さを表現主義的手法であらわし、警告を発する永遠の声として死者を記憶しようとする。

これに対してナチズムは、モダニズム芸術を「退廃芸術」として排撃し、厳格なる秩序と統制を求めて、逸脱を許さない永劫性の美学である古典主義的様式を偏愛した。永遠性や不死性を表象するのに最も適したこの様式によって、その死者を永久に記憶し、死を無意味な偶然から救済し、強固な共同体を形成することが試みられたのである。

すなわち、映画による記念碑の作成が、永劫性によって死者を表象しようとするナチズムではなく、未来志向の社会主義政権によって大きな成功を収めた理由は、その媒体が旧来の記念碑のように堅固で不動な永劫的なものではなく、複製と移動が可能である動態的メディアであったことにあるといえよう。映画としての記念碑の形態は未来志向の国家に適合しているのである。『戦艦ポチョムキン』において死者は、革命という進歩のための闘いのなかで反動勢力によって強いられた犠牲者であり、この犠牲者を礎に未来社会の構築がめざされていく。革命一〇周年を記念して製作され、一〇月革命を建国神話として描き出そうとした『十月』における死者の描き方もまた同様である。この映画でも『ストライキ』や『戦艦ポチョムキン』と同様に、「反動勢力」による大量殺戮の場面が登場するが、この映画のクライマックスは「ブルジョア」臨時政府が拠点とした冬宮に武装蜂起した革命労働者が突入するシーンである。先頭に立った革命集団の幾人かは政府部隊の反撃にあって銃弾で倒れるが、その革命集団は文字通りその屍を踏み越えて前進する。政府閣僚の逮捕で革命は成就して、この映画は革命労働者の歓喜とともに終わる。

しかし、『十月』では、『戦艦ポチョムキン』ほどには死者に重要な役割は与えられていない。後者にしても、ワクリンチェクへの哀悼はすぐさま革命への熱狂と歓喜に転化していく。未来志向の社会主義国家の建国神話は、死者の哀悼で終わることはなく、その礎のもとに未来が構築されていかなければならないのである。言い換えるなら、未来を約束できる限りでその建国神話は神話でありうるのである。

3　東ドイツの建国神話

反ファシズム闘争によるナチズムからの解放にドイツ社会主義国家の正統性を求めた東ドイツ国家は、その建国神話をブーヘンヴァルト強制収容所に見出した。一九三七年にワイマール近郊に建設されたこの強制収容所では、収容された囚人の一四パーセントにあたる三万三〇〇〇人以上が死亡・殺害されたが、殺戮だけを目的にこの敷地に連行されたソ連捕虜と、この収容所へとそこからの「死の行進」による死亡者の数を加えるなら、総数五万六〇〇〇人がここで非業の死を強いられた。しかしブーヘンヴァルトは、数多く建設されたナチ強制・絶滅収容所のなかの一つにすぎない。この収容所が東ドイツの建国神話の舞台となったことには、二つの理由が考えられる。第一に、この収容所には多くの共産主義者が収容され、犠牲になっただけでなく、ドイツ共産党党首のテールマンがここで殺害された。共産主義者にとってここは指導者が「殉教」した「聖地」になりえたのである。第二に、この収容所では囚人内の管理組織が作られ、共産主義者がその組織内の指導権を握った。それによって彼らは「国際収容所委員会」というレジスタンス組織を形成し、武器の調達にも成功している。アメリカ軍が収容所を解放する同じ日に、この委員会が中心となって囚人は親衛隊の武装解除の行動を開始し、七六人の逃走した親衛隊を拘束した。つまり、ファシズムからの自己解放の神話を作り上げる素材をブーヘンヴァルトはもち合わせていたといえる。(6)

ブーヘンヴァルトに追悼施設を建立しようとする試みは解放直後から始まっている。しかしその敷地はソ連の「特別収容所」(後述)として使用され、一九五〇年にその解体が決定されると、政府はその痕跡を消し去るために、一部を除く旧強制収容所施設の解体を決定した。記念所として公開されている今日の敷地はその残滓である。翌年に政府は、旧囚人の遺体の埋葬地となった丘陵地に記念所を設立することを決め、一九五八年に落成させた。それは、七つの石柱に描かれたレリーフによって虐待、苦悩、殺害、援助、連帯、誓約、闘争、勝利へとつながるその歴史を振り返り、古典主義的様式のパイロンによって連なる「諸国民通り」で国際的連帯を喚起し、「自由の階段」という名の長い石段を登りつめると、クレーマー作の囚人像と、その背後に立つ五〇メートルの「自由の塔」にたどり着くという〝テーマパーク〟である。この記念所の中心に

図1

位置する囚人像は、右から「拒否する者」、「冷笑する者」、「疑う者」、「議論する者」、「戦う者」、「倒れる者」、「誓約する者」、「旗をもつ者」をそれぞれあらわす人物によって構成されている(図1)。ここからは、『戦艦ポチョムキン』に示された建国神話が彫刻として表現されていることが理解できよう。(7)

ナチズムの犠牲者の表象が西ドイツのものと異なるものであることは、西ドイツの旧強制収容所施設であるノイエンガンメ(図2)とダッハウ(図3)に建立された彫刻と比較すると明らかになろう。西ドイツの旧強制収容所記念所では主観主義的モダニズムが、東ドイツ政府によって六九年に改築された新衛兵所の「軍国主義とファシズムの犠牲者」のための追悼記念所には機能主義的モダニズムが用いられたが、ブーヘンヴァルトでは苦悩

図 2

図 3

と犠牲と勝利を表現するために主観主義的モダニズムが採用された。社会主義国家の建国神話は、やせこけて死に絶えていった死者の追悼で終わることはない。「反動」の犠牲となった屍を踏み越えていく社会進歩のための闘争が主要なモチーフであり、死者は生者の前進の礎となり、勝利へと連なる物語を構成しなければならないのである。

この記念所が落成した同じ年に、小説『裸で狼の群れのなかに』(8)がアーピッツによって公表され、五年後の六三年に同名で映画化された。舞台は、連合軍がすでにドイツ国境を突破した戦争末期のブーヘンヴァルト強制収容所。撤退した強制収容所から多くの囚人がブーヘンヴァルトに次々と移送されたが、重いトランクを引きずる一人のユダヤ系ポーランド人がここに到着する。そのなかにはユダヤ人の幼児が隠されていた。ワルシャワ・ゲットーからアウシュヴィッツに送られ、両親は死亡するが、匿われて生き延びてきたのである。この収容所ではすでに「国際収容所委員会」が組織され、地下活動を行っていたが、自らと組織の安全を危険にさらしかねなかったにもかかわらず、拷問に耐え、犠牲者を出しながらも、囚人はその子供を保護しつづけることに成功する。そしてアメリカ軍がこの収容所に到達する直前に、囚人たちは「武装蜂起」し、自ら収容所を解放していく。「勝利」に歓喜する囚人たちの姿を映し出し、指導者たちの困難な未来とその責任を暗示しながら、アメリカ軍が解放者として到来する前に、この物語は幕を閉じる。

この映画では子供をめぐる連帯行動によって抵抗運動が人道主義と結びつけられたが、一九五九年に映画化もされた『アンネの日記』の場合とは異なり、「子供」は生きて解放されている。

それどころか、ブーヘンヴァルト記念所と同様、この映画ではやせこけた死者の姿はあらわれない。主人公である共産主義者たちの苦悩の主な原因は、生理的に耐えがたい餓えではない。それはむしろ殺害の恐怖と拷問であり、彼らはその苦悩に耐え忍び、打ち勝ち、勝利していくのである。そして、武装蜂起して監視塔に突入し、ＳＳの銃撃に立ち向かって前進していく解放のシーンは、革命労働者が冬宮になだれ込んでいくエイゼンシュテインの『十月』のラストシーンを彷彿とさせる。社会進歩のために反動と闘い、勝利していくこの物語は、まさに社会主義国家の建国神話であった。

4　統一ドイツの建国神話

一九八九年五月にハンガリーがオーストリア間の国境の鉄条網を撤去して以来、東ドイツから大量の脱出者が東欧諸国の大使館になだれ込む一方で、国内では改革を求める市民が大規模な非暴力デモをくりひろげた。一一月四日にベルリンで東独最大規模のデモが生じ、その五日後に突然、ベルリンの壁が開放された。歓喜して西を訪問する東ドイツ人、手を振って歓迎する西ドイツ人、抱き合う両者。あるものは感激で涙を流し、あるものはシャンペンをふるまい、あるものは「壁」によじ登る。その後、移住者が東から西へ、商品が西から東へ堰を切ったようになだれ込んだ。マルクを手にした東ドイツ人は、西ドイツとの統一も求め、ついに九〇年一〇月三日に帝国国会議事堂の前で統一式典が開かれ、ブランデンブルク門の頭上で花火が華々しく式典に彩りを添えた――一五年の歳月が流れた今日まで、この日々を映し出した映像はいく度も流され、ドイツ人の脳裏に深く焼きつけられている。これらの映像で描き出されている非暴力デモや脱出劇、「壁」の崩壊は、社会主義国家からの解放という、いわば逆転された〝ブーヘンヴァルト物語〟であり、統一ドイツの建国神話となった。いうまでもなく、東西の経済格差の実感が「壁」の崩壊から統一に至るまでの歴史を推し進めた原動力であったが、社会進歩を約束できなかった社会主義国家の建国神話は、崩壊せざるをえなかったのである。

転換の後、この建国神話の書き換えはすぐさま始まった。「壁」の崩壊から二カ月後には、ワイマールで市民フォーラムがその記念所のこれまでの役割と将来について議論を開始しているが、このような歴史の見直しは、社会主義政権下ではタブーであった歴史的事実が明るみに出されることで促された。ソ連によって一九五〇年まで管理されていた「特別収容所」(9)の存在である。この収容所は「ナチの指導者、影響力のあるナチ指導者、ナチの制度と組織の指導的人物および占領とその目的にとって危険な他のすべての人物は逮捕・抑留されうる」とするポツダム協定と「ヨーロッパ枢軸の主要戦争犯罪人の追及と刑罰」に関する第一〇共同管理委員会法にしたがって、ソ連占領地区に一〇カ所作られたが、二つのナチ強制収容所がそのために活用された。その一つがブーヘンヴァルトであった。この特別収容所に二万九〇〇〇人が収容され、その劣悪な環境のなかで七一〇〇人が死亡したのである。九〇年三月に特別収容所の生存者と遺族が「ブーヘンヴァルト一九四五―五〇年」協会を結成し、記念碑の設立と損害賠償を要求したが、九七年に特別収容所のためのドキュメント・ハウスが設立された。

さらに、ブーヘンヴァルトでは一九九三年一一月にユダヤ人犠牲者のために記念碑が、一九九五年四月にはシンティ・ロマのための記念碑が旧強制収容所敷地内に落成した。これは、共産主義者を中心とする「政治犯」によって表象されていた歴史の書き換えを意味する。また、「スーパー選挙年」であった一九九四年に、ナチ強制収容所における共産主義者の実態に関する報告が公表された。SSとの協力関係や囚人内での権力闘争など、英雄として描かれていた「解放者」たちの実態が暴露されたのである。(10)

しかし、この建国神話に統一ドイツの建国神話がすぐさま取って代わったわけではない。まず、転換後の意識調査によれば、ブーヘンヴァルトに神話化された反ファシズムの伝統は旧東ドイツ人、とくに年長世代の歴史意識を深く刻印している。この神話が共産主義政権によって政治的に利用されたことに多くのものが不満を述べているが、転換に伴うアイデンティティの動揺に際して、この伝統はポジティヴに強調されているという。(11)さらに、転換後のさまざまなネガティヴな現象――旧経済の崩壊と失業率の上昇、東西経済格差の存続、西側の一方的な基準の強要など――によって、多くの旧東ドイツ人は新しい建国神話に違和感を覚えているようである。このような状況をコミカルに描いた映画が二〇〇三年に公開された。『グッバイ、レーニン!』である。

5 『グッバイ、レーニン！』

主人公の名前はアレックス。この物語は父母、姉、アレックスからなる東ベルリン在住の四人家族の回顧シーンに始まる。彼が一一歳であった一九七八年、最初の東ドイツ人宇宙飛行士イェーンが飛び立ち、その実況中継がテレビで放映され、彼も誇りに満ちた感情でその姿を見つめる。しかし、よりにもよってその日に、医師であった父は西ドイツに亡命する。それによって母は精神に異常をきたすが、社会主義の祖国と「結婚」することに決意し、社会活動を通じて社会進歩に貢献することに生きる意味を見出していった。アレックスも宇宙飛行士を夢見て、ミニ・ロケットの打ち上げ大会にチャレンジする。カメラはそのロケットが煙を吐きながら天空に消えていく姿を追いかける。映像がゆっくりと視線を地上に戻していくと、一〇年の時が過ぎ、東ベルリンは建国四〇周年を祝う旗や垂れ幕で飾り立てられ、成人したアレックスは広場のベンチでゲップをしながらビールを飲んでいる。彼の職業は宇宙飛行士でなく、テレビの修理業。母は信念を曲げず、社会活動をつづけているが、アレックスはその夜、「国境なき散歩」や出版の自由、反暴力を唱えるデモ（「夜の散歩」）にリンゴをかじりながら参加する。そこで後に恋人となるロシア人看護婦と知り合うが、そのデモは治安部隊によって解散させられ、彼は逮捕される。記念式典に招待されていた母は、タクシーで式場に向かう途中にその姿を目撃し、心臓発作で倒れ、意識不明となるのである。

ホーネカーの退陣も、ベルリンの壁の崩壊も知らずに母は眠りつづけ、アレックスはカルチャー・ショックを受けながら西側の文化を体験していく。病院で再会したロシア人女性と初めて唇を交わしたそのとき、母は奇跡的に意識を八カ月ぶりに回復した。しかし、脳の障害が重く、数週間の命しか残されておらず、大きなショックが命取りになりかねないことが、医師からアレックスと姉に告げられる。社会主義の理念に奉じてきた母が意識不明の間に起こった出来事を知ったときのショックをアレックスは恐れ、母を世間から隔離するために、自宅で療養させることを決意する。しかし母が帰宅するまでの八カ月間に生活環境は一変していた。店頭からすでに消えていたかつての食料品を調達するために、ゴミ箱から空瓶と空箱を探し出して、そこに西側の食料品を詰め替えなければならない。母の部屋に入るには、タンスにしまい込んでしまった、あるいはリサイクル店で購入した衣服に着替えなければならない。テレビを観たがる母のために、アレックスは仕事仲間が編集した以前の東ドイツのニュースをビデオで流す。この部屋にだけかつての東ドイツ社会が存続していく。

建物の壁に掲げられたコカ・コーラの広告の巨大な垂れ幕を窓から目撃した母を納得させるために、この飲料水はほんらい東ドイツの発明品であったというニュースをアレックスは仕事仲間とでっち上げる。しかし、アレックスが居眠りしている間に母は外出を試み、外界がすっかり変わってしまったことを知ってしまう。再びアレックスは仕事仲間の協力を得て、東ドイツ人の亡命希望者がプラハの西ドイツ大使館になだれ込む現実のニュース映像を流しながら、「失業、未来展望の欠如、ネオナチ共和党の選挙成功によって著しく不安定になった西ドイツ市民がここ数カ月、資本主義に背を向け、労働者と農民の国家で再出発しよう」として、大量に東ドイツ大使館に殺到し、その難民を東ドイツ政府は受け入れているというニュースを捏造し、その映像の意味を変えてしまう。

母の容態が急変し、母の余命が残りわずかであることを知ったアレックスは、母と引き合わせるために、居場所を突き止めた父を尋ねるが、そこへ向かう彼は、タクシーの運転手がかつての宇宙飛行士のイェーンに瓜二つであることに気づく。母にもう一度だけ建国記念日を祝わせようとしたアレックスは、その運転手を再び探し出し、最後の偽造ニュースを作成した。その記念日にホーネカーは辞任し、「イェーン」が後任となって就任の演説を行い、「社会主義とは自らを壁で囲むことではありません。社会主義とは他者に歩み寄り、他者とともに生きることなのです。よりよき世界を夢見るだけではなく、それを実現することなのです」と、国境の開放を宣言する。そして、「壁」の開放時の映像を流用して、偽のアナウンサーは、資本主義の生存競争や「消費テロ」を捨て、他の生活様式を得ようと、西ドイツ人がこの開放の機会を利用し、歓喜していると伝える。その虚偽を疑うことなく、感激したまま母はドイツ統一の三日後に息を引き取る。ミニ・ロケットに詰められた母の遺灰が宇宙に向かって散骨され、この映画は終わる。

イェーンが宇宙に飛び立つ一七年前にガガーリンが成功した有人宇宙飛行は、社会主義国家による社会進歩の象徴であった。アレックスが宇宙飛行を夢見る回顧シーンが終わり、広場でゲップをしながらビールを飲んでいる彼の一〇年後の姿が映し出されることで、この世代にとって社会主義国家がもたらしたのは社会進歩ではなく、停滞であったことを、この映画は暗示している。彼はその国家に敵対していないが、そこに未来を感じることはできず、デモ（「夜の散歩」）に参加しただけでなく、「壁」の崩壊後に西側の文化も享受し、新しい職を得て、転換後の社会に新たな可能性を見出している。これに対して、彼の母は東ドイツ国家建設の時代を生き、そこに誇りと意味をもつ世代を代表している。同じ世代に属し、失業した近隣の住民は、社会主義国家における自分の数十年の営みが報われなくなったことを嘆き、アレックスの母がその変化を知らずに生きていることをうらやむ。

しかし、社会主義国家の建国神話のなかで生きた世代にとっても、その神話を共有しない世代にとっても、西側世界は他者の世界にほかならない。父が西で儲けた腹違いの幼い妹にどこから来たのかと尋ねられ、アレックスは「よその国からだよ」と答える。「そんなに遠いところじゃない。向こう側さ、〔……〕よくわかんないけど」。そしてこの映画は、東ドイツ建国四〇周年記念の垂れ幕に代わってコカ・コーラの広告が壁に巻き落ちるシーンや、西の商品が怒濤のようになだれ込み、東の商品が消え去り、ゴミ箱に捨てられている姿を映し出すことによって、社会主義の理念に取って代わり、その間隙を埋めたのは西の商品であることを象徴的に描き出している。東ドイツ人自身が西の商品とその通貨を求めたにもかかわらず、アレックスにとってもそれは他者にすぎない。母の記憶喪失のために通貨交換の期限を逸して、換金を拒否された彼は、「三〇万マルクなんだぞ。これは俺たちのお金だったんだ、クソ四〇年間も。お前のような西のゲス野郎が、これはもう価値がないなんて俺に言えるのか?」と銀行員に毒づき、その紙幣を屋上からばら撒く。古い世界はゴミとして捨てられ、紙くずとなって舞い散ったが、新しい世界は他者に囲まれたままなのだ。

こうして、最初は母のために作り出された虚偽のニュースが、彼にとっても意味あるものになっていく。それが意味をもつのは、東からの亡命者を東への難民に、「壁」の開放の歓喜を社会主義理念の勝利の歓声に仕立て上げた「ニュース」が、統一ドイツの建国神話を素材にしているからだ。この映画は、ブーヘンヴァルト神話に対する批判のように、新たな建国神話の虚偽を暴露することを目論んではいない。この映画で「虚偽」として描かれているのは、この神話ではなく、アレックスによって作り出された「ニュース」なのである。また、かつての神話とその価値をノスタルジックに回顧することもその目的ではない。この映画はかつての神話の崩壊を前提としながら、新しい神話を「虚偽」に書き換えることによって、その神話をパロディーの素材にした。今なお他者に囲まれた世界に生きながらも、かつての建国神話の世界に戻ることもできない社会はこのパロディーを通して、新しい神話によって奏でられた歴史の「現実」を嘲笑しているのである。

この物語にも死者が登場するが、アレックスの母は「殉教者」ではない。社会進歩の理念のために殉じたのではなく、その理念が破綻したことを知らされず、社会進歩に貢献していると信じたまま死んでいったにすぎない。ミニ・ロケットによる散骨はこの母、そして社会主義国家にふさわしい弔い方であるといえよう。しかしこの追悼は遺された者の心をなだめることはできても、未来に向けた「哀悼共同体」を形成することはない。映画の最後にアレックスはナレーションでこう語る。「僕の母が飛び去った国は彼女が信じていた国であった。〔……〕この国は、母のことをずっと僕に思い出させてくれるだろう」。社会主義国家は現在や未来とのつながりを断たれた過去として記憶に残るだけである。東の「オスト」と郷愁の「ノスタルギー」の合成語である「オスタルギー」の広がりは、まさにその現象である。

6　おわりに

冒頭のネグリとハートの言葉を思い出していただきたい。グローバリゼーションという歴史なき体制は旧来の建国神話を打ち砕いたが、新しい建国神話も「神話」となりえていないことを、『グッバイ、レーニン!』は「壁」の崩壊から一五年後の私たちに示している。グローバリゼーションを導いた「壁」の崩壊は、それが「他者」に囲まれた世界を作り出した限りで、歴史的神話にはなりえないのだ。八九／九〇年の出来事が多くの体験者によって「革命」ではなく、「転換」、あるいは「崩壊」として感じられているのは、そのためである。グローバリゼーションは

「革命」といった歴史的概念を必要としない。たしかに『グッバイ、レーニン!』はグローバリゼーションの「敗者」からの共感を興行的に当てにしているのかもしれない。しかし、グローバリゼーションを社会進歩として感じえる「勝者」にとっても、それは個人的なサクセス・ストーリーの舞台にすぎず、それ自体が社会主義国家の神話のような歴史的な物語として構想されることはない。たしかに近代的な商品経済はたえず新たな商品を産み出していくことを前提にしているのであるから、近代社会はつねに「他者」に囲まれた世界である。しかし、建国神話や復興の物語のような「大きな物語」にはめ込まれることによって、この「他者」は「私たち」のものとして感じ取られることができた。歴史なきグローバリゼーションによって生み出された「他者」は、せいぜい社会的な差異化の媒体として自己を飾り立てるだけである。

主権を制限されつつある国民国家は、対抗して建国神話の再興を試み、その要求はしばしばグローバリゼーションの「敗者」の声を代弁している。しかしその声は、民族紛争や外国人排斥の雄叫びと容易に波長を合わせてしまう。その意味でグローバリゼーションと国民国家は共犯関係にある。「グローバリゼーションvs国民国家」という二者択一は正しい選択肢ではない。歴史なきグローバリゼーションに対抗する歴史は国民国家の歴史だけではないのだ。そして、あたかも自然現象であるかのように受容・甘受されているグローバリゼーションを歴史化するという戦略も私たちはもちうる。さらに、グローバリゼーションの脈絡のなかで、社会主義国家の建国神話とその伝統がこれまでとは異なる意味と政治的リアリティをもつ可能性も私たちは否定できない。

グローバリゼーションが文字通りグローバルなものである以上、東欧諸国の体験はグローバルな意味をもつ。つまり、この体験は多かれ少なかれ「私たち」のものでもある。

注

(1) アントニオ・ネグリ、マイケル・ハート『〈帝国〉』水嶋一憲ほか訳、以文社、二〇〇三年、七頁。
(2) 山田和夫『戦艦ポチョムキン』大月書店、一九七三年も参照。
(3) 以上の点に関しては拙稿「ナショナルな時間、ナショナルな空間」、中谷猛・川上勉・高橋秀寿編『ナショナル・アイデンティティ論の現在』晃洋書房、二〇〇三年。
(4) 平井正『20世紀の権力とメディア』雄山閣、一九九五年、瀬川裕司『ナチ娯楽映画の世界』平凡社、二〇〇〇年。
(5) 拙稿「ナショナルな時間、ナショナルな空間」参照。
(6) この収容所の歴史に関しては、Gedenkstätte Buchenwald, (Hg.), *Konzentrationalager Buchenwald 1937–1945*, Göttingen, 1999 を参照。
(7) この記念所の歴史に関しては、Volkhard Knigge, »Opfer, Tat, Aufstieg«. Vom Konzentrationslager Buchenwald zur Nationalen Mahnmal-und Gedenkstätte, in; ders. (Hg.), *Versteinertes Gedenken*, Spröde, 1997 を参照。
(8) 翻訳は、井上正蔵ほか訳で一九六一年に刊行されている。

(9) この収容所に関しては、Peter Reif-Spirek, Bodo Ritscher (Hg.), *Speziallager in der SBZ. Gedenkstätten mit »doppelter Vergangenheit«.* とくに Alexander von Plato, Sowjetische Speziallager in Deutschland 1945 bis 1950 と Die Speziallager der SBZ im Überblick の論文を参照。

(10) Hasko Zimmer, *Der Buchenwald-Konflikt*, Münster, 1999.

(11) Werner Weidenfeld, Felix Phillip Lutz, Die gespaltene Nation, in; *Aus Politik und Zeitgeschichte*, B31-32/1992.

中央ヨーロッパの歴史とは何か

——異論派サークルにおける現代史論争

篠原　琢

1　歴史叙述の転換

冷戦終結後の中・東欧における歴史像、とりわけ現代史像の変化は、相反する二つの流れのなかにある。一つは、第二次世界大戦の過去をめぐる和解をめざそうとする対話であり、ヨーロッパ統合の時代にあって、共通の歴史像を構築しようとする努力である。後に述べるように、社会主義東欧諸国における歴史叙述はナチス・ドイツ、あるいはそれと連合した「ファシスト勢力」に対する戦いと勝利の物語を軸としていた。ドイツ連邦共和国（＝旧西独）をはじめとする「壁」の向こう側との敵対的な関係のなかで、この物語は潜在的に現在につながっていた。一方、ドイツ連邦共和国には、第二次世界大戦から終戦直後にかけて、東欧の広大な領域から避難し、あるいは追放されてきた、約一二〇〇万におよぶ「被追放者」の経験が、ナチズムをめぐる「過去の克服」の裏側にわだかまっていた。過去をめぐる和解は、冷戦終結後の大きな政治的課題であり、諸国民の対話が試みられ、成果をあげてきた。

もう一つの流れは、さまざまな集団の歴史に対する「異議申し立て」であり、社会主義体制の下で抑圧されていた過去の記憶の奔出である。共産党の執権や、東欧諸国とソ連との結びつきの正統性を脅かすおそれのある現代史のあらゆる側面は、社会主義体制下では、歴史の「白斑」として、論じることが許されなかった。ペレストロイカ期に、歴史の諸問題が政治問題として真剣に論じられたのは、社会主義体制がいかにイデオロギー化された歴史に依拠していたのかの証左となろう。いまとなってみれば、一九八八年に、ゴルバチョフ政権が「カティンの森」のポーランド将校の虐殺事件、一九五六年のハンガリー、一九六八年のチェコスロヴァキアに対する軍事侵攻について、史料公開を約束し、その見直しをはかったことは、一九八九年に東欧諸国で社会主義体制が瓦解した、実はもっとも直接で重大な転換点だったのかもしれない。しかし重要なのは、一九八九年以後にみられた記憶の奔出は、社会主義体制の正統性を超えて、国民史の正統性そのものに対する深刻な挑戦となったことにある。

第二次世界大戦後、長く東欧の現代史叙述の核をなしたのは、第二次世界大戦の結果の承認であった。ここで仮に、オーストリア合邦、チェコ国境地域のドイツへの併合が行われた一九三八年から、戦後処理が一段落した一九四八年までをヨーロッパの「長い第二次世界大戦」とみなすならば、この期間に、中・東欧では戦争そのものやナチの人種政策によって、あるいは戦後処理の過程での強制移住によって、あわせて約六〇〇〇万人の人々が命を落すか、難民化した。すなわち、共産党政権の成立以前に、歴史の断絶といってよいほど、中・東欧の人文地理的風景は一変したのである。歴史叙述に期待された機能は、こうした全面的な断絶がもたらした政治・社会秩序を正統化することにあったといえる。戦後の各国民史は、歴史の断絶によって条件づけられ、もし、歴史的現実というものがあるとするなら、その断絶は、国民史のフィクショナルな連続性を強調することで補われなければならなかった。第二次世界大戦は、たとえば「一〇〇〇年におよぶスラヴ人のゲルマン民族に対する戦い」[1]の劇的なフィナーレとして描かれ、ここに多かれ少なかれ社会的解放のモチーフが重ねられる。解放の主体である国民は、歴史的正義と歴史的進歩の担い手だったのである。歴史叙述に基本的な型を提供するのは、悲劇的な受難の物語と英雄的な抵抗の物語であって、第二次世界大戦の勝利は、最終的な国民的解放と社会革命に帰結するべきものであった。

共産党政権の歴史像は、この構図のうえに党の執権を正統化する政治史と階級闘争史とが上部構造として加わってできたものである。ここでは、パルチザン闘争から、戦後の社会革命、人民民主主義体制の建設、共産党の一党独裁までの流れは一連のものとして理解され、第二次世界大戦をはさむ、「反動的過去」と「革命的未来」との鮮明な二分法が歴史像の基調となっている。したがって、この構図の中では、第二次世界大戦史は、戦後の社会主義国家の起源神話をなすことになろう。もちろん、階級闘争と、それを担う「人民のなかの進歩的伝統」の連続性の上に立って、この断絶は進歩的伝統の「勝利」を表現するものであった。歴史を構成するのは、革命と進歩的伝統に連なるものだけであり、それは社会主義の「現在」を担う共産主義者によって引き継がれ、「革命的未来」へとつながってゆく。このように構成された歴史像にあっては、第二次世界大戦のもたらした破壊と喪失は、「反動的過去」の清算にほかならない。

独特のイデオロギーと用語法に彩られてはいても、社会主義時代の公式史学が用意する歴史像は、一九世紀に成立した国民史の叙述の型を基本的に引き継いでいる(2)。現代史についていえば、それは目的論的に構成された国民（人民）の歴史が、人々の個々の生と死の記憶を圧伏し、ある文化的個性を持った地域の破壊を覆い隠す機能を持っていた。

したがって、社会主義政権の崩壊によって、共産党に特有の現代史の解釈と叙述だけでなく、国民史の叙述の核そのものが問いに付され、歴史をめぐる内戦とでもいってよい事態がもたらされたのも当然のことであった。第二次世界大戦はもはや国民的解放のための聖なる闘争ではなくなり、多様な宗派・宗教、言語、民族集団が数世紀にわたって共存してきた中・東欧の歴史的景観を一変させ、「最小限の空間に存在した最大限の多様性」（M・クンデラ）が失われた破局として描かれるようになった。この破局の起源や帰結にも省察が加えられなければならなかったし、現在の社会がその破局の上になりたっている以上、議論は、政治的な意味を持たざるをえなかった。

たとえば、ポーランドでは、ポーランド社会とユダヤ社会との関係を問う論争、あるいはホロコーストに対するポーランド社会の無関心、またはある種の責任をめぐる議論が言論界全体を巻き込んで激しく戦わされた。失われたユダヤ社会の記憶、その文化遺産が積極的・肯定的文脈で言及されるようになればなるほど、人々は歴史の見直しに向かい合わざるをえなくなった。クラクフの旧ユダヤ人街区であるカジミェシュの一角は、一九八〇年代からクラクフ市当局のイニシアティヴで建造物の修復・保存が行われ、一九八八年からは毎年、「ユダヤ文化祭典」が催されて、年々その規模を大きくしている。北米やイスラエルからやってくるようになった「巡礼者」を迎えて、失われた遺産と「ユダヤ人絶滅」をめぐる観光産業はますます大規模になった。しかし、ホロコーストの記憶は、消費主義によっても完全に無害化することはできなかったのである。キェルツェやイェドヴァブネは、ポーランド史への批判的アプローチを象徴する概念となった。(3)

ドイツ系住民の追放問題もまた、ポーランドとチェコ共和国で、一九九〇年代を通じて、公論を二分する争点のひとつであった。何百万におよぶ人々からの財産没収、国籍剥奪、そして追放にともなうさまざまな非人道的行為について論じられ、チェコでは、それが極端に政治化された。ポーランド系住民とウクライナ系住民の関係をめぐる議論、「ヴィスワ作戦」をはじめとするウクライナ系住民の強制移住などといった問題も同様に、人々が親しんだ国民史像に対する重要な挑戦となった。

忘れられた、あるいは抑圧された記憶を想起することは、多文化的で、多元的な「伝統」への回帰、争いあった諸集団の和解といったモチーフに導かれている。それらは今日、冷戦の終結とヨーロッパ統合といういうきわめて政治的な文脈のなかに位置づけられ、歴史的概念としての「東欧」を葬り去る努力の一環をなしている。ただ、ここで強調しなくてはならないのは、実際のところ、国民史の叙述に対する深刻な見直しは、すでに一九七〇年代末から八〇年代にかけての異論派・亡命者のサークルにその起源を持っていることである。ポーランドでユダヤ社会とポーランド社会との関係が公に論じられるきっかけをつくったのは、一九八三年の『徴《ズナク》』誌の特集であったし、ホロコーストとポーランド社会の自己意識を問うたヤン・ブウォンスキの論文、「あわれなポーランド人がゲットーを見つめている」が刊行されたのも一九八七年のことであった。(4)ポーランドでは、カトリック教会がアジールを提供し、戒厳令下でも比較的広い対話の場が存在した。チェコスロヴァキアでは、語ることを禁じられた「歴史の白斑」をめぐる議論は、非常に狭い範囲の異論派知識人の間に限られてはいたが、一九八〇年代以後、ここでもまた歴史をめぐる省察は地下出版《サミズダート》の中心的なテーマであった。歴史の見直しについて、二つの国の異論派がたがいに直接言及することはなかったし、ユダヤ社会をめぐる議論とドイツ系住民の追放問題を同列に扱うことについての、政治的・道義的な違和感もありうるだろう。しかし、この二つの国の異論派たちが思想的共通性を持っていることを考えれば、冷戦末期のポーランドとチェコスロヴァキアにあらわれた歴史の見直しについての相似性、同時並行性は、明らかに意味を持っている。

以下で論じられるのは、異論派の思想という固有の文脈のなかに現代史の見直しを位置づけていくことである。そのことは二つの意味を持つ。第一は、いまも続く現代史をめぐる議論の構図を、その起源を問うことによってあきらかにすること、そして第二は、異論派の歴史論の射程を今日、問い直すことである。一九九〇年代以後の東欧の歴史論が、和解と多文化的伝統の回復という物語に収斂してきたことを考えるならば、それは、異論派の歴史論の起爆力をもう一度、考え直すことを意味するはずである。主にとりあげるのは、チェコスロヴァキアでの議論である。

2 敗者の道徳的頽廃

一九九〇年、体制転換の余燼がおさまらないプラハで、チェコスロヴァキアとポーランドからのドイツ系住民の追放をめぐる国際シンポジウムが開かれた。そのタイトルを「失われた歴史、あるいは回復された領土?」という。回復された領土、というのは、第二次世界大戦後、ポーランドの施政下に入ったドイツの東方地域を指す用語であり、ここではかつて大戦後の追放までドイツ系住民が居住していたチェコの国境地域をも指している。この用語はドイツ系住民の追放によって、これらの地域が「スラヴ化」されたことの正当性を端的に言い表している。対照的に、「失われた歴史」という語が含意するのは、東欧におけるドイツ系住民とスラヴ系住民との長い共存の歴史への哀惜であり、かつての同胞市民のこうむった苦難の歴史に対する共感であろう。この二つの語を並置することに、シンポジウムの意図は雄弁に語られていた。

第二次世界大戦前、約一五〇〇万の人口のあったチェコスロヴァキアでは、大戦中の「人種政策」の結果、約二三万のユダヤ系市民が虐殺され、戦後、約三〇〇万のドイツ系市民が追放されたことで、その人口構成は大きく変わった。チェコスロヴァキアの人口が戦前の水準に回復するのは、ようやく一九七〇年代になってからのことである。ドイツ系市民の追放は、多くの人々の日常生活に直接、間接にかかわることであり、まさに経験として知られていた事実であったが、戦後、それが同時代史として語られることはなかった。社会主義体制下で禁じられたテーマであったというばかりではなく、一九六八年前後の短い自由化の時期にも歴史の問題として焦点化することはなかった。そもそも追放が行われた一九四五年、四六年にも、チェコスロヴァキアで、追放の是非をめぐる議論はほとんど聞かれなかった。わずかに『現代《プシートムノスト》』誌だけが、追放にともなった残虐行為について批判的な記事を数本載せただけで、どのメディアもどの政治勢力も、追放を推し進める熱心さを互いに競ったのである。追放は、過去の事実としては存在したが、歴史的な問題としては存在しなかった。

　追放問題を最初に提起したのは、パリで刊行されていた亡命系の雑誌『証言《スヴェデットヴィー》』に、一九七九年、ダヌビウスという筆名で公表された論文、「チェコスロヴァキア・ドイツ人の追放をめぐるテーゼ」であった。(5)ダヌビウスは、ドイツ系市民の追放について、およそ次のように論じている。ドイツ系市民の追放は、ある住民集団全体に無条件でナチズムの犯罪の罪を問うた点で、基本的人権の侵害であった。この「集団的罪科」論を受け容れたことをもって、チェコ社会はヨーロッパの人権規範を侵し、そしてヨーロッパ社会の伝統からみずからを切断してしまったのである。同胞市民に対する人権侵害、恣意的な財産の没収を容認し、法の支配を無視したため、チェコ社会は、みずから全体主義体制の成立を準備した。こうして、全体主義に抵抗するべき道徳的基盤は、全体主義体制の樹立（一九四八年二月二五日の共産党の政権奪取）の前に、すでに失われていた。ダヌビウスはこのように論じ、戦後チェコ社会の道徳的頽廃が「全体主義体制」の成立を必然的に導いたと考える。それは、近代に生成したチェコの排他的ナショナリズムが極端な形をとったもので、中央ヨーロッパにおける豊かな文化的多様性の破壊をもたらすこととなった。こうして、つねに西方と東方のあいだで、固有の存在形態を模索していたチェコ社会は、ドイツ系市民の追放によって、決定的にみずからを東方へ追いやったのである。ダヌビウスによれば、ドイツ人追放は、一九三〇年代末からのソ連におけるクリミア・タタール人、チェチェン人、ヴォルガ・ドイツ人、沿海州朝鮮人の強制移住に直接の起源を持っており、「中央ヨーロッパ・ドイツ人の悲劇の序章は、これらの人々の運命で始まった」のであった。それは彼が、ドイツ系住民の追放は、スターリンのイニシアティヴによって、ソ連での経験が全面的、徹底的に中央ヨーロッパに適用されたものと考えるからである。

ダヌビウスの主張は、いくつかの点で過去の事実に立脚していない。たとえば、強制追放という構想の「東方的・アジア的」起源が強調されているが、追放による「ドイツ人問題」の解決がもっとも早く主張されたのは、チェコ国内の抵抗運動のなかでのことであり、ロンドン亡命政府はその圧力を受けつつ、「追放」を戦後処理に組み込むことを連合国に承認させていったのである。モスクワのチェコスロヴァキア共産党亡命指導部は、ようやく一九四三年までに「追放」計画を受け容れるようになった。何よりも、戦後の住民追放に道をひらいたのは、「ヨーロッパ新秩序」構想にもとづいてドイツの占領下で行われた強制移住、絶滅政策であって、ソ連国内の強制移住ではない。抵抗運動のなかで生まれたラディカルな「追放」計画は、占領政策に対する直接の反応であった。

しかし、ここで検討したいのは、ダヌビウスの主張の妥当性ではない。彼の「テーゼ」は、歴史を扱っていながら、「正常化体制」(「プラハの春」抑圧以後の体制)でのチェコスロヴァキア社会によりかかわっている。異論派にとって、歴史的省察の持つ緊急性について、ダヌビウスはこのように述べている。

チェコスロヴァキア・ドイツ人の大量追放は、基本的人権の侵害を意味する。故郷への権利、祖国への権利の侵害を。今日、私たちが熱心に人権を擁護し、人権を守るために戦っているのならば、故郷と祖国への権利を、現在だけでなく、歴史的な意味においても第一の公理としなければならない。もちろん、これは何もナチスやファシストの殺人者たちを弁護するものではない。〔……〕かれらには罰が下ったし、歴史の裁決も下るであろう。けれども近い過去にわが国において犯罪が行われ、今日までそれに対する沈黙が支配し、私たちの未来を錯綜させていることに目を閉ざしてはならない。チェコスロヴァキア・ドイツ人の追放は、ただドイツ人の悲劇なのではない。それは私たちの悲劇でもある。追放とその結末について、私たちはまず自分たち自身で、自分たちのために清算しなければならない。〔……〕私たちの罪は私たち自

身の責任で贖わなければならないのである。(6)

ダヌビウスの「テーゼ」は、異論派のあいだに激しい議論を巻き起こした。とりわけ歴史家たちは、非常に敏感に反応した。その多くは、ダヌビウスの議論が歴史を過度に「道徳化」しているという批判であった。それに対して、ダヌビウスを擁護し、ことがらの道徳的側面をさらに断固として取り上げたのが、チューリヒで刊行されたボヘムスの論文、「チェコスロヴァキアからのドイツ人追放についての立脚点」である。(7) ボヘムスは次のように述べる。

道徳的価値、文明性は、大戦中に揺るがされてはいたが、ドイツ人の追放によって破壊されてしまった。それは、集団的罪科という原則を明らかに、あるいは暗に受け容れることによって実現されたからである。追放によって、国境地域では、国家の後押しを得た類例のない略奪が行われた。追放は、将来にわたってチェコ国民の道徳性に負荷をかけ、回復された共和国の自由な生活のはじまりを汚した。占領中、チェコ国民は徹底して侮辱され、ゲルマン化される運命にあった。チェコの抵抗運動が低調だったために、こうした侮辱は、大戦終結時になって、感情的な憎悪の爆発に帰結した。それは占領中のコンプレックスの代償であり、チェコの諸政治陣営はそれを利用し、愚かにも、社会は新たに健全な基礎の上に発展する、と、約束したのであった。(8)

ボヘムス論文は、ダヌビウス論文よりもさらに進んで、一九世紀以来、チェコに成長した「言語ナショナリズム」に、追放問題の歴史的根源を求めている。偏狭で地方的なチェコ・ナショナリズムが、チェコを中央ヨーロッパの文化的混交と広いヨーロッパ的なつながりから切り離し、第二次世界大戦後の状況を準備したというのである。[9] チェコ史に対する批判的な観点、なかんずくチェコ社会に向けられた追放についての政治的・道徳的批判は、ヨーロッパ的規範というあるべき価値から国民史を再構成しようとする点で、それまでの現代史像の鏡像をなした。まさにそのためにこそ、被追放者の最大の団体であり、現実に被追放者のスポークスマンのような役割を演じるズデーテン・ドイツ郷党会の周辺に、この種の主張は共鳴を見いだすことになったのである。ミュンヘンに本拠を置く東欧からの被追放者諸団体は、長らくキリスト教社会同盟の強力な支持団体で、ズデーテン・ドイツ郷党会も例外ではない。奇妙なことに、これらの団体は、「ヨーロッパの東方拡大」に際して、幼弱な東欧の「民主的社会」の保護者然として振舞った。問題は、この団体がフェルキッシュな(全ドイツ主義的)流れ、コンラート・ヘンラインのズデーテン・ドイツ党の流れを汲み、戦前からの政治的・思想的連続性を保っている点にある。[10] 郷党会にとって、破局は「追放」という経験にほかならず、ズデーテン・ドイツ党とナチ党との関係、ナチス・ドイツによるチェコ占領や人種政策といったそれに先行するできごととは切り離して考えられ、むしろ一九世紀以来のチェコ・ナショナリズムの激化と戦間期チェコスロヴァキアにおける少数者政策が「追放」の直接の前史となる。被追放者の団体は、第二次世界大戦の破局を東方の奪われた故郷の回復によって補おうとする点で、ドイツ地政学派からナチズムに流れ込むドイツの東欧政策に連なっていた。東欧からの追放は、西独社会の「過去の克服」の試みのなかで忘れられた経験であり、追放者の団体において石化していたのである。

異論派の歴史家たちは、こうした「非歴史的」省察に対して、「歴史的」アプローチを提唱した。ドイツ系市民の追放を近代ナショナリズムの発展の必然的帰結であるかのように論じる決定論的な視点を退け、過去に存在したさまざまな別の可能性を検討しつつ、いつ破局が不可避になったのか、追放を歴史的なコンテキストのなかで観察することである。[11] この議論では、ナチズムのもたらした破局への跳躍を重視し、少なくともミュンヘン協定から戦後の追放までに起こったできごとを一連の連鎖の中において考えるべきことが主張された。ヤン・クシェンらを代表とするこのようなアプローチは、一九九〇年代以後、たとえばチェコスロヴァキア＝ドイツ（のちにチェコ＝スロヴァキア＝ドイツ）歴史家委員会といった場での対話を準備するものであった。

一九八〇年代を通じて、「中央ヨーロッパ」とは、ソ連支配の前提となっているヨーロッパの東西分断に対する、知的・文化的挑戦であった。克服されなければならなかったのは、自らが「東欧」に属するという情況である。ダヌビウスの「集団的罪科」論が提起したのは、追放をドイツ人の悲劇と見るのではなく、個々の同胞市民に加えられた権利の蹂躙の総体として見る視点であった。これは必然的に国民を目的論的な歴史発展の単一の主体として構成される歴史叙述を否定するものになるだろう。ボヘムスの「言語ナショナリズム」批判は、まさにこうしたアプローチを深化させたものであった。異論派の主張する多元的市民社会が共産党支配下の「全体主義」にするどく対置されるように、中央ヨーロッパの文化的多様性は、ソ連の一元的普遍主義と第二次世界大戦後のこの地域の単色の景観に対置された。追放問題をめぐる議論はこの構図に対応するものであって、中央ヨーロッパへの回帰を求める省察の一部にほかならない。

深刻な留保にもかかわらず、異論派のあいだには一定の共通点があった。市民社会が実現すべき場として、中央ヨーロッパを回復することは、かれらがともにする課題であった。しかし、もし仮にそのようなものが歴史のなかにあったとしても、それを回復するわずかな痕跡さえも永遠に失われてしまったこと、そしてそれが失われたこと自体が中央ヨーロッパの歴史に内在していたこともまた、事実であった。そもそも、中央ヨーロッパなるものは、疎外された歴史的実体として求められるものではありえなかったのである。(12) だからこそ、異論派は、それを「世界観」、「精神的態度」として刷新しようとしたのだったし、そこに異論派の議論が強い倫理的側面を持った理由がある。その刷新は、歴史をさかのぼり、改めて過去の事件に出会うことによってしかなしえない。ドイツ占領下の時代から、戦後期にいたる一定の連続性のなかに、社会主義体制下での社会の道徳的頽廃を見る視点は、そのようなものとして歴史を問う異論派に共通することになった。軍事的・政治的に敗北した社会の社会的解体、道徳的頽落が、戦後社会に色濃く刻印されているという認識は、社会主義政権の正統性を認める人にせよ、拒否する人にせよ、人々が馴染んだ歴史叙述とは正反対のものであった。堕落していたのは侵略者であって、侵略された者はその悲劇のゆえに、抵抗したものはその英雄的行為のゆえに高潔なのではなかったか。第二次世界大戦における最終的な勝利は、殉難者が精神的・道徳的優位にあって、歴史的正統性と正義の側に立っていたことの証左ではなかったのか。

同じような音色、同じような議論の構図を、たとえばポーランド社会のホロコーストに対するかかわりを論じたヤン・ブウォンスキの論文に見て取ることができる。こうした同時並行性は、社会主義体制が歴史的正統性を汲みつくし、空洞化しつつあった事態におそらく対応していた。

ここで問題となるのは、歴史研究の立場から、異論派の問いかけの妥当性を問うことではない。ただし、付け加えておかなければならないのは、このような異論派の問いかけは、あたらしい歴史研究の領域を開き、一九九〇年代以後、豊かな成果があげられていることである。[13] そのことはいま措くとして、まずは異論派の世界観のなかで、歴史をめぐる議論の位置を明らかにする作業を進めよう。

3 「ポスト全体主義」社会と歴史

ヴァーツラフ・ハヴェルによれば、チェコスロヴァキアの「正常化体制」下での「ポスト全体主義」社会は、暴力によって権力が社会の服従を強いる「古典的独裁」と混同されてはならず、むしろ公共圏の解体、政治的・社会的生活の断片化、個々の人々のイデオロギーへの完全な従属によって特徴づけられる。体制に対する忠誠は、日々の生活における記号的な遊戯によって示されるために、社会的行為、学術研究をも含むあらゆる公的な言論、芸術的表現活動のすべての儀礼化こそが、この体制の本質をなすのである。ハヴェルは次のように書いている。

イデオロギーは、権力による現実解釈であるから、それはつねに究極には権力の利益に服することになる。したがって、イデオロギーが、現実から遊離し、見せかけの世界を創り、儀礼的なものとなっていくのは自然ななりゆきである。全体主義体制下では、〔……〕イデオロギーが現実からますます遊離していくことを阻むものはなにもないので、ポスト全体主義体制下で実現してしまったように、イデオロギーは現実との意味的な接触を失った見せかけの世界をつくる。それは、単なる儀礼、形式化した言語、儀礼的な記号システムとなり、現実に対して、擬似現実がとってかわることになる。(14)

こうして、「ポスト全体主義」体制下では、イデオロギーだけが社会的コミュニケーションに意味を与える。同じように、時間のながれのなかで生じたできごとは、それ自体を問われることなく、イデオロギーによって、意味を獲得する。イデオロギーの参照系に適合しないできごとは、歴史のなかにはただ単に、存在しない。歴史がイデオロギーに従属するならば、できごとはすべて完全に説明され、歴史のなかには未知のものは何もない。それはイデオロギーによって権力が真実を独占しているからである。

現在の全体主義体制の根本的な支柱は、真理と権力を独占する単一の中心的な主体が存在すること、つまりある種の制度化された「歴史理性」が存在することにある。それがあらゆる社会過程の主体となるのはあまりにも当然のことである。この原則が支配する世界では、神秘性の存在する余地はない。まったき真実を所有する、ということは、前もって知られていないものは何もない、ということを意味するのである(15)。

だからこそ、ポスト全体主義社会では「何事も起こらない」。「理論そのもの、儀礼そのもの、イデオロギーそのものが人々に作用するのであって、決してその逆ではない」のであるが、一見、首尾一貫して見えるイデオロギーは、実のところコンテキストを失ったさまざまな断片の寄せ集めにすぎず、現実を認識する役には立たない。しかし、そのことがまさにイデオロギーに力を与えるのである。

イデオロギーは、現実との接触を失うと、非常に生々しい本来の強さを発揮する。イデオロギーはそれなりの現実となり、場合によっては現実そのものより大きな重みを獲得する。儀礼がいかに見事かということのほうが、儀礼の蔭にある現実より重要となる。ある現象の意義は、現象そのものではなく、それがイデオロギーの文脈にどのように位置づけられるかによって決まる。現実が理論に作用するのではなく、理論が現実に作用する。こうして権力は現実より、イデオロギーに強い関係をもつこととなる。逆説的なことに、理論、イデオロギーが権力に奉仕するというよりも、権力がイデオロギーに奉仕することになるのである(16)。

そのような社会では、歴史意識、あるいは歴史そのものが絶対的に消失する。「歴史は、擬似歴史にとってかわられる。暦ごとに繰り返される何周年記念のお祭り、集会、祝賀会、スパルタキアードがそれにリズムを与える(17)」。

「正常化体制」下の公式歴史学はこうして、破片となった過去のできごとをイデオロギーに儀礼的に服属させたものにすぎなかった。その意味で、異論派の現代史に対する批判的なアプローチとは、公式の歴史学に別の歴史学を対置するものというよりは、歴史そのものを回復しようとしたものにほかならない。しかし歴史を回復する場は、国民史ではありえなかった。「中央ヨーロッパ」という概念が意味を持つのは、「ポスト全体主義」体制下における歴史の喪失に対するオルターナティヴとしてであった。それはいずれにせよ曖昧な文化的伝統、歴史的地域としての共通性といったものに求められるのではないし、忘れられた「もう一つの歴史」、失われた歴史的景観に対する郷愁に求められるのでもない。公的な領域から歴史そのものが消え去ってしまったという事態に対する、歴史の回復の拠点として構想されたのである。

歴史における断絶、中央ヨーロッパの自己破壊は、それ自体が不条理なものであった。第二次世界大戦中、大戦後の物理的・肉体的な歴史的連続性の破壊が、目的論的な国民史のフィクショナルな連続性によって覆い隠され、「白斑」とされるとすれば、それほど、「中央ヨーロッパ」という歴史の構想から遠いものはなかったはずである。

ポスト全体主義体制下の歴史の喪失についてのハヴェルの観察は、おそらく中央ヨーロッパの文学的想像力のなかに一定の共鳴を見出している。一九八八年、美術史家のヨーゼフ・クロウトヴォルは、サミズダートに発表したエッセイ、「歴史との苦難」のなかで、文学にみる中央ヨーロッパ特有の歴史の概念について、次のように論じている。

歴史というものは、それが存在しないところ、または歪んだ形で存在しているところでさえ、否認することはできない。矮小な状況はみじめな歴史に対応しているし、逆もまたしかりである。チェコ人の特徴もまた歴史の産物だが、それは崩落しつつある歴史である。チェコ的であるとは、歴史の欠如のことだとさえいえよう。知識人にとって、それは魂の苦痛、存在の意味の探求がはじまることを意味するかもしれない。しかし、普通の人は、別の反応をするだろう。歴史をエピソードに代えてしまうのである。人々が持つアネクドートの典型的なセンスは、歴史なき不条理な歴史的状況に由来している。歴史が解体されれば、日常生活が強調される。どの国にも、それなりの日常というものがあるが、中央ヨーロッパの日常は、西欧の市民的な日常とは根本的に異なっている。たとえば、チェコ人は、自分を市民とは感じないし、その日常は市民的というより、平凡で、凡庸で、頽廃している。チェコ人は、市民としての意識がないかわりに、生活のグロテスクな細部に対する洗練された感覚を持っている。(18)

もし、ミラン・クンデラにならって、中央ヨーロッパとは「小さな諸国民の不安な地域」であり、「小さな諸国民」とは、「その存在がいつでも疑問に付され、いつでも消え去りうるもの、そしてそれを自覚しているもの」であって、「中央ヨーロッパの運命は、ユダヤ人の運命のなかに凝縮され、反映し、象徴的な影像を見いだす」のだとするならば、そもそも中央ヨーロッパの歴史などというものを構想することは可能なのだろうか。(19) これらの「小国民」は、「歴史なき民(geschichtslose Völker)」として世界史の過程で消滅することを宣告された人々ではなかったか。

整合性のある歴史叙述、ヘーゲル的な歴史概念の拒否は、歴史に対する中央ヨーロッパの態度にとってもっとも本質的なものである。大きな歴史の物語に対するオルターナティヴは、たとえばヴァーツラフ・ハヴェルの物語論のなかに見出せるようにみえる。

物語の始まりは、よく知られているようにハプニングである。ハプニングとは、ある論理が別の論理の世界に侵入することであり、それによって、物語が生じ、生命力が与えられ、状況、関係性、葛藤が生まれる。物語もまた、それ自体の「論理」をもっているが、それはさまざまな真実、態度、思想、伝統、情動、経験、権威、運動などなど、他によって決せられることのない諸々の独立した力のあいだの対話、緊張、相互作用という論理である。〔……〕どの「演者」のどのような潜在的な力が、「相手役」にどのような行動をうながすのか、前もって知られることは決してない。それゆえに、物語の本質的な次元は、どのようなものであれ、神秘性にある。(20)

これにならって、歴史叙述を多元的な対話、さまざまな主体の抗争、多声性と偶然性にもとづいて構想するならば、それは啓蒙期以来、長い伝統を持つ目的論的な歴史叙述への訣別を意味するべきもののはずである。そしてそれは、同じように目的論的発展を叙述の型としてもっていた国民史の伝統への批判でもあるはずだった。とりわけ、一九世紀以来、東欧では、文学的テキストが、国民史の叙述をあらかじめ規定し、場合によっては、テキストが現実を凌駕するような力を発揮してきたことを思い出さなければならない。異論派の歴史論が、社会主義体制が崩壊したあともなお現代性を持ち続けるとすれば、それはまさにこの点にある。じっさい、異論派における歴史の回復は、かれらが「ポスト全体主義」と名づけた状況への抵抗であったが、しかし、かれらは「ポスト全体主義」的状況をけっして社会主義体制特有の問題として考えていたわけではない。社会主義体制は、主体を喪失し、アトム化した大衆によって支えられているという点で現代の消費文化の極北であり、歴史や文化の消滅は、けっして「東欧」の問題ではなかった。ハヴエルや、ポーランドのアダム・ミフニク、あるいはミラン・クンデラに共通するのは、自分たちは、ヨーロッパに起源を持つ近代文明の危機を最先端で経験している、という前衛の意識であった。それではたして、一九九〇年代以後、異論派の歴史論は現代性を持ち続けることができたのだろうか。

4 「ヨーロッパ」と「東方」

六年間もナチズムが荒れ狂ったために、私たちは邪悪という病原菌に身を感染させることになりました。戦時中も戦後も、お互いを密告しあい、そしてついにはある集団に罪をかぶせる、という非道な原理をわがものとしたのでした。私たちの憤激はもっともなものでもありましたが、また行き過ぎてもいました。つまり、自分の国を裏切った者をきちんと裁判にかけるかわりに、私たちは彼らを国から追放したのです。私たちの法秩序とは無縁な罰し方で罰したのです。それは処罰ではなく、復讐でした。そのうえ、私たちが彼らを追放したのは、一つ一つの犯罪行為を証拠立てた上のことではありませんでした。ただ、ある民族の一員だから（ドイツ人の一人だから）、ということだけで追放したのです。こうして歴史的正義に道を拓いていると思い込みながら、私たちは多くの無辜の人々を、とりわけ女性や子供たちを傷つけていたのでした。(21)

一九八九年末、チェコスロヴァキアの大統領に選出されたヴァーツラフ・ハヴェルは、その直後、東西ドイツを訪れて、かつてのチェコスロヴァキアのドイツ系市民の追放に伴う犯罪性を、元首として公に認めるという意図を表明した。現実に、ハヴェルは一九九〇年三月一五日、ヒトラーがチェコに侵入したその日を選んで、ドイツ連邦共和国大統領のリヒャルト・フォン・ヴァイツゼッカーをプラハ城に招き、右のような演説を行ったのである。かれの演説の主要なモチーフは、先に見たように一九八〇年代以来、異論派サークルで長いこと準備されたものであった。

たしかに、異論派が展開した歴史への批判的アプローチは、国民史の枠組みを根底から見直し、忘れられた「歴史の白斑」を明るみにだす大きな潜在力を持つべきものであった。しかし、一九九〇年代以後の政治的・文化的状況のなかで、かつての異論派たちは、「全体主義的過去」を克服しようとするのに急であるばかりに、ヨーロッパの「市民社会」、「多元主義」の伝統という仮想にもとづいて、あまりにも整合的な歴史叙述に過去を整序しようとしているようにみえる。一九三八年から戦後の住民追放までのできごとが、「悪への感染」という比喩で語られるのは、この時期が、ヨーロッパ文明の正常な歴史的道程からの逸脱とみなされているからである。もちろん、かつて社会主義体制を経験した国々にとっては、逸脱の時期は、一九八九年まで続くことになる。おそらく、ヨーロッパ統合の過程のなかでの歴史をめぐる「和解」という政治的課題からすれば、ヨーロッパという価値を共通の地平とすることは非常に現実的であった。こうしてヨーロッパの歴史は、やがて実現するべき価値が、かつて過去に共有されていたという神話に基づいて構想されることになる。別の目的論的歴史叙述によって、過去、東欧がドイツと、そして「ヨーロッパ」と紡ぎだしてきた複雑な関係は消去され、同時に東欧の記憶も抹消されるのである。

ある価値のもとに構想されながら、この「ヨーロッパ」(今日では、誰も「中央ヨーロッパ」について語らない)は、外側に向かって境界を持つと同時に、内側に対しても境界とヒエラルキーを持っている。一九九〇年代、現代史をめぐる「和解」の議論が進みつつあったとき、ユーゴスラヴィア戦争が続いていた。中・東欧諸国では、ユーゴスラヴィアに対する軍事的介入に反対する声はほとんどきかれず、バルカンにおける暴力と野蛮を止めるのは、ヨーロッパの責任だと論じられた。盲目的な暴力とショーヴィニズムの淵に沈んだバルカンには、それをみずから解決する能力はないのである。歴史的和解に向かう「ヨーロッパ」は、意識的にバルカンと対置された。

この種の歴史像に潜在的に相反するようなさまざまな記憶は、一九九〇年代の状況でも、抑圧の危機にある。たとえば、かつてレティ、ホドニーンの強制収容所に収容され、一九四二年から四三年にかけて、アウシュヴィッツ＝ビルケナウの絶滅収容所に送られたロマ系市民について積極的関心を寄せる歴史家はほとんどいない[22]。ロマ系市民を　隔離・収容するために建設された収容所の計画は、すでに一九三九年三月はじめ、すなわちナチス・ドイツのチェコ占領直前に完成していたのである。それが実現したのはなるほどナチ占領下のことではあったが、この計画の作成に携わった内務官僚は、引き続きその実現にかかわりつづけた。このような人種政策、あるいは「衛生」政策を立案した点で、おそらくチェコスロヴァキアは例外ではなかっただろう。重要なのは、このできごとは、「病原菌論」、和解の物語に矛盾するがゆえに、多くの歴史家が沈黙し、多くの人にとって「歴史の白斑」であり続けていることである。

国民史の見直しは、こうして和解へ向かう「ヨーロッパ史」というあらたな物語に統合されていく。異論派の「中央ヨーロッパ史」の持つ潜在的な起爆力は次第に忘れられ、伝統的な歴史叙述の型が戻りつつある。一九世紀以来、国民史の構想のなかでは、「ヨーロッパ」はつねに諸国民が文明性を主張するもっとも重要な参照軸であった。しかし、異論派は、ヨーロッパ近代の帰結として「全体主義」をとらえてはいなかっただろうか。「憲章七七」の中心人物であった哲学者ヤン・パトチカを経由して、ハヴェルの全体主義論のなかに、ハナ・アーレントの全体主義論、大衆論の共鳴を聞くことは容易である。現代史の破局は、ヨーロッパ史の正常な道程からの逸脱としてではなく、大量の顕在的・潜在的難民、無国籍者、無権利者を生み出したヨーロッパ近代の発展のなかに位置づけられなければならない。その場合、「東欧」とは、ヨーロッパ性の遅れや欠如としてではなく、ヨーロッパの発展の端的な表現であり、歴史的な前衛として位置づけられなければならない。東欧の経験によって生まれた「中央ヨーロッパ史」の構想は死産に終わりつつあるかもしれない。しかし、その可能性を取り戻すことで、東欧という場においてヨーロッパ史全体を批判的に再構築することができるかもしれないのである。

注

（1）たとえば、一九四六年一〇月二八日、ドイツ系住民の追放の完了を記念する式典でなされた次のような演説は、このことを雄弁に物語っている。「憎しみも持たず、敵意も持たず、しかしまた同情することもなく、ただ正しいことを遂行しているのだ、という確信を持って、私たちはドイツ人の追放を見守っていた。今日より、法的にばかりでなく、現実にもわが国は国民国家に、チェコ人とスロヴァキア人だけの国家になったのだ」（エドゥアルト・ベネシュ大統領）。「今日と明日、最後のドイツ人の移送列車が共和国をあとにする。わが国民とわが国家の年来の敵に対する偉大な勝利を、これ以上にあきらかにするものがあろうか。ドイツ人追放が終了することは同時に、わが国民の解放の頂点、わがチェコの地に外から侵入してきた敵対分子に対してわが国民が数世紀にわたって、闘ってきた闘争の終結をつげるものなのである」（クレメント・ゴトワルト首相）。引用は次による。Tomáš Staněk, *Odsun Němců z Československa 1945–1947*, Praha, 1991, p. 224.

（2）次を参照。Macura, Vladimír, *Šťastný věk. Symboly, emblémy a mýty 1948–89*. Praha, 1992.

（3）キェルツェの事件では、一九四六年、絶滅収容所から帰還したユダヤ系市民に対して暴動が起こり、多数の死者がでた。イェドヴァブネとは、ポーランド中部の小さな町で、一九四二年七月二三日、地元住民によって多くのユダヤ系市民が虐殺された。この事件をとりあげたアメリカのポーランド人歴史家、ヤン・トマシュ・グロスの著作がきっかけとなり、ホロコーストへのポーランド社会のかかわりをめぐって、ポーランド国民全体を巻き込む大論争に発展した。グロスの著作のほか、この間の論争を跡づけたものとして次を参照。Jan Tomasz Gross, *Sąsiedzi. Historia zagłady żydowskiego miasteczka*, Sejny,

2000. 英語版は次の通り。Jan Tomasz Gross, *Neighbors. The Destruction of the Jewish Community in Jedwabne, Poland*, Princeton U.P., 2001. Paweł Machcewicz, „Wokół Jedwabnego", P. Machcewicz et K. Persak, *Wokół Jedwabnego*, Vol. 1, Warszawa 2002.

（4）Jan Błonski, „Biedni Polacy patrzą na getto", *Tygodnik Powszechny* Nr.2/2.1.1987. この論文の表題は、チェスワフ・ミウォシュ（一九一一—二〇〇五年）がゲットー蜂起直後のワルシャワで書き残した詩、「あわれなキリスト教徒がゲットーをみつめている」を下敷きにしている。

（5）Danubius (pseud. Ján Mlynárik), „Tézy vysídlení československých Nemcov", J. Křen et al. (eds.), *Češi, Němci, odsun. Diskuse nezávislých historiků*, Praha 1990, pp. 50-90. 引用は本書による。なお、ここに再掲載されたダヌビウス論文は、発表当時削除された部分も含む完全版である。ヤーン・ムリナーリクはスロヴァキアの現代史研究者で、一九六八年以後、公的世界から放逐された。それ以前は、労働運動史を扱うきわめてオーソドックスなマルクス主義的研究者であった。

（6）Ibid., pp. 88-89.

（7）Bohemus (pseudo. Toman Brod, Jiří Doležal, Milan Otáhal, Petr Pithart, Miloš Pojar, Petr Příhoda), „Stanovisko k odsunu Němců z Československa", *Češi, Němci Odsun*, pp. 179-202.

（8）Ibid., p. 199.

（9）ボヘムスを名乗った著者のうち、ピトハルト、オターハル、そしてプシーホダは、のちにポヂヴェンという筆名で、一八世紀末から一九三九年までを対象として、チェコ・ナショナリズムの成長に非常に批判的な通史を試みている。脱稿されたのは体制転換の直前で、その後、すぐに公刊された。Podiven, *Češi v dějinách nové doby*. Praha, 1991. もし、この本が第二次世界大戦とその後を扱っていたとしたら、批判的な調子はさらに亢進したことであろう。

(10) Eva Hahnová, *Sudetoněmecký problém: obtížné loučení s minulostí*, Ústí nad Labem, 1999. この点からして、チェコのドイツ系住民を「ズデーテン・ドイツ人」と呼ぶことは正しくない。この呼称を採用したのは特定の政治的潮流であり、戦後、追放という経験を経てはじめて、バイエルンにおいて、「バイエルンの第四の民俗集団（Volksstamm）」として承認されるのである。

(11) 一九八〇年代に準備され、後に公刊されたこの種の成果として以下のものがあげられる。Jan Křen, *Konfliktní společenství. Češi a Němci 1780–1918*, Praha, 1990. Václav Kural, *Konflikt místo společenství? Češi a Němci v československém státě (1918–1938)*, Praha, 1993. Václav Kural, *Místo společenství Konflikt! Češi a Němci ve velkoněmecké říši a cesta k odsunu (1938–1945)*, Praha, 1994. ヤン・クシェンは、後にチェコスロヴァキア＝ドイツ歴史家委員会のチェコスロヴァキア側の座長をつとめることになる。注目しておかなければならないのは、異論派の歴史家たちが、ドイツにおける「過去の克服」に非常に強い関心を示し、高く評価していることである。クシェンによれば、それは「戦後ヨーロッパに生まれた最高の思想的・倫理的成果のひとつ」であった。Jan Křen, „Zpráva o německých historických sporech“, *Historické studie* 25 (samizdat).

(12) ティモシー・ガートン・アシュは、ヴァーツラフ・ハヴェル、アダム・ミフニク、ジェルジ・コンラードを論じたエッセイのなかで、「中央ヨーロッパ」を何らかの価値に本質論的に還元することを批判し、歴史的体験のなかで培われた知識人に共通な「態度」によって「中央ヨーロッパ」の特質を抽出しようとしている。Timothy Garton Ash, “Does Central Europe Exist?”, *The New York Review of Books*, October 9, 1986.

(13) 占領期のナチの住民政策と戦後秩序の再建が地続きのものであったことが論証されつつある。たとえば、Penkalla, Adam, “Władze o obecności Żydów na terenie Kieleccyzny w okresie od wkroczenia Armii Czerwonej do pogromu kielckiego”, *Kwartalnik historii Żydów*, Nr. 4 (208)/2003. *Poválečná justice a národní podoby antisemitismu*, Praha-Opava 2002.

(14) Havel, Václav, „Moc bezmocních“, in: Havel, *Eseje a jiné texty z let 1970–1989* (*Spisy* vol. 4), Praha, 1999, pp. 237-238.

(15) Havel, „Příběh a totalita“, in: *Eseje a jiné texty z let 1970–1989*, pp. 936-937.

(16) Havel, „Moc bezmocných“, p. 238.

(17) „Příběh a totalita“, p. 937.

(18) Kroutvor, Josef, *Potíže s dějinami. Eseje*. Praha, 1990, p. 64.

(19) Kundera, Milan, “The Tragedy of Central Europe”, *The New York Review of Books*, April 26, 1984, p. 35.

(20) „Příběh a totalita“, p. 936.

(21) „Návštěva prezidenta Richarda von Weizsäckera“, in: Václav Havel, *Projevy z let 1990–1992* (*Spisy* 6). Praha, 1999, p. 95.

(22) プロテクトラートにおけるロマ系市民のホロコーストについては、以下を参照。Nečas, Ctibor, *Holocaust českých Romů*, Praha, 1999.

付記

この論文は、二〇〇五年一二月一四日から一六日に行われた北海道大学スラヴ研究センター・EUインスティテュート・ジャパン共催の国際シンポジウム、Regions in Central and Eastern Europe: Past and Present に提出された英文報告の基となっている。

地域史とナショナル・ヒストリー
――バルカン諸国共通歴史副教材の「戦略」

柴 宜弘

1 はじめに

一九九五年一一月、アメリカのデイトン空軍基地でデイトン合意が調印されボスニア内戦が終結してから一〇年が経過した。デイトン合意は一つの国家ボスニアの回復を目指していたが、内戦による三民族の領域を追認するものでもあり、実際には権限がボスニア連邦とセルビア人共和国の二政体およびブルチュコ国連特別行政地区、さらにはボスニア連邦内の一〇カントンに分割されていた。そのため、統一ボスニアの実現は遅々として進まなかった。しかし、二〇〇五年一一月にワシントンで開催されたデイトン合意一〇周年記念式典に招待されたボスニア大統領会議（ボスニア人、セルビア人、クロアチア人各一人からなる共同大統領制）の三人は、アメリカの強い圧力のなか、EUやNATO加盟問題を考慮したうえで、デイトン合意に代わる新憲法の制定に同意した。中央政府の権限を強め、内戦による線引きを見直して新たな行政区分を築き、実質的な統一国家の建設を目指す新憲法の制定作業がようやく始められた。

ボスニアでは内戦終結後、民生面をつかさどる上級代表事務所（ＯＨＲ）や欧州審議会やユネスコなどが中心となって、ボスニア人、セルビア人、クロアチア人の和解を進めるうえで重要と考えられる教育の問題に取り組んできた。歴史教科書を考えてみると一九九六／九七年度からは、ボスニア人も独自の歴史教科書を作成して教育にあたるようになったため、ボスニアにはセルビア人共和国で使われていた教科書、ボスニア連邦内のクロアチア人が多数を占めるカントンで用いられていた教科書の三種類が存在していた。三民族の歴史認識を一つにしてボスニアで統一教科書をつくることが容易でないのはだれの目にも明らかだった。そこで、まず多面的なものの見方を歴史教育に導入する方法の検討や歴史教育のカリキュラムの統一に向けての作業が進められた。一九九九年七月にはボスニア連邦とセルビア人共和国二政体の教育相による協定が成立して、教科書叙述の他民族に対する一方的で攻撃的な表現箇所が削除されることになった。二〇〇四年には二政体のカリキュラムの統一も実現した。二〇〇四／〇五年度からはボスニア連邦の統一歴史教科書が導入されるに至った。しかし、二政体間の統一教科書の作成は依然として困難をきわめているのが実情である。

このように、ボスニアでは統一歴史教科書をつくることが課題となっているが、ユーゴスラヴィア紛争を契機として、直接的あるいは間接的にこの紛争の影響を受けたバルカン諸国においても、さまざまに分断されているバルカンという地域の歴史を考え直し、各国の歴史教科書にみられるナショナル・ヒストリーの叙述を比較・検討する試みが歴史研究者のあいだに生じた。その背景には、自民族中心的な歴史教育や歴史教科者の叙述は対立や紛争を引き起こす主たる要因になりうるが、同時に、歴史教育や歴史教科書を通じて和解を進めることも可能だとの共通認識が存在していた。しかし、こうした共通認識はバルカン諸国内で、どれほど普遍性を持ちえているのだろうか。本稿では、二〇〇五年六月に出版されたバルカン諸国共通歴史副教材のもつ意義を検討したうえで、その導入をめぐりセルビアで展開された歴史研究者の論争を紹介しつつ、バルカンという共通の地域史を考えることによって、ナショナル・ヒストリーを相対化しようとする試みが、セルビアではどのような立場から批判され、どのような問題に直面しているのかを検討してみたい。セルビアの事例は、今後、共通歴史副教材がバルカン諸国に導入される際に生じる可能性のある問題を示してくれているように思われる。

2　社会史に基づくバルカン地域史の試み

本稿を進めるにあたり、バルカン諸国（あるいは南東欧諸国）とはどの国を指すのかを明確にしておく必要があるだろう。ここではバルカンという地域概念[1]を厳密に適用するのではなく、バルカン地域およびこの地域と密接な関係をもちながら現存するアルバニア、ブルガリア、キプロス、ギリシア、ルーマニア、トルコ、それにボスニア・ヘルツェゴヴィナ、クロアチア、マケド

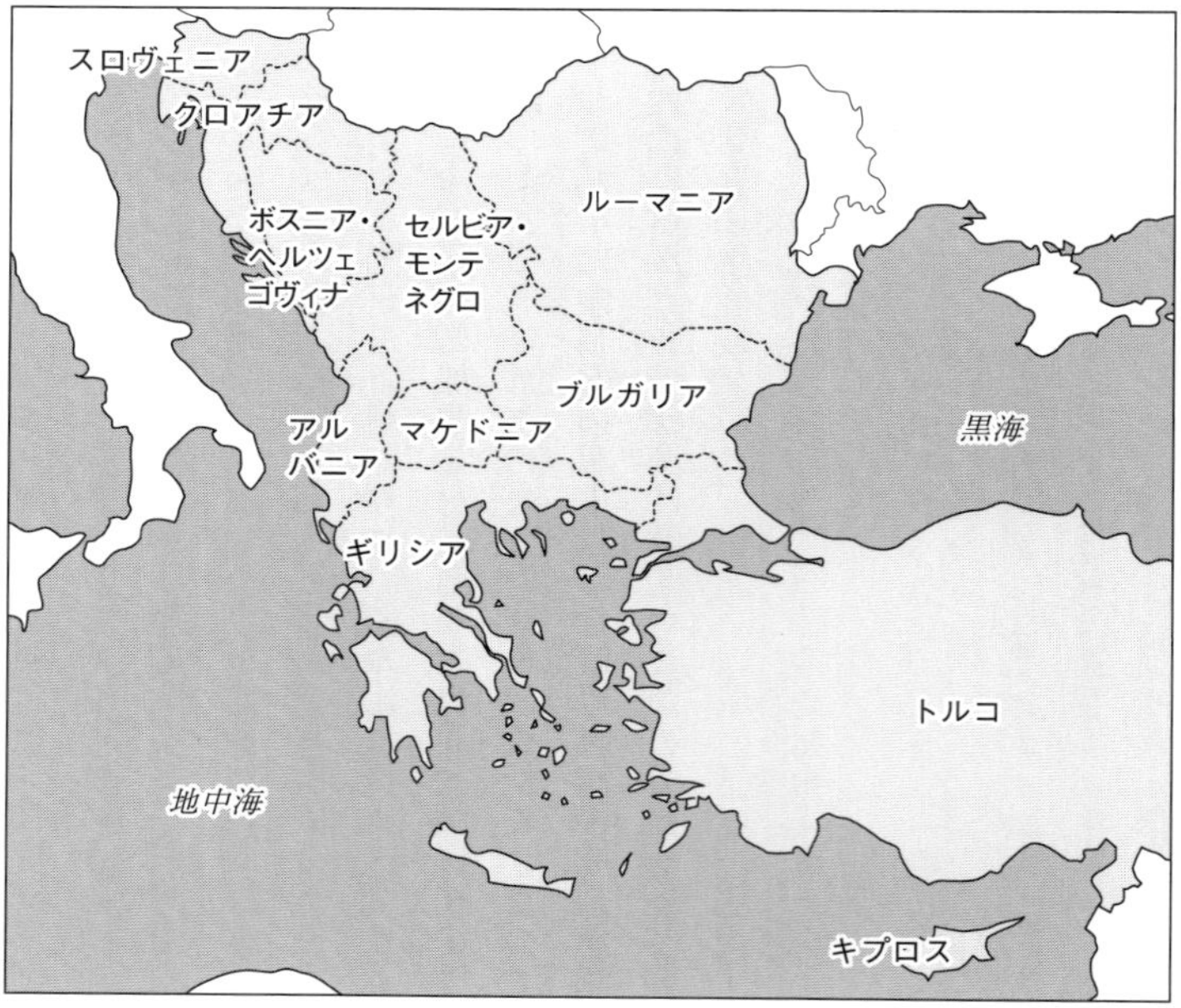

図1　バルカンの11カ国

ニア、セルビア・モンテネグロ、スロヴェニアの旧ユーゴスラヴィア諸国の一一カ国をバルカン諸国と捉えることにする。第二次世界大戦後の冷戦時代に、ギリシア、トルコは西側陣営に、アルバニア、ブルガリア、ルーマニアは東側陣営に、旧ユーゴスラヴィアは東西どちらの陣営にも属さずに非同盟政策を採っていた。キプロスは一九六〇年に独立を達成したあと、一九七四年にはキプロス紛争が生じて一九八三年に「北キプロス・トルコ共和国」の独立が宣言され、この国の分断状況が固定化された。二〇〇四年五月には、EUの東方拡大のなか、「北キプロス」を除くキプロスはEUに加盟した。第二次世界大戦以後の歴史を振り返っただけでもバルカンという地域は、まさに「分断された歴史」を背負ってきたのである。

一九八九年に体制転換が生じ、これ以後バルカン諸国のあいだに体制の違いはなくなったが、分断されたバルカンの状況は解消されたのではなく、とくに社会主義国であったバルカン諸国の歴史の見直し作業のなかで、隣国や地域の歴史を軽視するナショナルな視点が新たなアイデンティティの基礎に据えられ、教科書の叙述はいっそう自己中心的な傾向を強めた。一九九一年の連邦解体によって生みだされた旧ユーゴスラヴィア諸国の歴史教科書には、そうした傾向が顕著であった。政治と戦争のみの歴史叙述が中心であり、隣国に対するステレオタイプと偏見で満ちており、そのことが隣国や隣人に対する敵対心を植えつけて、戦闘にまで駆り立てる結果をもたらしたことはしばしば指摘されている(2)。

ヨーロッパでは冷戦終結後の一九九〇年代にEUによる統合過程が進行し、EU加盟国のあいだではナショナル・ヒストリーの枠を超えたヨーロッパ史をつくる試みが続けられ、第二次世界大戦後五〇年を経てようやく歴史和解が問題とされるようになる。一方、この時期に自らの国家を建国した旧ユーゴスラヴィア諸国の場合、新たにナショナル・ヒストリーを築くことと同時に、ヨーロッパの大きな趨勢のなかで、それを相対化する必要に迫られた。相反するきわめて困難な課題に取り組まなければならなかったのである。例えば、セルビアではこのような課題を背負いながら、一九九九年のコソヴォ紛争と人道的介入を掲げたNATO軍による空爆を受けて、ナショナルな意識がむしろ前面に押しだされてしまい、課題の実現は困難さを増したといえる。EUを中心とした国際社会は、紛争終結後のこの地域の民族和解が緊急に必要だと考え、歴史教育を通じての和解にも多大な関心を寄せたのである。

こうした状況において、バルカン諸国と密接な関係をもつオーストリアで、二〇〇〇年にバルカンの歴史教育に関するプロジェクトが始められた。オーストリア第二の都市グラーツにあるグラーツ大学には、バルカン社会文化研究センターがある。バルカン歴史人類学を専門とするこのセンター長カーザー教授を代表とし、コソヴォ紛争終結後に主要八カ国（G8）を中心にして結ばれた南東欧安定協定と欧州協力機構（OSCE）の財政援助を受け「南東欧の歴史と歴史教育」というプロジェクトが立ち上がったのである。このプロジェクトにはセルビアのベオグラード大学社会史協会とブルガリアのブラゴエフグラード南東大学バルカン学国際セミナーが協力にあたった。プロジェクトが目的としたのは中等学校の教師向けであるが、大学の教員や学生にも役立つ教育用の史料や読み物を副教材として提供することであった。バルカン諸国共通の歴史理解を深め、和解の方策が模索された。バルカン諸国それぞれのナショナル・ヒストリーを結ぶ副教材の作成を目的とし、バルカン全体に共通するテーマとして、子供史、ジェンダー史、家族史の三つが選択され、二〇〇〇年から出版が始まった[3]。

二〇〇〇年に出版されたのは英語版の『過去における子供――一九、二〇世紀[4]』であり、ベオグラード大学社会史協会が編集にあたった。順次、バルカン諸国の九カ国語に翻訳されて出版されることになった。この歴史副教材は「村部と都市部の子供」、「子供と家族」、「子供と遊び」、「子供と犯罪」、「学校での子供」、「子供と戦争」、「子供と政治」、「子供のヒーロー」、「子供と労働」、「子供と健康」の一〇章から構成されている。ベオグラード大学哲学部歴史学科で教鞭をとる編者のリストヴィチとストヤノヴィチは「はじめに」で、バルカン諸国の国民が相互の歴史的つながりを数多くもちながら、お互いのことを十分に知っているとはいえないと述べ、本書の目的は新しく興味をそそる方法で生徒たちに隣国の国民のことを理解させる手助けをすることだといっている。新しく興味をそそる方法として、バルカンの地理的に最も離れた国々や特徴の違いがもっとも顕著な国々を対照させる比較史の手法を取りいれて、バルカン諸国の子供の暮らしに見られる類似点と相違点を生徒に発見させせようとする。しかし、編者はバルカン諸国のあいだにある距離や相違にもかかわらず、子供たちは多くの点で似通った生活をしてきたことを生徒に理解させることが本書の主要な目的だと繰り返し述べている。各章の体裁は冒頭にテーマについての編者の解説があり、そのあとにバルカンの数国から選ばれた史料の抜粋がつけられ、最後に一括して設問や学習事項が記されている。史料には自伝や回想録やオーラル・ヒストリーからの抜粋が多用され、小説からの引用も目立つ。ほとんどのページに大判の興味深い写真かイラストが挿入されており、類似した子供の暮らしをよく伝えている。編者の意図は成功しているといえる。

二冊目の英語版歴史副教材は二〇〇二年に出版された『過去における女性と男性――一九、二〇世紀』(5)である。これにはブルガリアのブラゴエフグラード南東大学バルカン学国際セミナーが編集に当たっている。「家父長的社会の愛と結婚」、「身体」、「教育」、「理想の女性とは」、「ブルジョア社会の愛と結婚」、「男性の労働、女性の労働」、「現代の余暇と美」、「政治と女性解放」、「社会主義社会の愛と結婚」の九章からなっており、ポポヴァ、ヴォデニチャロフ、ディミトロヴァの三人の共同執筆である。著者は政治エリートの視点からではなく、普通の人々の日常生活の視点から過去にアプローチすることで、バルカンに暮らす人々の歴史に生徒の強い好奇心を向けさせることが本書の目的だと述べる。そして、バルカンのジェンダー史にアプローチする際、現在の国民国家ごとの伝統の枠内での男性と女性の関係よりも、バルカンに暮らす男性と女性が共通にかかえる問題に焦点を当てて叙述することに努めている。各章の体裁は『過去における子供』と同様に最初に章のテーマの解説があり、抜粋された史料にはそれぞれ設問や学習事項やコメントなどがつけられている。この歴史副教材では絵画や民謡や統計資料などが用いられて、前書とは異なる特色をだしている。珍しい大判の写真がページごとにあるのは同様であり、バルカンのジェンダーの共通性を垣間見させてくれる。

これら二冊の歴史副教材は、政治史や軍事史に傾いた従来のバルカン諸国の歴史教科書にはみられなかった社会史や文化史といった新しい歴史学の方法を十分に取りいれて叙述が進められており、バルカン諸国のナショナル・ヒストリーの枠を超えて地域としてのバルカンの共通性を抽象的にではなく、具体的に認識させてくれる。バルカン諸国のナショナル・ヒストリーのあいだに橋を架ける役割を担いうるものである。「南東欧の歴史と歴史教育」プロジェクトは副教材と並んで同じテーマの論文集[6]を出していることからわかるように、歴史研究者の共同作業の成果であり、教育現場の教師の参加は見られなかった。そのため、歴史副教材が実際の教育現場でどれほど使われ、歴史教育にどれほどの影響を与えたのかはっきりしないが、一連の凄惨なユーゴスラヴィア紛争を直接あるいは間接に経験したバルカン諸国の和解を歴史教育の側面から促進しようとする一つの試みとしての意義はあった。

3　四冊本の共通歴史副教材の出版

グラーツ大学のプロジェクトがコソヴォ紛争以後の南東欧安定協定というバルカンの和解を進める国際社会の枠組みのなかで進められたのに対して、二〇〇五年六月にギリシア第二の都市テッサロニキで出版された四冊本の共通歴史副教材[7]はバルカン諸国の歴史研究者と現場の教育関係者とが長年にわたって協力しつつ、一九九九年から二〇〇二年にかけて集中的にワークショップを積み重ねた成果である。この共通歴史副教材を生みだすもととなるプロジェクト「南東欧共同歴史プロジェクト」を一九九八年に立ち上げたのは、テッサロニキのNGO「南東欧の民主主義と和解のためのセンター」（CDRSEE）であった。国際社会の政治的な枠組みの要請を受けてのプロジェクトではなく、バルカンのNGOの内発的な和解の試みとして、このプロジェクトが始められたのは特筆されるべき点である。こうした試みがバルカン諸国から自発的に行われた初のプロジェクトといえる。一九九九年にブルガリア出身で現在はイリノイ大学の歴史学教授であるトドロヴァを総括責任者として、バルカン一一カ国の歴史研究者、歴史教育者とドイツのブラウンシュヴァイクにあるゲオルク・エッカートの代表を含む一七名の「歴史教育委員会」が結成された。

「歴史教育委員会」の実際の活動[8]は委員長のギリシア・ペロポネソス大学のクルリを中心に、相互の紛争の原因になりかねない自民族中心的なナショナル・ヒストリーの叙述に見られるステレオタイプを排除し、バルカン諸国の歴史教育の変革を目指して開始された。最初に検討されたのは、バルカン諸国の歴史制度やカリキュラムの検討であった。バルカン諸国は教育制度も歴史教科書の出版数も異なっていたからである。例えば、スロヴェニア、ルーマニア、クロアチアのように複数の教科書が出版されている国もあれば、ギリシア、セルビア・モンテネグロ、アルバニアのように一種類で事実上の国定教科書を用いている国もある。しかし、いずれの場合でも、それぞれの国の教育省が歴史教科書の編纂にあたって決定的な役割を果たしていることに変わりはない。歴史教育の変革は歴史研究の見直しと同時に、カリキュラム、教科書、教師、教育省など全体にわたって実施されなければ意味をもたない。それゆえ、国家や政府とは距離を置くNGOのイニシアティヴによる「歴史教育委員会」の活動は重要な意味をもつものであった。

バルカン諸国のカリキュラムの分析と並行して、一九九九―二〇〇〇年に集中的にバルカン史の微妙な問題に関する七回のワークショップが実施された。そのテーマは(1)南東欧におけるハンガリーの遺産、(2)キプロスを教えること――寛容と理解を求めて、(3)マケドニアのアイデンティティ――相互補完性、紛争、否定、(4)アルバニア人とその隣人たち――将来のための過去、(5)aバルカンの諸帝国――共通の遺産、異なる遺産、(5)bギリシア人とトルコ人――共通の歴史をもつヤヌス、(6)ユーゴスラヴィア――壊れた鏡でみると、だれが「他者」か、(7)宗教教育と「他者」観である。[9] これらのワークショップでは、事前に共通の質問表が配布され、質問表に基づいて各国の歴史研究者と現場の教師との熱心な議論が展開された。[10]

さらに、二〇〇〇―〇二年には現場の歴史教師の研修が五回にわたり実施された。アルバニアのティラナで行われた研修の方法はきわめてユニークである。ここでは「バルカン戦争とアルバニア国家の形成」というテーマで、アルバニア、ギリシア、ブルガリア、クロアチア、トルコの歴史研究者がアルバニアの歴史教師や歴史教育関係者に講義をする形態がとられた。[11] わが国に置き換えれば、日本史の教師が中国や韓国の東アジア史研究者から日本史の講義を受けるようなものである。ナショナル・ヒストリーを地域史のなかで考え、地域共通の歴史認識をつくるうえで画期的な方法といえる。

このようなワークショップを積み重ねたあと、二〇〇二—〇四年にかけてバルカン諸国共通歴史副教材を作成する作業が始められたのである。二〇〇五年六月、「歴史教育委員会」、クルリらの編集委員やその協力者六〇人による共同作業が実って、ようやく英語版が出版された。現在、バルカン諸国の一〇ヵ国語に翻訳する作業が続けられている。中等学校生徒（一五—一八歳）向けの四冊本の共通歴史副教材が統一歴史教科書の形態ではなく、史料集の形で作成された理由について、四冊を通じての総括編集者であるクルリは次の四点をあげている。(1)バルカン諸国すべてに共通してみられる歴史教育の異なるカリキュラムと自民族中心的な傾向の存在、(2)大部分の南東欧諸国歴史教科書の変更は学校のカリキュラムや教科書の内容を厳しく監督する教育省次第であるという事実、(3)教育現場の教師が容易に用いることのできる補助教材で、教育方法を改善しようとする要求、(4)すべての国で使用できるような統一歴史教科書の形で、南東欧史を統一的に叙述することは不可能との考え、[12]である。史料集からなる歴史副教材はバルカン諸国で使われている歴史教科書に取って代わるものではなく、歴史教育の方法を提示するものであり、これによってバルカン諸国のナショナル・ヒストリーを相対化し、その書き換えを迫っている。

四冊本の共通歴史副教材のテーマは「オスマン帝国」、「民族と国家」、「バルカン戦争」、「第二次世界大戦」である。四つのテーマが選択されたのは、バルカン諸国のカリキュラムや教科書を検討した結果、すべての国にこれらのテーマが濃淡はあるにせよ取り上げられているからだとされる。四冊を通じて、バルカン史を教える際の方法が学べるように意図されている。例えば、第一冊「オスマン帝国」と第三冊「バルカン戦争」は主としてバルカンという地域史と関連しているが、第二冊「民族と国家」と第四冊「第二次世界大戦」はヨーロッパ史や世界史の文脈を離れては教えることはできない。バルカン史をヨーロッパ史のなかに位置づける工夫が凝らしてある。また、地域としてのバルカンの共通性や共生を描くことだけに目を向けるのではなく、バルカンに生きる人々を引き裂いてきた戦争や対立をも直視することが目指されている。社会史や文化史の観点から共通性を抽出するだけではなく、政治史や外交史の側面から対立をあるがままに見据えることが要請される。さらには、比較史のアプローチや多面的なものの見方が学べ、自民族中心的な視点が排除されることになるのである。

グラーツ大学の「南東欧の歴史と歴史教育」プロジェクトの成果として出版された二冊の歴史副教材と比べてみた時、四冊本の共通歴史副教材の最大の特徴はヨーロッパ統合過程が進行する環境において、ナショナル・ヒストリーにとらわれず、地域としてのバルカン史を教えることに関心を示しているバルカン諸国の現場の歴史教師に向けて、教育の素材を提供し教育の方法を提示するという明確な目的を備えていることである。

4　共通歴史副教材をめぐるセルビアの論争

興味深いことに、歴史教育を変革する「戦略」（クルリの表現）に富んだ共通歴史副教材の導入を教育省が正式に決めたのはセルビアであった。セルビアはユーゴスラヴィア紛争を現在も引き継いでおり、ボスニア・ヘルツェゴヴィナとともに、ＥＵとの関係が最も遅れてしまった。しかし、二〇〇五年一一月にセルビアもＥＵへの加盟交渉を進める前提条件となる安定化連合協定（ＳＡＡ）の締結に向けた交渉を開始することができるようになった。こうした状況下で、セルビアはバルカン諸国に先駆けて共通歴史副教材の導入を決定し、一一月には共通歴史副教材のセルビア語版を完成させた。二〇〇六年二月には、総括編集者のクルリらがベオグラードに赴き、教育現場の歴史教師の参加を得て、共通歴史副教材の授業方法研修ワークショップが開催されることになっている。

二〇〇〇年に英語版、二〇〇一年にセルビア語版でストヤノヴィチらが編集した歴史副教材『過去における子供――一九、二〇世紀』が出版された際、セルビアの歴史研究者のあいだで論争が起こることはなかった。この副教材は子供の生活やそれを取り巻く環境がバルカンで共通していることを積極的示そうとするものであり、バルカン史の微妙な問題を含んではいなかった。しかし、四冊本の共通歴史副教材は一部の歴史研究者から批判が寄せられ、共通歴史副教材の作成にかかわった歴史研究者とのあいだで論争が展開された。

セルビアでは、二〇〇〇年一〇月に一三年間続いたミロシェヴィチ政権が崩壊したあと、国際協調路線が採られるなかで、さまざまな改革が実行された。歴史教育の面でも、従来の教育制度や教科書の見直し、書き換えが進められた。教科書は国定ではなくなり、制度的には複数の教科書を出版することは可能になったのだが、歴史の見直しは容易な作業ではなく、実際には従来の教科書が使われていた。二〇〇二年になると、社会主義期からミロシェヴィチ政権の時期にも続いていた歴史の見方を否定し、新たな視点から歴史を叙述した中等学校（四年制）の歴史教科書が初めて出版された。[13] 著者の一人はベオグラード現代史研究所の研究員ニコリッチである。ニコリッチは第二次世界大戦期のセルビアの抵抗運動指導者ミハイロヴィチの研究者であり、「修正主義者」として知られている。この教科書が出版されると、ニコリッチが執筆した第二次世界大戦期の評価をめぐって、ベオグラードの民主主義的な日刊紙『今日《ダナス》』や週刊誌『時代《ヴレーメ》』に批判が掲載された。ニコリッチは民族主義的色彩の強い週刊誌『セルビアの言葉《スルプスカ・レーチ》』などで応戦した。批判の中心はニコリッチらの歴史教科書が自民族中心的であり、多面的なものの見方がされておらず、民族主義的でイデオロギー的なバイアスがかかっているというものであった。[14]

ニコリッチらの歴史教科書をめぐる歴史研究者のあいだの論争は、これ以上に拡大することはなかった。しかし、第二次世界大戦をドイツなどの枢軸占領軍に対するパルチザン戦争として捉え、チェトニクを抵抗運動勢力としてではなく、対敵協力勢力としてのみ捉えるような黒白のはっきりした二項対立的な社会主義時代の歴史理解は相対化される傾向が強まった。第二次世界大戦の内戦の側面がいっそう強調されるようになる。当時、民族主義的傾向の強いセルビア急進党やセルビア復興運動が勢力を伸ばす政治状況と関連して、チェトニクの復権を求める動きが顕著になった。二〇〇四年一二月には、定数二五〇名のセルビア議会で、二一三名の賛成を得て「チェトニクとパルチザンの権利の平等に関する法律」が採択されるに至った。

先にふれたように、こうした政治状況のなかで、セルビア復興運動も与党に加わるセルビア政府の教育省が共通歴史副教材の導入をいち早く決定したのは注目に値することであった。しかし、バルカン史の微妙な問題をはらむ四トピックスからなる共通歴史副教材に対する批判はやはり生じた。最初の批判はポレミックな「修正主義者」ニコリッチによって加えられた(15)。ニコリッチは他の二人の執筆者とともに今度は初等学校(八年制)八年生向けの歴史教科書を出版していたが、共著者ライッチとともに連名で批判を展開した。論争の場はベオグラードで発行されている最も歴史の古い週刊誌『ニン』である(16)。ここでは、共通歴史副教材の内容についての検討は他の機会に譲ることとして、論争の概要を紹介しておく。

ニコリッチとライッチは最初の批判「オクスフォード風アクセントをもつバルカン史(17)」において、四冊の共通歴史副教材の編者にセルビアの研究者がいないこと、三九人の編集に協力した歴史教師のなかにセルビア人教師は二人だけで、他の国と比べてその比率が低いことをあげて、この副教材にセルビア民族の歴史がどれほど反映されているかに疑問を呈している。内容的には、例えば一九世紀初めのギリシア独立戦争に関する史料があるのに対して、同じ時期のセルビア蜂起に関する史料がないことを指摘し、ギリシア史と比べてセルビア史の比率が低いことを指摘する。さらには、オスマン帝国の寛容さを示す史料が多すぎること、バルカン戦争期の史料がセルビア人の好戦性を際立たせていること、第二次世界大戦期のホロコーストに関する史料にバルカン最大のクロアチア・ヤセノヴァツ強制収容所に関するものが見られないこと、などが述べられる。さらには、共通歴史副教材の最も重要な特徴である民族や立場の違いによって歴史の真実はいくつもあるという多面的なものの見方（multiperspectivity）を批判して、歴史観の違いはあっても歴史の真実は一つしかないことを強調する。

これに対して、「歴史教育委員会」の副委員長で共通歴史副教材のセルビア語版の監修者でもあるベオグラード大学のストヤノヴィチは「歴史を武装解除すること」[18]において、この副教材をつくるプロジェクトの目的を三点あげている。(1)近隣諸国のことを知らなすぎるバルカン諸国の生徒たちがバルカンという地域に関する知識を得ること、(2)共通歴史副教材を教育現場で使うことによって、学習を活発にする歴史の教え方の原則が導きだされること、(3)この副教材は比較史の影響を強く受けた現在の国際的な歴史研究の諸原則に基づいて作られていること。そして、このプロジェクトの最も重要な目的は歴史教育に多面的なものの見方を導入することであり、歴史の真実が一つであるなどという見解を述べるのはここ三〇年間の世界の歴史学の発展についての無知をさらけ出すものである。多面的なものの見方は歴史学や社会科学の基礎であるだけでなく、近代の民主主義社会の基礎でもある。一つの真実といった考えこそが権威主義の思想や全体主義の秩序を築きあげたのだとして、ニコリッチとライッチの批判を一蹴している。

ニコリッチとライッチはストヤノヴィチに対して、「ベオグラード——強制収容所の都市か」[19]で再批判を試みた。どの民族もナスレディン・ホジャやクラリェヴィチ・マルコといった歴史上の英雄を神話化している例をだして、多面的なものの見方がここでは有効性をもたないことを示そうとした。また、ヤセノヴァツの例をふたたび取りあげて、共通歴史副教材にはセルビア関係の史料が他の国の史料と比べて少ないことを指摘している。この批判記事には論争の深まりがまったく見られず、説得力に欠けるといわざるをえない。

5 おわりに

共通歴史副教材の導入をめぐって展開されたセルビアの歴史研究者の論争自体は歴史学の観点からみてそれほど有益であったとはいえないが、ナショナルな視点に依拠する歴史研究者にも地域を展望する契機を与えた点では意味があった。今後、この副教材がギリシア語をはじめとして各国語に翻訳され教育現場に導入されることになるとすると、同様の論争が生じる可能性は十分にある。セルビアでの論争を前例として生かすことはできるであろう。歴史研究者のあいだでさえ、バルカンという地域史を構想して、ナショナル・ヒストリーを相対化することは容易な作業ではない。ましてや歴史教師のあいだでそれを行うことは、さらに困難を伴うことが予想される。対立する内容の史料を並存させて提示する史料集の副教材の成否は、これを使いこなす現場の教師が重要な鍵を握ることになる。歴史教師の研修が必要になる所以である。クルリが主張するように、共通歴史副教材は歴史研究の変革と同時に歴史教育全体の変革をもつきつける「戦略的」な試みなのである。

注

(1) バルカン地域概念の形成と変遷については、柴宜弘編『バルカン史』山川出版社、一九九八年を参照。

(2) Wolfgang Hoepken (ed.), *Oil on Fire?: Textbooks, Ethnic Stereotypes and Violence in South-Eastern Europe*, Hannover, 1996; Christina Koulouri (ed.), *Clio in the Balkans: The Politics of History Education*, Thessaloniki, 2002 を参照。

(3) このプロジェクトと出版された副教材については、柴宜弘「バルカンで進む歴史副教材の出版」、『歴史評論』六三二号、二〇〇二年一二月号、五四—五七頁を参照。

(4) Milan Ristović and Dubravka Stojanović, *Childhood in the Past: 19th and 20th Century*, Belgrade, 2000.

(5) Kristina Popova, Petar Vodenicharov and Snezhana Dimitrova, *Women and Men in the Past: 19th and 20th Century*, Blagoevgrad, 2002.

(6) Miroslav Jovanović and Slobodan Naumović (eds.), *Childhood in South East Europe: Historical Perspectives on Growing up in the 19th and 20th Century*, Belgrade/Graz, 2001; Miroslav Jovanović and Slobodan Naumović (eds.), *Gender Relations in South East Europe: Historical Perspectives on Womanhood and Manhood in 19th and 20th Century*, Belgrade/Graz, 2002.

(7) 「南東欧近現代史を教えること――教育用副教材」と題された四冊本のタイトルは以下の通りである。Halil Berktay and Bogdan Murgescu (eds.), *Workbook 1: The Ottoman Empire*, Thessaloniki, 2005; Mirela-Luminita Murgescu (ed.), *Workbook 2: Nations and States in Southeast Europe*, Thessaloniki, 2005; Valery Kolev and Christina Koulouri (eds.), *Workbooks 3: The Balkan Wars*, Thessaloniki, 2005; Krešimir Erdelja (ed.), *Workbook 4: The Second World War*, Thessaloniki, 2005.

(8) 「歴史教育委員会」の活動と成果については、二〇〇五年一一月一二日に東京大学駒場キャンパスで行われた国際シンポジウム「地域史の可能性を求めて――バルカンと東アジアの歴史教科書から」でのクルリ教授の基調報告「分断された地域の共通の過去――バルカンの歴史を教えること」を参照。

(9) Christina Koulouri (ed.), *Teaching the History of Southeastern Europe*, Thessaloniki, 2001, pp. 104–111.

(10) ワークショップで発表された報告集が、注（2）の Christina Koulouri (ed.), *Clio in the Balkans: The Politics of History Education*, Thessaloniki, 2002 である。

(11) クルリ教授の基調報告「分断された地域の共通の過去――バルカンの歴史を教えること」を参照。

(12) Berktay and Murgescu (eds.), *Workbook 1*, p. 9.

(13) Kosta Nikolić, Nikola Žutić, Momčilo Pavlović i Zorica Špadijer, *Istorija 3/4*, Beograd, 2002.

(14) 例えば、“Etnocentričan pogled na prošlost（過去に対する自民族中心的な視点）”, *Danas*, 31.

oktobar 2002; "Gde se izgubila demoklatija（民主主義はどこに失われてしまったのか）", *Danas*, 24. januar 2003.

（15）Suzana Rajić, Kosta Nikolić i Nebojša Jovanović, *Istorija 8 za 8. razred osnovne škole*, Beograd, 2005.

（16）柴宜弘「共通歴史副教材を読む――バルカン諸国の和解の試み」、三谷博編『史料学入門』岩波書店、近刊を参照。

（17）Kosta Nikolić and Suzana Rajić, "*Balkanska istorija sa oksfordskim akcentom*（オクスフォード風アクセントをもつバルカン史）", *NIN*, 15. decembar 2005.

（18）Dubravka Stojanović, "*Razoružati istoriju*（歴史を武装解除すること）", *NIN*, 22. decembar 2005.

（19）Kosta Nikolić and Suzana Rojić, "*Beograd: grad koncentracionih logora?*（ベオグラード――強制収容所の都市か）", *NIN*, 29. decembar 2005.

付記

本稿は、平成一六―一九年度科学研究費補助金・基盤研究（B）「バルカン諸国歴史教科書の比較研究」による研究成果の一部である。

編集後記

二〇世紀、「東欧」は二度の大戦で莫大な戦禍をこうむった。最初の大戦は、ロシア、オーストリア、ドイツ、オスマン、四帝国の崩壊をもたらした結果、戦後、民族自決の原則にそう形で、この地域にいくつもの国民国家を産み落とした。住民の強制移住や組織的な入植といった手続きは踏まず、これらの諸国家はそれぞれに少数民族をかかえこんだままの状態で船出した。諸帝国乱立の時代には、内紛の火種をもたらすものとして治安対策の対象とされた少数民族だが、両大戦間期になると、こんどは存在それ自体を問題視されることになり、その地位はいっそう不安定化した。少数民族のなかでも、拠点となる民族国家の外交政策に期待することのできたひとびとはまだしも、地球上のいずこにも民族国家を持たないユダヤ人やロマは、国際世論以外にすがるべきものを持たなかった。そして、第二次大戦期のドイツ、つづいてドイツ軍占領地域を制圧したソ連は、第一次世界大戦後の戦後処理によって露骨に顕在化した「問題としての少数民族」に対して、きわめて暴力的な解決策を構想、そしてそれを実施したのだった。集団殺戮と強制移住である。一九四五年以降の「東欧」は、「社会主義化」とともに、「民族浄化」をともなう「国民化」を各国ごとに推進することとなった（結果的に、旧ユーゴスラヴィアだけが、こうした問題解決のプロセスを一九九〇年代まで持ち越すことになる）。

帝国と帝国、国民国家と国民国家のはざまにあって、戦時にあっても平時にあっても、不安な生活を強いられた二〇世紀「東欧」の少数民族。本書が扱うのは、「東欧」の国民国家の集合的な経験よりは、むしろ危うい生を強いられた少数民族の経験であり、そうした少数民族の経験に誠実に向き合おうとする知識人の歴史認識についてである。

本書が企画された背景には、一九九〇年代の日本における「東欧」熱があった。当時の大学には、ベルリンの壁の開放やチャウシェスク失脚、あるいはユーゴ内戦の映像にリアルタイムで接し、情熱的に反応した若者たちがあふれていた。学会や大学内でも、それまで手をとりあうことの少なかったドイツ研究者と東欧研究者が、急速な歩み寄りを見せた。その後、「東欧」という言葉に翳りが見え、「中欧」もしくは「中東欧」といった表現が「東欧」にとってかわるようになった背後では、EUの東方への拡大とともに、歴史研究や地域研究の上での地域区分の再編が大きくあずかって力があったように思う。つまり、本書は、一昔前の学生たちの熱狂と、ドイツ研究者・東欧研究者のあいだに芽生えた友情を受け継ぐ形で成立したと言ってもいい。

一九九〇年代は、第二次世界大戦後五〇年をまん中にはさむ一〇年でもあった。一九九五年には、完成してから一〇年を経たクロード・ランズマンのドキュメンタリー映画『ショア』が日本で公開されるはこびとなり、これに触れた老若男女の多くは、第二次大戦後の裁かれる「ドイツ人」の位置に「日本人」を置いてみなければならないという、ごく自然な連想、そして倫理観とともに、身のひきしまる思いで、その映像に接したのだった。「ドイツ人」と「日本人」、「ドイツ・東欧」と「旧日本植民地および日本軍占領地」を結びつける一九九〇年代に構築された想像力の余韻は、本書に文章を寄せ合った共同執筆者それぞれの視角や筆致のなかに、さまざまに形を変えながら、しかしはっきりと見てとれるだろう。

ひとこと、私事をはさませていただくとすれば、四年前、ブラジルに三カ月滞在した私は、そこで日系人が、ポーランド系やリトアニア系、ドイツ系や東欧ユダヤ系、さらには韓国系のブラジル人などとともに、良好な隣人関係を結んでいることに不思議な感動を覚えた。これらの移民が海を渡ることになった背景には、いずれの場合でも、故郷の貧困と民族の未来に対する不安があった。「東欧の二〇世紀」は、北米や南米の地で、「東アジアの二〇世紀」とのあいだに思いがけない隣接性の回路を築き上げていたりするのである。

『ヨーロッパ統合と文化・民族問題』（西川長夫・宮島喬編）から一一年。立命館大学国際言語文化研究所は、連続講座「国民国家と多文化社会」を下敷きに、以下、『多文化主義・多言語主義の現在』、『アジアの多文化社会と国民国家』、『ラテンアメリカからの問いかけ』、『複数の沖縄』の順で、つごう五冊の論集を世に問うてきた。この間、いつの日か「東アジア」を正面から取り上げたいという気持ちを研究所関係者のあいだで確認しあってきたが、本書もまた、その長い道のりのなかの一歩であると理解していただきたい。

なお、本書の刊行にあたっては、立命館大学の研究所支援予算の一部を出版助成にあてた。おかげで、これまでのシリーズと比べても遜色のない論集としての質と量と価格を維持できた。また、企画段階から編集に従事してくださった松井純さん、一九九五年以来、本シリーズの刊行を一貫した熱意をもって引き受けてくださっている人文書院に、この場を借りて深くお礼を申し上げたい。

西　成彦

二〇〇六年一月

篠原琢（しのはら・たく）

東京外国語大学外国語学部教授。チェコ近代史。1990-93年，1999-2000年にカレル大学（プラハ）に留学・研究滞在。元来，東欧の1848年革命，19世紀の国民主義の問題を中心に研究をすすめていたが，1990年代の歴史の見直しを問い返すなかで，第2次世界大戦の諸問題や，東欧という地域概念そのものに関心を広げる。現在は，チェコ史学とポーランド史学の比較に取り組んでいる。共著書に『ドナウ・ヨーロッパ史』（山川出版社，1999），『七つの都市の物語』（ＮＴＴ出版，2003）など。

柴宜弘（しば・のぶひろ）

東京大学大学院総合文化研究科教授。東欧地域研究・バルカン近現代史。解体してしまった国，旧ユーゴスラヴィアの近現代史を研究するため，1975-77年の２年間，ベオグラード大学に留学。短期滞在では，ポーランド，ハンガリー，スロヴェニアでの研究経験もある。現在の関心はバルカン諸国の歴史研究と歴史教科書の比較研究にある。著書に『ユーゴスラヴィア現代史』（岩波新書，1996），『バルカンの民族主義』（山川出版社，1996），『図説バルカンの歴史』（河出書房新社，2001），共著書に『世界大戦と現代文化の開幕』（世界の歴史26，中央公論社，1997），編著書に『バルカン史』（山川出版社，1998），『バルカンを知るための65章』（明石書店，2005）など。

西成彦（にし・まさひこ）*

立命館大学大学院先端総合学術研究科教授。比較文学。ポーランド文学研究のため，1981年から83年までワルシャワ大学に留学。1988年から89年までは同大学日本語客員講師として赴任。その後は，ニューヨークやブエノスアイレス，クリチーバなどで，現地のポーランド人（および東欧ユダヤ人）を対象とした調査・資料収集を重ねている。著書に『マゾヒズムと警察』（筑摩書房，1988），『移動文学論①イディッシュ』（作品社，1995），共編著書に『複数の沖縄』（人文書院，2003），『異郷の身体／テレサ・ハッキョン・チャをめぐって』（人文書院，2006），訳書にヴィトルド・ゴンブローヴィッチ『トランス＝アトランティック』（国書刊行会，2004）など。

近藤孝弘（こんどう・たかひろ）

名古屋大学大学院教育発達科学研究科助教授。比較教育学・カリキュラム学。ドイツ・ポーランド教科書対話への関心から出発し，ブラウンシュヴァイク（ドイツ）の国際教科書研究所のほか，ウィーン大学やポツダム大学などで研究を進めるなかで，中東欧の国際関係における歴史認識の問題へと関心を広げる。著書に『ドイツ現代史と国際教科書改善』（名古屋大学出版会，1993），『国際歴史教科書対話――ヨーロッパにおける「過去」の再編』（中公新書，1998），『自国史の行方――オーストリアの歴史政策』（名古屋大学出版会，2001），『歴史教育と教科書――ドイツ，オーストリア，そして日本』（岩波ブックレット，2001），『ドイツの政治教育――成熟した民主社会への課題』（岩波書店，2005）など。

木戸衛一（きど・えいいち）

大阪大学大学院国際公共政策研究科助教授。ドイツ現代政治・平和研究。1979年，学部3年次に東独に2カ月滞在。その後ドイツ戦後史研究のため，1985-86年，ライプツィヒ大学（東独）に留学。1994-95年，文部省在外研究員としてフンボルト大学（旧東ベルリン）に研究滞在。2000-01年，ライプツィヒ大学で政治学客員教授。東独政治過程・政治文化等を研究対象とする。編著書に『ベルリン――過去・現在・未来』（三一書房，1998），共編著書に『ラディカルに〈平和〉を問う』（法律文化社，2005），共著書に『20世紀のアメリカ体験』（青木書店，2001），訳書にフリッツ・フィルマー『岐路に立つ統一ドイツ』（青木書店，2001），ユルゲン・エルゼサー『敗戦国ドイツの実像』（昭和堂，2005）など。

2003)，訳書にメンデル・ノイグレッシェル『イディッシュのウィーン』（松籟社，1997）など。

佐原徹哉（さはら・てつや）

明治大学政治経済学部助教授。歴史学・比較ジェノサイド研究。1989年に旧ユーゴ資料調査を行う。1990年および98年にブルガリア科学アカデミー付属バルカン研究所研究生および研究員。以後，定期的にブルガリア，旧ユーゴ等で調査，共同研究に従事している。著書に*An Eastern Orthodox Community during the Tanzimat*（Tokyo, 1997)，『バルカン都市社会史――多元主義空間における宗教とエスニシティ』（刀水書房，2002)，共著書に『バルカン史』（山川出版社，1998)，『ギリシア史』（山川出版社，2004)，訳書にスコット・タイラー『アメリカの正義の裏側――コソヴォ紛争その後』（平凡社，2003）など。

佐藤雪野（さとう・ゆきの）

東北大学大学院国際文化研究科助教授。中欧地域研究・チェコスロヴァキア史。幼少の頃から，東欧や北欧に憧れに似た関心を持つ。最初にチェコスロヴァキアを訪問したのが20年前。その後，1987-90年にプラハのカレル大学に留学，1997年にチェコ科学アカデミー現代史研究所に研究滞在。ここ数年は，ごく短期間の滞在しかできないため，訪問回数でカバーしている。共著書に『西洋温泉事情』（鹿島出版会，1989)，『中欧』（新潮社，1996)，*The Emerging Local Government in Eastern Europe and Russia —Historical and Post-Communist Development*（渓水社，2000)，『記号を読む――言語・文化・社会』（東北大学出版会，2001)，『チェコとスロヴァキアを知るための56章』（明石書店，2003）など。

大津留厚（おおつる・あつし）

神戸大学文学部教授。西洋史学。ハプスブルク史研究を進めるなかで，修士論文でチェコ民族運動を論じる。1979年から81年までウィーン大学留学。モラヴィア地方の初等教育における民族の問題，ウィーンのチェコ系小学校に関する研究を進めると同時にアメリカ合衆国への東欧系移民の研究も進めている。著書に『ハプスブルクの実験――多文化共存を目指して』（中央公論社，1995)，『ハプスブルク帝国』（山川出版社，1996)，共著書に『移民』（ミネルヴァ書房，1998)，『民族』（ミネルヴァ書房，2003)，編著書に『中央ヨーロッパの可能性』（昭和堂，2006）など。

執筆者略歴

（執筆順，＊印は編者）

高橋秀寿（たかはし・ひでとし）*

立命館大学文学部教授。ドイツ現代史。1988-91年にケルン大学留学。2003-04年にベルリン工科大学の反ユダヤ主義研究センターに所属。ドイツにおける記憶の文化に関する調査を行っている。著書に『再帰化する近代――ドイツ現代史試論』（国際書院，1997），共編著書に『ナショナル・アイデンティティ論の現在』（晃洋書房，2003），共著書に『ドイツ社会史』（有斐閣，2001），『国際社会④　マイノリティと社会構造』（東京大学出版会，2002），『ナチズムのなかの二〇世紀』（柏書房，2002），共訳書にオットー・ダン『ドイツ国民とナショナリズム』（名古屋大学出版会，1999）など。

水野博子（みずの・ひろこ）

大阪大学大学院言語文化研究科助教授。オーストリア・ヨーロッパ近現代史。非東－西欧歴15年（オーストリア），オーストリアの中の「東（欧）」歴12年（スロヴェニア文化圏のシュタイアーマルク州），「西（欧）」歴3年（ドイツ文化圏のフォアアールベルク州），中東欧の「マイノリティ」歴5年ほど。主要論文に「戦後初期オーストリアにおける「アムネスティー（恩赦・忘却）政策」の展開」『東欧史研究』（第24号，2002．3），„Die Länderkonferenzen von 1945 und die NS-Frage“, in: *Zeitgeschichte*, Jg. 28, H. 5（Wien, 2001）など。

野村真理（のむら・まり）

金沢大学経済学部教授。社会思想史・社会史。専門は近・現代のウィーンおよびガリツィアのユダヤ人問題。1993年のガリツィア訪問を皮切りに，以後，ロシア，ポーランド，ウクライナ，リトアニア，ラトヴィア，エストニア，ベラルーシなど，東欧各国のユダヤ人社会の跡を訪ね，資料収集を重ねている。著書に『西欧とユダヤのはざま――近代ドイツ・ユダヤ人問題』（南窓社，1992），『ウィーンのユダヤ人――19世紀末からホロコースト前夜まで』（御茶の水書房，1999），共著書に『歴史叙述の現在――歴史学と人類学の対話』（人文書院，2002），『民族』（ミネルヴァ書房，

東欧の20世紀

2006年3月10日　初版第1刷印刷
2006年3月20日　初版第1刷発行

編　者　高橋秀寿
　　　　西　成彦

発行者　渡辺博史

発行所　人文書院

〒612-8447　京都市伏見区竹田西内畑町9
電話　075-603-1344　振替　01000-8-1103

印刷所　創栄図書印刷株式会社
製本所　坂井製本所

落丁・乱丁本は小社送料負担にてお取替えいたします

ISBN4-409-23038-7　C3036